科学是永无止境的，它是一个永恒之迷。

——爱因斯坦

"中国制造2025"
出版工程

"中国制造2025"
出版工程

"十三五"国家重点出版物
出版规划项目

电动汽车
主动安全驾驶系统

田彦涛　廉宇峰　王晓玉　著

化学工业出版社

·北京·

本书内容包括电动汽车主动避撞系统体系结构、汽车系统动力学建模、考虑驾驶员特性和路面状态的纵向安全距离模型、基于约束的再生制动强度连续性的制动力分配策略、四驱电动汽车纵向稳定性研究、车辆状态与车路耦合特征估计、基于车辆边缘转向轨迹的侧向安全距离模型、基于半不确定动力学的直接横摆力矩鲁棒控制、四驱电动汽车稳定性控制力矩分配算法研究、四驱电动汽车侧向稳定性研究。

本书可供从事电动汽车主动安全系统研究的科研人员、相关专业的研究生或高年级本科学生使用。

图书在版编目（CIP）数据

电动汽车主动安全驾驶系统/田彦涛，廉宇峰，王晓玉著.
—北京：化学工业出版社，2019.11
"中国制造 2025" 出版工程
ISBN 978-7-122-35197-5

Ⅰ.①电… Ⅱ.①田…②廉…③王… Ⅲ.①电动汽车-
驾驶系统 Ⅳ.①U469.72

中国版本图书馆 CIP 数据核字（2019）第 198628 号

责任编辑：李军亮　宋　辉　　　　　　　　　　文字编辑：万忻欣
责任校对：宋　玮　　　　　　　　　　　　　　装帧设计：尹琳琳

出版发行：化学工业出版社（北京市东城区青年湖南街 13 号　邮政编码 100011）
印　　装：三河市延风印装有限公司
710mm×1000mm　1/16　印张 14¼　字数 261 千字　　2020 年 5 月北京第 1 版第 1 次印刷

购书咨询：010-64518888　　　　　　　　　　售后服务：010-64518899
网　　址：http://www.cip.com.cn
凡购买本书，如有缺损质量问题，本社销售中心负责调换。

定　　价：56.00 元

序

　　制造业是国民经济的主体，是立国之本、兴国之器、强国之基。近十年来，我国制造业持续快速发展，综合实力不断增强，国际地位得到大幅提升，已成为世界制造业规模最大的国家。但我国仍处于工业化进程中，大而不强的问题突出，与先进国家相比还有较大差距。为解决制造业大而不强、自主创新能力弱、关键核心技术与高端装备对外依存度高等制约我国发展的问题，国务院于 2015 年 5 月 8 日发布了"中国制造 2025"国家规划。随后，工信部发布了"中国制造 2025"规划，提出了我国制造业"三步走"的强国发展战略及 2025 年的奋斗目标、指导方针和战略路线，制定了九大战略任务、十大重点发展领域。2016 年 8 月 19 日，工信部、国家发展改革委、科技部、财政部四部委联合发布了"中国制造 2025"制造业创新中心、工业强基、绿色制造、智能制造和高端装备创新五大工程实施指南。

　　为了响应党中央、国务院做出的建设制造强国的重大战略部署，各地政府、企业、科研部门都在进行积极的探索和部署。加快推动新一代信息技术与制造技术融合发展，推动我国制造模式从"中国制造"向"中国智造"转变，加快实现我国制造业由大变强，正成为我们新的历史使命。当前，信息革命进程持续快速演进，物联网、云计算、大数据、人工智能等技术广泛渗透于经济社会各个领域，信息经济繁荣程度成为国家实力的重要标志。增材制造（3D 打印）、机器人与智能制造、控制和信息技术、人工智能等领域技术不断取得重大突破，推动传统工业体系分化变革，并将重塑制造业国际分工格局。制造技术与互联网等信息技术融合发展，成为新一轮科技革命和产业变革的重大趋势和主要特征。在这种中国制造业大发展、大变革背景之下，化学工业出版社主动顺应技术和产业发展趋势，组织出版《"中国制造 2025"出版工程》丛书可谓勇于引领、恰逢其时。

　　《"中国制造 2025"出版工程》丛书是紧紧围绕国务院发布的实施制造强国战略的第一个十年的行动纲领——"中国制造 2025"的一套高水平、原创性强的学术专著。丛书立足智能制造及装备、控制及信息技术两大领域，涵盖了物联网、大数据、3D打印、机器人、智能装备、工业网络安全、知识自动化、人工智能等一系列的核心技术。丛书的选题策划紧密结合"中国制造2025"规划及11个配套实施指南、行动计划或专项规划，每个分册针对各个领域的一些核心技术组织内容，集中体现了国内制造业领域的技术发展成果，旨在加强先进技术的研发、推广和应用，为"中国制造2025"行动纲领的落地生根提供了有针对性的方向引导和系统性的技术参考。

这套书集中体现以下几大特点：

首先，丛书内容都力求原创，以网络化、智能化技术为核心，汇集了许多前沿科技，反映了国内外最新的一些技术成果，尤其使国内的相关原创性科技成果得到了体现。这些图书中，包含了获得国家与省部级诸多科技奖励的许多新技术，因此，图书的出版对新技术的推广应用很有帮助！这些内容不仅为技术人员解决实际问题，也为研究提供新方向、拓展新思路。

其次，丛书各分册在介绍相应专业领域的新技术、新理论和新方法的同时，优先介绍有应用前景的新技术及其推广应用的范例，以促进优秀科研成果向产业的转化。

丛书由我国控制工程专家孙优贤院士牵头并担任编委会主任，吴澄、王天然、郑南宁等多位院士参与策划组织工作，众多长江学者、杰青、优青等中青年学者参与具体的编写工作，具有较高的学术水平与编写质量。

相信本套丛书的出版对推动"中国制造2025"国家重要战略规划的实施具有积极的意义，可以有效促进我国智能制造技术的研发和创新，推动装备制造业的技术转型和升级，提高产品的设计能力和技术水平，从而多角度地提升中国制造业的核心竞争力。

中国工程院院士 潘云鹤

前言

交通安全一直备受瞩目。 自主车辆应用信息、传感与控制技术来提高驾驶安全和效率，被认为是提高交通安全行之有效的解决方法。 自主车辆按其功能可分为辅助驾驶和自动驾驶。 辅助驾驶主要是改进车辆安全性与舒适性，先进驾驶辅助系统（Advanced Driver Assistance Systems，ADAS）的出现使辅助驾驶功能得以实现，主要有自适应巡航控制（Adaptive Cruise Control，ACC）、纵向主动避撞（Forward Collision Avoidance，FCA）和车道偏离报警系统（Lane Departure Warning System，LDWS）等。 自动驾驶是自主车辆功能的最高水平，在智能交通系统领域中被认为是自主车辆研发最具有挑战性的功能之一。 自动驾驶控制系统包括纵向和侧向运动控制，其根本任务是在确保自主车辆安全、稳定、舒适驾驶的前提下自动精确地跟踪期望轨迹。 由此可见，车辆安全性始终是自主车辆研究与开发的前提，而车辆主动安全系统又是车辆安全性的有力保障。 车辆主动安全系统具有调整车辆行驶状态，提高道路通行能力的功能；避免人为失误，提高车辆安全性的功能；增强人机交互，提高车辆舒适性的功能等，促进了多学科交叉与融合，推进了智能交通系统的现代化与智能化进程。 车辆主动安全驾驶系统关键技术的研究是其研发的主要内容，也一直是企业界和学术界研究的热点。 因此，深入研究与开发车辆主动安全系统的关键技术，提高汽车的安全性，从根本上解决交通安全问题，在工程应用和科学研究上具有重要意义。

本书是著者自 2012 年以来，结合中国电动汽车国家重点科技计划项目、2016 年新能源汽车试点专项、吉林省科技项目及吉林大学"985 工程"科技创新平台，从事新能源汽车，特别是纯电动汽车主动安全驾驶系统关键技术的教学和研究成果积累撰写而成。 为了便于读者深入理解和快速掌握电动汽车主动安全驾驶系统领域的最新技术，结合近年来电动汽车主动安全驾驶系统飞速发展形势，编著了此书。书中很多应用技术和进展是笔者及所在课题组多年研究和开发成果的汇集，旨在为读者提供一本适合当前电动汽车主动安全驾驶系统发展水平的专业参考书籍。本书可供从事电动汽车主动安全系统研究的科研人员、相关专业的研究生或高年级本科学生使用。

本书由吉林大学田彦涛教授、长春工业大学廉宇峰博士、东软睿驰汽车技术（沈阳）有限公司王晓玉工程师著，在写作过程中，吉林大学洪伟副教授、隋振副教授，长春工业大学刘帅师副教授、孙中波博士，一汽-大众汽车有限公司胡蕾蕾工程师，吉林大学赵云硕士为本书的部分章节提供了宝贵素材和意见，为本书的撰写与修改给予了很大帮助。在此表示感谢！

由于水平有限，书中难免存在疏漏之处，敬请广大读者批评指正。

著　者

说明：为了方便读者学习，书中部分图片提供电子版（提供电子版的图，在图上有"电子版"标识文字），在 www.cip.com.cn/资源下载/配书资源中查找书名或者书号，即可下载。

目录

第1篇　电动汽车主动避撞系统概述

2　第1章　绪论

21　第2章　电动汽车主动避撞系统体系结构

第 2 篇　电动汽车纵向主动避撞系统关键技术

100　第6章　四驱电动汽车纵向稳定性研究

第3篇　电动汽车侧向主动避撞系统关键技术

120　第7章　车辆状态与车路耦合特征估计

137 第8章 基于车辆边缘转向轨迹的侧向安全距离模型

152 第9章 基于半不确定动力学的直接横摆力矩鲁棒控制

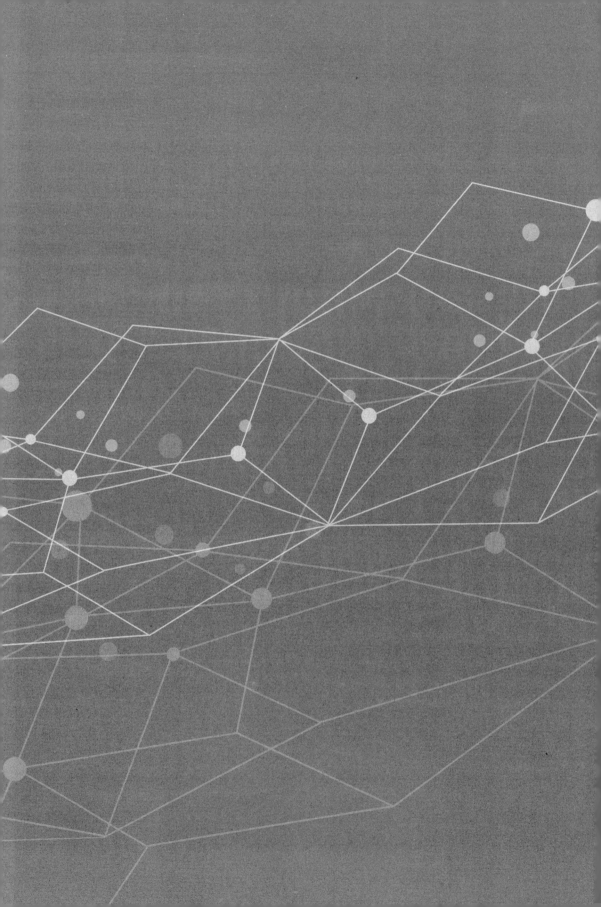

第1篇

电动汽车主动
避撞系统概述

第1章

绪论

车辆主动避撞系统采用信息与传感技术使驾驶员的感知能力得以扩展，并通过获取的外界信息（如车速、行人或其他障碍物距离等）判断车辆是否存在安全隐患，给驾驶员提供相应的报警与提示信息。在紧急情况下驾驶员没有及时采取措施时，车辆主动避撞系统将自动接管车辆，使车辆能够自动避开危险，保证车辆安全行驶，从而避免交通事故的发生。现有的车辆主动避撞系统大致分为以下几种类型。

① 纵向制动避撞系统。若驾驶员对前方的紧急状况未及时做出相应反应，该系统能够自动使车辆进行制动，避免追尾事故的发生或减轻追尾事故的碰撞程度。

② 侧向转向避撞系统。该系统能够自动控制车辆转向，绕过前方障碍物，并且当车辆超过障碍物时，避免车辆发生侧面碰撞。

③ 复合型智能避撞系统。当车辆前方遇到障碍物时，系统自动控制车辆绕过障碍物，并且当车辆不满足实施转向要求时能够自动控制车辆进行制动，避免交通事故的发生或减轻碰撞事故的程度。

1.1 车辆主动避撞系统研究现状

国际上先进的汽车生产国早在 20 世纪末就开始了车辆主动避撞系统的研究与开发，如德国、日本和美国。德国奔驰公司率先和科研机构联合开展防撞雷达的研制。防撞雷达是车辆主动避撞系统的关键部分，其检测范围与精度直接影响车辆主动避撞系统的安全。德国将人工智能技术、传感技术和信息技术融为一体研制了新型雷达，其可以测量目标车与自车的间距，并通过车间距离判断车辆是否存在安全隐患，根据实际情况自动控制车辆的行驶状态，防止交通事故的发生。该系统已经应用在奔驰 S 级轿车上。日本多家大型汽车公司和相关研究机构提出了先进汽车安全（Advanced Safety Vehicle，ASV）计划，丰田公司开发的车辆安全系统可以预测事故发生可能性。该系统装有毫米波雷达，主要检测车辆前方障碍物或两车之间的距离，同时系统还可以检测驾驶员和乘客的安全带状况信息，通过系统的控制算法计算来自动实施制动。在车辆主动安全技术方面，美国相对于德国和日本起步较晚，但发展非常迅猛。天合汽车集团（TRW Automotive Holdings Corp.）所研制的24GHz波段雷达具有实用性强、成本低等优点，并应用于商用车和公交车。福特公司研制的车辆主动避撞系统，其探测距离可达106m。系统针对纵向行驶工况的同时考虑了侧向行驶工况，检测容许角度范围内的车辆信息，使车辆在行驶过程中避免受到其他车道车辆的影响，从而降低车辆安全系统的误报警率。

国内在车辆主动避撞系统方面的研究，主要集中在汽车企业和相关科研院所。清华大学侯德藻针对汽车制动过程的动力学特性，提出了反映驾驶员特性的车间距保持安全距离模型，并研究了车辆的避撞控制方法。吉林大学运用现代控制理论，设计了车辆主动避撞系统的最优控制器。清华大学汽车安全与节能国家重点实验室、吉林大学、重庆汽车研究所与中国第一汽车集团公司等单位共同承担的"汽车安全辅助装置开发"项目，就是针对主动避撞控制系统的研究。还有武汉理工大学、北京理工大学、同济大学、上海交通大学等高校都在研究车辆安全系统。

车辆主动避撞系统作为车辆安全领域中的一个研究课题，存在许多尚未解决的问题。这些问题主要围绕车辆主动避撞系统的关键技术展开，即行驶环境中目标车辆识别及运动信息的获取、安全距离模型的建立、动力学系统建模和车辆动力学控制。

1.1.1 行车信息感知及处理

车辆行车信息感知及处理就是利用安装在汽车上的各种传感器，实时地对车辆运行参数进行检测，并通过必要的信号处理获得准确、可靠的行车信息。汽车传感器是车辆主动避撞系统中重要的组成部分，为车辆制动避撞和转向避撞提供必要信息。

（1）传感器

随着先进计算机视觉技术和雷达传感器芯片的进步，激光雷达成为自动驾驶技术体系中日益重要的一部分。激光雷达是一类使用激光进行探测和测距的设备，它能够每秒向环境发送数百万光脉冲，它的内部是一种旋转的结构，其扫描一次的结果为密集的点，每个点具备（x，y，z）信息，这个图被称为点云图。这使得激光雷达能够实时地建立起周围环境的三维地图。德国汉堡一家公司在无人驾驶汽车"Shelley"上应用先进的激光传感器技术，隐藏在前灯和尾灯附近的激光摄像机随时探测汽车周围 180m 内的道路情况，并通过全球定位仪路面导航系统构建三维道路模型。在现实使用中激光雷达并不是完美的，往往存在点云过于稀疏甚至丢失部分点的问题，尤其对于不规则的物体表面，使用激光雷达很难辨别其模式，而且成本高昂，在雨雪大雾天气效果不好。红外线技术比较成熟，一般用于短距离防碰撞系统，还不能满足长距离的精度要求，多用于倒车雷达等。超声波雷达成本低廉但是探测距离近，在倒车提醒等短距离测距领域优势明显。

毫米波雷达由于频率高、波长短，以分辨率高、精度高、对天气情况不敏感等性能被广泛地应用于汽车避撞系统中。第一代汽车防撞雷达在 1998 年问世，Daimler 公司所生产的 S 级轿车配了 77GHz 频段的车距控制系统。随后，Jaguar、Nissan 和 BMW 等公司也相继研究车载雷达。对毫米波雷达的研究主要集中在欧洲、美国和日本，并已经形成商业化产品。2005 年欧盟将 24GHz 频段划拨给短距雷达使用。从 2013 年起，规定车辆必须配备工作在 79GHz 频段短距雷达以保证车辆安全。美国 Delphi 公司长期致力于汽车主动安全防御措施的研究，其研发的防撞雷达中，长距雷达的覆盖距离可达 174m，短距雷达的宽度可达 90°。Ford 公司为汽车配备了自适应巡航系统、前端防撞系统、刹车辅助系统、盲点监测系统、停车辅助系统等安全系统。1995 年日本将自适应巡航系统投入商业使用。Toyota、Honda 等系统轿车中配备了基于雷达的自适应巡航系统。2003 年，Toyota、Honda 在自适应巡航系统中采用了工作在 77GHz 的长距雷达作为刹车辅助系统。国内对毫米波雷达的研究还处于起步阶段。国内关于车载防撞雷达的研究基本可以分为对于天线结构的设计和 FMCW 算法的研究。中国科学院上海系统与信息技术研究所于 2007 年研制出了采用连续调频波体制的工作在 36GHz 频段的毫米波小型雷达前端系统。

在汽车智能化发展的过程中，仅用一种传感器是不能满足需求的，多种传感系统的交互融合是未来发展的主要趋势。为实现传感器融合，车载单元中的定位模块需要有效地估计解决方案，所以需要高效地集成架构以达到所需的安全性能水平。因此，状态估计是实现传感器融合的关键。在现有的多传感器信息融合方法中，基于滤波器的估计是一个重要的方法。集成卡尔曼滤波器（Ensemble Kalman Filter，EnKF）是 1994 年首次被提出的，但它只能针对线性方程。针对它的局限性，人们开始对滤波算法的逼近、估计精度、计算效率和鲁棒性等问题进行全面的研究。扩展卡尔曼滤波器（Extended Kalman Filter，EKF）方法在实际应用中当非线性观测方程的 Taylor 展开式中的高次项不能忽略时，会导致很大的线性化误差，造成滤波器难以稳定。针对 EKF 的不足，近几年出现了一套全新的非线性滤波方法，即 Sigma-Point 卡尔曼滤波（Spafsimulation Processor and Kalman Filter，SPKF），其利用加权统计线性化回归技术（Weighted Statistical Linearization Regression，WSLR），通过一组确定性采样点（Sigma）来捕获系统的相关统计参量。根据 Sigma 点选取的不同，主要分为无迹卡尔曼滤波（Unscented Kalman Filter，UKF）和中心差分卡尔曼滤波（Center Difference Kalman Filter，CDKF）。CDKF 滤波算法的优势在于它克服了 EKF 滤波时不需要系统模型的具体解析形式的缺点，并充分考虑了随机变量的噪声统计特性，具有比 EKF 更小的线性化误差和更高的定位精度，它对状态协方差的敏感性要低得多，且逼近速度快于 UKF。研究发现 CDKF 的另一个优点是只使用一个参数 h，相对于需要确定三个参数的 UKF，在实际应用中更便于实现。CDKF 方法明显优于 EKF 和 UKF 方法，是车辆组合导航中一种更理想的非线性滤波方法，从而真正实现了车辆低成本、高精度的实时定位。

（2）陀螺仪

陀螺仪是一种用来测量惯性导航系统在移动过程中的角速度的感测装置，它是一个惯性导航传感器。陀螺仪由一个围绕中心轴线旋转的轮子组成，当陀螺仪开始工作的时候，有角动量产生，并且作用在轮子上，它具有自动调节运行方向的能力。陀螺仪在惯性导航系统以及航天、航海等方面应用得尤为广泛。随着陀螺仪技术的发展，已经研制出各种各样不同原理与功能的陀螺仪，它们在不同领域内得到了广泛的应用。一般来说，陀螺仪有两大分类：一类是以传统力学为基础研制出来的；另一类则是以近代物理学为基础研制出来的。其中针对以近代物理学为基础研制出来的 MEMS（Micro Electromechanical System）陀螺仪的研究最多，应用最广泛。在工程实际项目中，包括航天等方面往往就是利用陀螺仪进行姿态定位。一个导航系统的精度一般可以用陀螺仪的精度来衡量，鉴于此，如何改善陀螺仪的精度，从而提高整体系统的精度成为专家学者逐渐深入研究的热点问题。1985 年，在美国政府的支持下，美国 Draper 实验室开始着手研究满足军用的惯性导航传感器，不久之后，该实验室研制出世界上第一款 MEMS 陀螺仪。随后，Draper 实验室又研制出一种音叉线振微机械陀螺仪，它通过内部结构产生的静电力来激励音叉，该陀螺仪的精度已经达到军用的要求，在一定程度上提高了陀螺仪的灵敏度。随着科技发展的突飞猛进，一些国家已经研制出精度更高、性能更好的 MEMS 陀螺仪，并且可以满足惯性导航系统的性能要求。目前由美国 Draper 实验室研制的 MEMS 陀螺仪代表着陀螺仪的最高水平。从 20 世纪 80 年代起，我国相关科研单位展开对 MEMS 陀螺仪的研究工作。清华大学控制与导航实验室的陀螺技术相对来说比较成熟。东南大学机械系科学研究所也在不断地进行微机械陀螺仪的开发研究。国防科工委于 1995 年末开始投入了大量的科研费用于在 MEMS 陀螺仪方面的研究探索，同时把对 MEMS 陀螺仪的技术研究作为 863 重大研究专项。有关陀螺仪的技术一直在快速并持续的发展当中，同时清华大学、国防科技大学、中科院、国家自然基金委员会等机构的研究人员利用卡尔曼滤波等方法对 MEMS 陀螺仪的零点漂移和随机噪声进行去噪处理，取得了比较好的效果。

MEMS 陀螺仪的精度较低，通常直接使用无法满足实际工作的需求，因此在用前必须对其输出数据进行必要的信号处理，从而使其精度能够满足工作的要求。目前辨识陀螺仪随机误差的方法主要有阿伦（Allan）方差分析法、自回归滑动平均（ARMA）模型法、功率谱密度（PSD）分析法。Allan 方差分析法是由 David Allan 提出来的，开始它主要用来分析频率与相位的不稳定性，Allan 方差在分析振荡器的频域特性时有很好的效果。由于陀螺仪也具有振荡特性，因此可以用 Allan 方差分析法辨别陀螺仪的随机漂移误差。时间序列分析法主要有三种模型：AR（自回归）模型、MA（滑动平均）模型、ARMA（自回归滑动平均）模型，它由美国的统计学家 Jen Kins 和 Box 提出并得到广泛的应用。采用该方法的前提是，陀螺仪的输出数据必须是一个平稳、正态、零均值的随机过程，然而陀螺仪的输出数据并不满足这三个特性，因此在使用时间序列分析法之前必须对陀螺仪的输出数据进行预处理，然后利用该方法才可以建立其陀螺仪输出数据的误差模型。功率谱密度分析法是随机过程里一种对随机过程统计特性描述的方法，它是对随机变量数学期望的估计，通常用来分析随机过程的振动特性，它的数学理论基础是傅里叶变化，通过在频域内对随机序列进行分析，因此也通常利用该方法对 MEMS 陀螺仪的随机漂移误差进行辨识。近年来，很多国内外专家学者通过采用不同数字滤波算法对 MEMS 陀螺仪的随机漂移进行处理，并取得了一定的成果，这些都为我们的探索提供了很好的理论支持。另外，很多国内外的专家学者提出了一系列新的对 MEMS 陀螺仪的随机漂移误差进行处理的滤波算法，并通过仿真验证了算法的可行性，然而这些算法基本上都是在理论层面上进行研究，并没有在实际工作中进行验证，具有一定的局限性。

1.1.2 安全距离模型

车辆主动避撞系统控制器根据车辆状态及行车环境信息，通过安全状态判断逻辑对车辆的行车安全状态进行实时判断，并给出相应的操作指令。

跟驰过程中安全状态判断大致分为两类。一类是通过比较安全时间门槛值与系统计算车间碰撞时间的大小，确定车辆行驶的安全状态，此种算法称为安全时间逻辑算法。由于驾驶员的驾驶习惯大不相同，安全时间逻辑算法中的安全时间门槛值很难符合驾驶员的驾驶习惯，即在舒适度方面难以满足驾驶员的驾驶要求。因此，安全时间逻辑算法在实际中很少使用。另一类是通过比较安全距离实时计算值与实际的车间距离的大小判断车辆行驶的安全状态，当安全距离实时计算值小于实际距离时，车辆行驶状态判断车辆为安全行驶状态，反之则判断车辆为危险行驶状态，此种算法称为安全距离逻辑算法。

安全距离逻辑算法主要是针对安全距离模型的研究。安全距离是指在车辆行驶时避开前方车辆或障碍物需要保持的车辆间的最小距离。典型的跟驰安全距离模型有以下几种。

① 固定的安全距离模型。报警的界限值设置为固定距离，当实际车间距离小于该固定值时，系统产生报警信息。该模型应用方便，能在一定程度上确保车间的安全距离，容易实现。但固定的安全距离模型有一定的局限性。由于前车的运动状态与行驶路面的工况各不相同，所对应的安全距离也应该各不相同，而固定的安全距离不能随车速或是路面工况的变化而实时变化，对行驶环境的适应能力比较差，因此，固定安全距离的实用性较差，固定值的确定也比较困难。安全距离设置过大，虽能够确保车辆间的安全，但会造成车间距离过大，系统会频繁报警且道路利用率大大降低；安全距离设置过小，易发生交通事故。

② 基于制动过程的安全距离模型。基于制动过程的安全距离模型根据车辆制动特性计算车辆减速行驶过程中制动所需的实际距离，在一定程度上能够描述车辆真实的制动状态，适用于目标车静止或是紧急减速到零的情况。车辆在该模型下能够安全行驶，并且安全距离模型的计算采用相对速度，使得安全距离的计算结果更加贴近真实的交通环境。该模型主要考虑了车辆行车的安全要求，却忽略了对道路交通效率方面的影响，从而导致计算的安全距离比较保守。此外，模型也没有考虑驾驶员特性，在一般交通情况下，该模型所计算的安全距离将会大于驾驶员

实际主观感觉的距离。

③ 基于车间时距的安全距离模型。车间时距为车间距离与车辆速度的比值。基于车间时距的安全距离模型主要解决道路交通效率问题，却忽略了车间有较大相对速度时的安全性问题。在车间有较大相对速度时，模型所计算的安全距离较小，车辆的安全性得不到有效的保证。

④ 驾驶员预估安全距离模型。驾驶员预估安全距离模型是依据驾驶员的预估行为来确定车辆行驶的安全距离。模型主要考虑了驾驶员对车辆行驶工况的主观判断，考察驾驶员对危急情况的判断过程。但模型中一些相关参数的数值难以确定，从而影响安全距离计算的准确性。

⑤ 改进的驾驶员预估安全距离模型。相对于驾驶员预估安全距离模型来说，改进模型的制动系统启动时刻和报警起始时刻均容易记录，其延迟时间可以直接通过实验比较准确地获得。该模型继承了驾驶员预估模型的优点，在考虑驾驶员驾驶特性方面尤为突出，充分考虑了驾驶员主观感受，对于比较冒进的驾驶员来说该模型是较好的选择。

相对于跟驰过程，换道过程比较复杂。换道过程不仅涉及车辆侧向动力学与控制，而且还与车辆纵向动力学与控制有关，因此，换道安全距离模型的研究相对于跟驰安全距离模型来说难度比较大。目前，跟驰安全距离模型的研究比较成熟，而换道安全距离模型的研究相对滞后。典型的换道安全距离模型大致有以下几种。

① NETSIM 模型。NETSIM（NET work Simulation）模型是由美国联邦公路署（FHWA）开发的微观仿真模型，用来描述城市道路的交通现象。NETSIM 模型由两部分组成：换道动机和间隙检测。换道动机主要受车辆速度和相对间距的影响；间隙检测主要通过比较自车与目标车各自所需的减速度和可接受的减速度的大小来判断换道过程是否安全。

② FRESIM 模型。FRESIM（Freeway Simulation）模型是由 FHWA 开发的仿真模型，用来描述高速公路的交通现象。FRESIM 模型由三个因素组成：动机、利益和紧急。动机因素由速度的极限值决定，速度的极限值定义为不可忍受的速度，当车速小于这个极限值时，驾驶员可产生换道动机；利益因素代表换道过程所获得的利益；紧急因素是指换道意图程度的大小，其与驾驶员可接受的减速度有关。

③ MITSIM 模型。MITSIM（Microscopic Traffic Simulation）模型是在 Gipps 模型的基础上提出来的。该模型将换道过程分为三步：第一步是判断是否有换道的必要，如果有必要换道则选择换道的类型；第二步是检测车间距离并确定换道方向；第三步是执行换道。

④ MRS 模型。MRS（Multi-Regime Simulation）模型是在行为阈值模型的基础上提出的。这一模型认为驾驶员执行任意性换道的行为是为了获得或维持使驾驶员比较满意的车辆行驶状态，目的是以最高速度绕过前方车辆以防止受到交织车辆的干扰。

⑤ 南加州大学最小安全距离模型。基于先进的道路运输运行仿真平台，南加州大学交通运输系的 Hossein Jula 等人提出了车辆实施换道和并道时不发生碰撞事故的安全距离模型。

1.1.3　车辆动力学系统建模

车辆主动避撞系统是通过车辆动力学模型来实现其避撞功能，因此，建立准确、合理的车辆动力学模型是系统避撞功能实现的基础。

在纵向动力学模型研究方面，日本东京大学藤冈研究室提出了车辆正向模型和逆向模型。车辆正向模型用来设计车辆纵向动力学控制器；车辆逆向模型用来对车辆的纵向动力学进行实时控制。该模型利用了车辆动力学总成的标准数据，模型简单，参数比较容易获得，但在建模过程中忽略了发动机和变速机构的动特性，模型精度较差。韩国 K. Yi 等人使用相同的方法建立了车辆逆纵向动力学模型，并应用于车辆走-停（Stop and Go）系统。美国加州大学伯克利分校建立了车辆纵向动力学模型，并将该模型应用于自动公路系统当中。车辆动力学总成被划分为三部分：发动机、变速机构和车辆传动行驶系统。这三个部分之间是通过力矩和转速传递连接的。发动机部分由发动机及其控制系统组成；变速机构部分由液力变矩器和自动变速器组成；车辆传动行驶系统由传动轴、主减速器、半轴、车轮及制动系统组成。有学者在研究车辆纵向运动时简化了车辆纵向动力学模型，并将其分为驱动部分和制动部分。驱动部分和制动部分可分别简化为一个二阶系统。对于电动汽车来说，车辆动力学总成中的发动机将被电动机所取代。Chen 等人提出了新的实时轮胎与路面摩擦系数的估计方法。在车辆纵向动力学模型研究中使用自行车模型，忽略了车辆左右两侧差别；轮胎模型使用 LuGre 轮胎模型；电动机采用直流无刷轮毂电机，并给出了驱动和制动过程的运动方程。Dardanelli Andrea 等人针对两轮电动汽车进行建模与参数辨识，并设计了速度和加速度控制器。

在侧向动力学模型研究方面，结构最简单应用最广的模型为二自由度（Degree-of-freedom，DOF）二维平面模型，即自行车模型。该模型考虑了车辆侧向和横摆运动，集中反映了汽车的主要性能，并且汽车性能参数最少。其运动方程为两个一阶微分方程，并可求其解析解，可以从理论的角度分析车辆操纵性能，得到的结论具有普遍性和实用性。车辆2DOF模型理论分析与试验结构在定性方面和定量方面都有较好的一致性，是其他多自由度车辆模型所无法比拟的。韩国的K. Yi等人使用车辆2DOF模型研究了前后轮独立驱动电动汽车的操纵性、侧向稳定性和防侧翻等性能。日本东京大学Hori教授使用车辆2DOF模型，结合侧向轮胎力传感器所获取的侧向轮胎力信息和车身侧偏角非线性观测器来估计车身侧偏角，并设计了侧向稳定控制系统。Du等人出于对参数不确定和控制饱和因素的考虑，基于车辆2DOF模型设计了车辆鲁棒横摆力矩控制器以改善车辆操纵性和稳定性。Geng等人针对轮毂电机电动汽车设计车身侧偏角模糊观测器，并实现了车辆的直接横摆力矩控制，在车身侧偏角模糊观测器的设计中使用了车辆的2DOF线性模型。车辆2DOF模型涉及的汽车性能参数较少，模型的推导只考虑车辆转向时其纵向速度恒定不变或变化很小的情况。当考虑纵向速度变化时，便建立了3DOF车辆模型，即涉及车辆的纵向、侧向和横摆运动，该模型实际上仍为二维平面模型。考虑车辆倾翻危险的侧倾运动，再结合侧向和横摆运动，则可建立三维平面的3DOF车辆模型。Wilkin等人基于3DOF车辆模型设计了轮胎力估计器。Sangoh Han等人设计了车辆侧向运动的监测系统。该监测系统由三部分组成：第一部分使用车辆2DOF模型设计了滑模观测器来估计侧向速度；第二、三部分基于车辆的3DOF模型开展了对车身侧偏角估计的研究。为了更好地了解车辆动力学特性以及设计稳定可靠的控制器以提高车辆操纵稳定性，考虑多因素、多自由度的车辆模型至关重要。美国的Ray基于车辆5DOF模型设计了一个扩展卡尔曼滤波器来获得车辆侧向动力学和轮胎力的历史数据。随后，Ray基于车辆9DOF模型估计了每个轴上的车辆动力学状态和侧向轮胎力。针对四轮转向系统，华南理工大学建立了多自由度车辆非线性模型，并推导出动力方程，具有一定的实用性。

1.1.4　车辆动力学控制策略

关于车辆动力学控制方面的研究，按其控制结构可分为两类：直接式控制结构和分层式控制结构。直接式控制结构是指用一个控制器来实现车辆动力学控制的目的。美国加州大学伯克利分校在研究车辆纵向控制时采用直接式控制结构。设计控制器时先后采用反馈线性化方法、Lyapunov控制理论、滑模变结构方法和复合控制器方法。采用相同方法进行研究的还有美国俄亥俄州立大学、南加州大学和意大利学者。北京理工大学李果与国防科技大学张良起等人在设计车辆控制器时采用直接式控制结构，并考虑到车辆纵向动力学中存在着非线性和不确定性，提出了具有自学习功能的 PD 控制律。中国科学院自动化研究所智能控制与系统工程中心与美国亚利桑那大学系统工业工程系联合开展的自动驾驶汽车的研究，采用直接式控制结构，设计了模糊神经网络自动驾驶系统。在设计控制器时，除控制精度和稳定性外，主动避撞系统还需体现驾驶员特性，考虑行驶环境变化等因素，设计要求复杂多样，通过单一控制器的设计来满足多而复杂的控制要求比较困难。因此，直接式控制结构在主动避撞系统中应用范围比较小。

相比之下，分层式控制结构针对复杂多样的设计要求能够使上下位控制器分工明确、控制结构清晰，满足多种控制要求，在主动避撞系统中应用广泛。上位控制器根据当前的行驶环境计算期望的加速度、横摆角速率或是车身侧偏角，使车辆按照期望的加速度进行制动或牵引、按照期望的横摆角速率或是车身侧偏角进行转向运动；下位控制器依据上位控制器计算的期望加速度、横摆角速率或是车身侧偏角，通过控制执行机构使被控变量的实际值和上位控制器计算出的期望值一致。

（1）纵向动力学控制

在上位控制器设计方面，美国学者 Zhang 和 Petros 等人使用 PID 算法调整车间距离误差和相对速度，并采用零极点配置理论选取算法中的参数。日本学者 Yamamura 等人设计了二自由度上位控制器，使车辆的行驶行为接近实际的车辆运动特性。韩国学者 Chong 应用 Lyapunov 第二分析方法设计了上位控制器，并通过仿真试验验证了控制器对车辆动力学模型的参数摄动和外界环境扰动的鲁棒性较好。韩国 K. Yi 等人利用线性最优控制理论设计了上位控制器并将其应用在车辆走-停系统中。德国宝马汽车公司的 Paul 设计了自校正 PID 算法来计算期望的加速度，计算过程中使用了相对速度、间距误差、自车加速度以及一个与目标车状态有关的补偿项等相关信息，使车间距离和车速均能够快速地调整到期望值。中国科学技术大学姜锐等人利用元胞自动机模型设计上位控制器，并通过仿真试验研究了车流特性。吉林大学管欣等人将稳态预瞄动态校正理论应用在上位控制器中，构建了基于驾驶员最优预瞄加速度模型的车辆自适应巡航控制系统机构。除此以外，清华大学刘中海、武汉理工大学朱晓宏均对上位控制器进行了相关研究。

在下位控制器设计方面，日本东京大学藤冈研究室针对执行机构的延时干扰，设计了基于前馈、H_∞ 协调控制的二自由度下位控制器。日立公司 Kuragaki 等人采用 PID 理论分别设计了驱动和制动控制算法，实现了车辆对期望加速度的跟踪。清华大学侯德藻设计了模型匹配鲁棒控制器，并在反馈补偿器中引入加权限制，使控制器避免了因外部高频扰动引起的控制量的抖动。

（2）侧向动力学控制

日本东京大学 Hori 教授使用估计的轮胎侧偏刚度和车身侧偏角信息，设计了侧向稳定控制系统。在上位控制器设计中，设计了具有自适应功能的前馈控制器来改善跟踪性能，使用解耦反馈控制器消除车身侧偏角与横摆角速率之间的耦合影响。在下位控制设计中，针对 PMSM 设计了电子助力转向电机控制器和后轮转矩分配策略，分别通过计算机仿真和实车试验验证了侧向稳定控制系统的有效性和稳定性。J. Gutierrez 等人针对四轮独立驱动轮毂电机电动汽车，设计了直接横摆力矩控制系统。系统采用分层控制结构，上位控制器用来监测驾驶员意图和车辆行驶状态，并以此来计算横摆力矩来跟踪期望的车辆运动；下位控制器则由防抱死制动系统、转矩分配器和牵引控制系统组成。

吉林大学设计的上位控制器由两部分组成：参考模型和直接横摆力矩控制器。参考模型用来提供期望的车身侧偏角和横摆角速率信息；直接横摆力矩控制器根据期望的车身侧偏角和横摆角速率信息计算车辆所需的直接横摆力矩。下位控制器由两部分组成：主动制动轮选择策略和制动控制器。主动制动轮选择策略针对不足转向和过度转向工况来选择相应的主动制动轮；制动控制器采用滑模方法来控制纵向滑移率。贺鹏等人针对四轮独立驱动的电动汽车设计了基于前馈、反馈协调控制的二自由度控制器来计算电动汽车侧向稳定运动所需的总控制量，使用过自由度控制法设计下位控制器来动态分配各个轮胎的纵向力，从而完成动力最优分配。

1.2　车辆稳定性研究现状

1.2.1　车辆纵向稳定性

对于路面车辆行驶的安全性和稳定性而言，其很大程度上依赖于轮胎与路面的摩擦系数。当路面湿滑时，车辆的驾驶危险将显著上升。因为轮胎与路面的摩擦系数直接影响着汽车轮胎可提供的轮胎力（包含纵向力和侧向力），而轮胎力对车辆运动过程和性能起着决定性的作用。所以轮胎与路面摩擦系数的研究对车辆控制系统的分析与设计，特别是车辆的主动安全系统，是非常重要的。如果能够得到精确的路面摩擦系数，那么车辆的纵向稳定性控制性能会更好。由于影响轮胎与路面摩擦系数的因素包括轮胎及路表面粗糙度、路表面积水、轮胎路面的接触压力、车辆行驶速度等，因此轮胎与路面摩擦系数不是固定不变的，这也给研究带来了一定的难处。

车辆纵向稳定性控制系统主要包含 TCS（牵引力控制系统）和 ABS（防抱死制动系统）。车辆纵向稳定控制系统主要是通过滑移率与路面摩擦系数之间的关系来分析和设计控制策略。对于滑移率和路面摩擦系数的估计在文献上可以分为"基于原因"和"基于效果"两种途径，如表 1.1 所示。

表 1.1　外路面附着系数估算方法优势与不足

类别		使用的传感器	传感器的可靠性	弱点与不足
基于原因	基于视觉/温度	光学和温度传感器	对环境光线要求高	在下雪,结冰路面
基于效果	基于轮胎面	力学应变传感器	能量和通信问题	
	基于轮胎动力学			需辨识许多轮胎参数
	基于车辆动力学	力学传感器		需要外加传感器
		GPS	受 GPS 信号接收影响	昂贵

Holzmann 利用相机对路面拍照并通过道路图像纹理分析对道路类型进行分类，主要的思想是粗糙的路面比光滑的路面能提供更大的摩擦系数。Sato 和 Yamada 利用光学传感器来测量路面的湿度，这些方法的性能受到了光照的强度和方向的影响。因此，Sato 融合这三种信息：质地、反射光和湿度，使用模糊逻辑控制方法来保证估计的可靠性。用图像处理只能对路面类型分类，所以只能进行大致估计，不能较精确地估计。Gurkan Erdogan 在轮胎处采用无线压电式传感器测量轮胎的纵向和侧向应变，然后结合侧偏角和轮胎侧向力，调整时刻和 BRUSH 模型计算出路面摩擦系数。Yan Chen 和 Jagat Jyoti Rath 采用了 LuGre 轮胎动力学模型，通过模型中反映路面条件的参数来估算路面摩擦系数。G. A. Magallan 提出了使在独立后驱电动汽车加速时牵引力最大的新的控制策略。这种方法是在滑模观测器（SMO）的车辆纵向动力学和 LuGre 摩擦动力学的基础上设计的。此方法只需要测量电动汽车车轮的角速度，从估计的状态搜索每个工作点和道路条件下的最大摩擦系数获得可传送的最大转矩，再通过动态饱和度来限制由每个牵引电机产生的转矩，从而使驱动轮驱动力不超过最大牵引力，保证车辆的纵向稳定性。

路面摩擦系数也可以通过与车辆动力学有关的输入和输出来估计。例如，相比于干燥的沥青路，在结冰路面上车辆会有一个更大的滑移率。许多研究基于车辆的侧向动力学模型和轮胎动力学模型来估计路面摩擦系数。这需要知道车辆的横摆角速率、侧偏角、转向角和车速等，因此需要安装一些传感器来测量。Hahn 采用 GPS、车辆侧向速度传感器和 BRUSH 模型来估计路面摩擦系数。Yung-Hsiang Judy Hsu 利用 GPS 和 INS 信号还有线控转向系统，采用最小二乘法估计轮胎路面附着系数。法国信号与系统实验室的 Marcel Stefan Geamanu 等人提出一种基于车轮加速度和转矩控制器的道路条件估计法。本方法适用于未知环境下道路路面状态估计。利用代数方法进行数值计算和分析，并利用反馈滑模控制方案来保证车轮在加速和制动阶段均可工作在最大摩擦区范围内。Y. Hori 提出了模型跟踪控制系统，这里的车轮动力学被看成是一个变惯性系统，车轮的滑移率越大则其惯性越小。这个动力学系统与标称对象对比，它们之间的误差是用来限制驱动电动机施加的转矩，以保持车轮与路面之间的附着力。H. Sado 和 V. Colli 提出最佳滑移率控制，通过控制 $\partial\mu/\partial Slip$ 来限制滑移率在所希望的取值范围内。这种控制策略保持摩擦系数的斜率（例如正斜率），这保证了轮胎工作在稳定的滑移区。基于这些概念，D. Yin 采用牵引力的控制是基于控制汽车和车轮的加速度的比值。这种方法通过一个松弛因子来间接控制车轮的滑移，松弛因子的值小于 1。即使这些通过限制滑移的控制方法能够使汽车牵引力在一个特定的滑移值上时有一个良好的性能，但是对于一个给定的道路，在其牵引力的范围内并没有利用到最大的可传递的驱动力。此外，这些策略的调整依赖于具体的道路状况。在其他的研究中，牵引力从一个完整的车辆模型中估计而来。这种方法使汽车能更好地适应不同的道路条件，但是这种方法需要一些昂贵的传感器（加速度传感器、力传感器、横摆传感器等）和很强的运算能力。为实现 ABS，一些基于车辆模型的简单估计方案被提出来。C. Canudas-de Wit 和 W-Y. Wang 提出了基于四分之一车辆模型和 LuGre 轮胎动力学模型的自适应非线性观测器，这种方法能适应路面条件变化的情况。基于这些模型，N. Patel 和 A. Rabhi 在 ABS 中提出了对轮胎摩擦力估计的滑模观测器（SMO），SMO 对非线性系统中的状态估计展示了良好的性能，例如抑制参数的不确定性的鲁棒性。H. Shraim 提出了基于 SMO 和简化的车辆模型的其他方法。然而虽然通过简化四分之一车辆模型使估计方法简化，但这个模型并不能代表在实际车辆中有足够精确度。

国内一些高校和汽车研发部门也开展了面向 ABS 和 TCS 等电子控制装置应用的关于路面附着系数识别的研究，同时提出了一些路面识别算法。清华大学汽车安全与节能国家重点实验室李亮等，提出了基于横摆角速率和侧向加速度的车辆非线性度双表征量法。该方法反映车辆转向时的侧偏角与横摆角速率的响应呈非线性状态，并根据这种非线性度与路面摩擦系数之间的关系设计出了路面摩擦系数的估算偏差的补偿算法。同实验室的杨财利用轮速信号来对路面条件进行识别判断。南京航空航天大学的赵又群，首先采用卡尔曼滤波结合滑模观测器对车辆轮胎纵向力估计，然后在此基础上利用 CUSUM 变化检测算法结合带遗忘因子的递推最小二乘法对路面摩擦系数进行估计。吉林大学汽车仿真与控制国家重点实验室的郑宏宇，提出了结合整车动力学模型和卡尔曼滤波算法设计的观测器，使估计系统不依赖于制动系统路面摩擦系数的估计。

1.2.2 车辆侧向稳定性

电动汽车的侧向稳定控制系统主要是阻止车辆出现侧滑飘移现象。目前许多侧向稳定性控制系统主要采取控制车辆的横摆角速率，使其能够跟踪由驾驶员输出的转向角得到的期望横摆角速率。但是当车辆行驶在较低摩擦系数的路面时，车辆转向时会产生很大的侧偏角，这对系统的侧向稳定性带来很不利的影响，如图 1.1 所示。

因为车辆的侧偏角过大，会降低轮胎产生侧向力的能力，明显降低车辆控制系统的性能。所以在控制车辆的横摆角速率的同时也需要考虑车辆质心侧偏角的影响。

（1）车辆侧偏角的估计

由于车辆侧偏角直接测量所需的传感器太过昂贵，一般会根据车辆其他的状态变量来估计，目前侧偏角估计有以下几种方法，如表 1.2 所示。

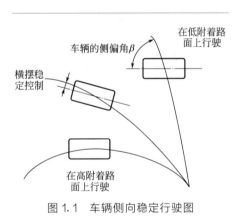

图 1.1 车辆侧向稳定行驶图

表 1.2 侧偏角估计方法

类别		使用的传感器	传感器的可靠性	弱点与不足
基于原因	基于视觉	光学传感器	对环境要求高	精度差
基于效果	基于轮胎动力学			需辨识许多轮胎参数
	基于车辆动力学	力学传感器		需外加传感器
		GPS	受 GPS 信号接收影响	昂贵

在车辆稳定性控制系统中，需要精确地测量车辆侧偏角和横摆角速率。横摆角速率的测量能够用廉价的陀螺仪传感器获得，但是由于直接测量车辆侧偏角的传感器太昂贵了，故侧偏角不能直接测量获取，因此侧偏角需要通过现有的一般的传感器（陀螺仪、加速度传感器、转向角传感器等）和车辆模型来估算。D. Piyabongkarn 提出了结合基于车辆动力学模型理论和运动学理论的一个新的电动汽车动力学模型，并通过了试验验证。M. Doumiati 提出了利用扩展和无迹卡尔曼滤波器估计侧向力和侧偏角的非线性的动力学模型，并通过了现场试验验证。A. von Vietinghoff 设计了一个基于双轨车辆模型的非线性观测器并用实际测量数据验证。M. Hiemer 提出了基于使非线性估计动力学误差的动力学来跟随线性动力学模型。Wang Yafei 提出了车辆动力学线性自行车模型结合视觉模型，通过视觉测量车辆与路面的位置信息，然后用卡尔曼滤波对车辆侧偏角估计，取得了不错的效果，但是这种视觉受环境影响较大。B. M. Nguyen、D. M. Bevly 和 R. Daily 提出了用全球定位系统（GPS）的测量数据的估计方法来克服一些传统方法的缺点（例如，车辆模型理论和基于运动学理论的动力学模型）。但是基于 GPS 的估算方法需要卫星信号，而在农村和森林地区可能会接收不到卫星信号或信号差。K. Nam 和 H. Fujimoto 提出了应用轮胎的侧向力传感器来估算车辆侧偏角的动力学模型，估计算法用到车辆动力学的模型过于复杂，需要先估计轮胎的侧偏刚度。吉林大学廉宇峰提出了在最小二乘法（RLS）估计轮胎侧偏刚度的基础上，利用一阶斯梯林插值滤波器来估计车辆质心侧偏角。

（2）车辆侧向稳定性控制方法

目前车辆的稳定性控制方法有很多，应用较多的有控制车辆侧向运动系统（四轮转向和主动前/后轮转向系统）和直接横摆力矩控制方法。直接横摆力矩控制（DYC）是通过控制同轴车轮产生不同的纵向力而产生的横摆力矩，使车辆在大侧偏角或者有很大的侧向加速度时，能保证车辆的操纵稳定性和主动安全性。四驱轮毂电机电动汽车，由于每个车轮都有独立的驱动电机系统，能更好地实现驱动力矩的优化分配，能在直接横摆力矩控制（DYC）下更好地控制车辆侧向稳定性。

大多的车辆侧向稳定控制系统的目的是控制车辆的侧偏角和横摆角速率。直接横摆力矩控制的控制变量有多种方法，一般可选单独控制横摆角速率、单独控制车辆质心侧偏角以及横摆角速率和车辆质心侧偏角联合控制。由于车辆质心侧偏角（下文都统一称为车辆侧偏角）

越小车辆行驶越平稳，因此车辆控制目标是尽量保持车辆质心侧偏角在合理的范围内，保证车辆稳定的同时使横摆角速率跟踪给定的期望值，以实现驾驶员的驾驶意图。车辆侧偏角与横摆角速率联合控制策略，能够很好地跟踪车辆的期望横摆角速率，同时也能很好地将车辆侧偏角控制在稳定的范围内。车辆侧偏角与横摆角速率联合控制策略，虽然能够很好地跟踪期望的轨迹，同时也能很好地控制车辆的稳定性，但是为了实现车辆侧偏角的控制，必须采用主动转向系统（如线控转向系统），这就增加了控制成本和计算量，同时系统的可靠性还有待进一步的验证。

车辆侧向稳定性控制策略从被控量方面进行分类，如表 1.3 所示。

表 1.3　车辆侧向稳定性控制方法分类

类别	被控量	控制的优势和弱点
直接横摆转矩	横摆角速率	大侧偏角时易失稳
	侧偏角	需要对侧偏角估计
	横摆角速率和侧偏角	控制效果好,但需要采用线控系统
侧向力控制	轮胎侧偏力	需要外加传感器

电动汽车运动控制系统，也就是横摆稳定控制或车辆稳定控制，通过独立的控制轮毂电机来实现。基于车身侧偏角估计和横摆角速率的直接横摆力矩控制方案来改善轮毂电机电动汽车的稳定性。结合模糊控制和滑模控制来加强车辆的稳定性并通过了试验的评估验证。Y. Yamaguchi，T. Murakami 和 H. Ohara 提出了主动转向控制的车辆运动控制理论，并通过了试验的验证。主动转向的潜在优势是通过线控转向（SBW）系统来改善正常驾驶期间的车辆的操纵性，同时这种方法得到了汽车厂商的很大的认可。还有一种基于二自由度转向控制结构的横摆稳定鲁棒控制方法，并且 B. A. Guvenc 用硬件在仿真环境中证实了它的有效性，K. Nam 在现场测试中证实了它的有效性。运用线控转向的主动转向控制系统，实现了期望的车辆动态性能而不引起驾驶的不舒适感。J. Ahmadi 提出了自适应非线性控制方案来改善车辆的操纵性，这种方法是基于主动转向控制和车轮力矩控制。Y. Yamauchi 提出了基于车辆横摆运动的观测器和侧向力矩观测器的车辆运动控制方法，并和传统的解耦控制进行了比较。K. Nam 等提出了一种基于扩展卡尔曼滤波器技术，利用轮胎侧向力传感器估计侧偏角的新的观测器。并将估计的结果与运动学理论方法进行比较，得出了所提出的观测器的优点和好处。在现场测试中运用了作者自行研制的轮毂电机电动汽

车进行验证。稳定控制系统中应用了状态和参数的估计，这种控制系统是基于主动转向控制和独立的轮毂电机控制，并通过了电脑仿真和实验室的验证。文献［31］提出了结合主动转向和直接横摆力矩控制车辆的横摆角速率，并通过基于 H_∞ 线性二次规划（LQR）来解决车辆的网络延迟问题。

参考文献

［1］ World Health Organization. Global Status Report on Road Safety 2013: Supporting a Decade of Action［R］. Geneva: WHO, 2013.

［2］ EIDEHALL A, POHL J, GUSTAFSSON F, et al. Toward Autonomous Collision Avoidance by Steering［J］. IEEE Transactions on Intelligent Transportation Systems, 2007, 1（8）: 84-94.

［3］ YI K, HONG J, KWON Y D. A Vehicle Control Algorithm for Stop and Go Cruise Control［J］. Proceedings of the Institution of Mechanical Engineers Part D: Journal of Automobile Engineering, 2005, 10（215）: 1099-1115.

［4］ CHEN Y, WANG J M. Adaptive Vehicle Speed Control With Input Injections for Longitudinal Motion Independent Road Frictional Condition Estimation［J］. IEEE Transactions on Vehicular Technology, 2011, 3（60）: 839-848.

［5］ KANG J Y, YOO J, YI K. Driving Control Algorithm for Maneuverability, Lateral Stability, and Rollover Prevention of 4WD Electric Vehicles with Independently Driven Front and Rear Wheels［J］. IEEE Transactions on Vehicular Technology, 2011, 7

（60）: 2987-3001.

［6］ NAM K, FUJIMOTO H, HORI Y. Lateral Stability Control of In-wheel-motor-driven Electric Vehicle Based on Sideslip Angle Estimation Using Lateral Tire Force Sensors［J］. IEEE Transactions on Vehicular Technology. 2012, 5（61）: 1972-1985.

［7］ DU H P, ZHANG N, DONG G M. Stabilizing Vehicle Lateral Dynamics with Considerations of Parameter Uncertainties and Control Saturation through Robust Yaw Control［J］. IEEE Transactions on Vehicular Technology, 2010, 5（59）: 2593-2597.

［8］ GENG C, MOSTEFAI L, DENAI M, et al. Direct Yaw -Moment Control of an In-Wheel-Motored Electric Vehicle Based on Body Slip Angle Fuzzy Observer［J］. IEEE Transactions on Industrial Electronics, 2009, 5（56）: 1411-1419.

［9］ WILKIN M A, MANNING W J, CROLLA D A, et al. Use of an Extended Kalman Filter as A RobustTyre Force Estimator［J］. Vehicle System Dynamics, 2006, Supplement1（44）: 50-59.

［10］ HAN S, HUH K. Monitoring System Design for Lateral Vehicle Motion［J］. IEEE Transactions on Vehicular Technology, 2011,

4（60）：1394-1403.

[11] 林粤彤，王飞跃，肖靖，等. 基于模糊神经元网络的智能车辆个性自动驾驶系统的设计与实现[J]. 自动化学报，2001，4（27）：531-542.

[12] ZHANG J L, IOANNOU P A. Longitudinal Control of Heavy Trucks in Mixed Traffic: Environmental and Fuel Economy Considerations[J]. IEEE Transactions on Intelligent Transportation Systems, 2006, 1（7）: 92-104.

[13] RAUH J, AMMON D. System Dynamics of Electrified Vehicles: Some Facts, Thoughts, and Challenges[J]. Vehicle System Dynamics, 2011, 7（49）: 1005-1020.

[14] Nagai M. The Perspective of Research for Enhancing Active Safety Based on Advanced Control Technology[J]. Vehicle System Dynamics, 2007, 5（45）: 413-431.

[15] 马雷，刘晶，于福莹，等. 四轮独立驱动电动汽车驱动力最优控制方法[J]. 汽车工程，2010，12（32）：1057-1062.

[16] MAGALLAN G A, DE ANGELO H C, GARCIA G O. Maximization of the traction forces in a 2WD electric vehicle[J]. IEEE Transactions on Vehicular Technology, 2011, 60（2）: 369-380.

[17] CHEN Y, WANG J. Adaptive vehicle speed control with input injections for longitudinal motion independent road frictional condition estimation[J]. IEEE Transactions on Vehicular Technology, 2011, 60（3）: 839-848.

[18] RATH J J, VELUVOLU K C, DEFOORT M, et al. Higher-order sliding mode observer for estimation of tyre friction in ground vehicles[J]. Control Theory & Applications, IET, 2014, 8（6）: 399-408.

[19] AHN C, PENG H, TSENG H E. Robust estimation of road frictional coefficient[J]. IEEE Transactions on Control Systems Technology, 2013, 21（1）: 1-13.

[20] WANG R, WANG J. Tire-road friction coefficient and tire cornering stiffness estimation based on longitudinal tire force difference generation[J]. Control engineering practice, 2013, 21（1）: 65-75.

[21] YIN D, OH S, HORI Y. A novel traction control for EV based on maximum transmissible torque estimation[J]. IEEE Transactions on Industrial Electronics, 2009, 56（6）: 2086-2094.

[22] HSU L Y, CHEN T L. Vehicle full-state estimation and prediction system using state observers[J]. IEEE Transactions on Vehicular Technology, 2009, 58（6）: 2651-2662.

[23] CHO W, YOON J, YIM S, et al. Estimation of tire forces for application to vehicle stability control[J]. IEEE Transactions on Vehicular Technology, 2010, 59（2）: 638-649.

[24] WANG W Y, LI I H, TSAI C P, et al. Dynamic slip-ratio estimation and control of antilock braking systems using an observer-based direct adaptive fuzzy-neural controller[J]. IEEE Transactions on Industrial Electronics, 2009, 56（5）: 1746-1756.

[25] WANG Y, NGUYEN B M, FUJIMOTO H, et al. Multirate estimation and control of body slip angle for electric vehicles based on onboard vision system[J]. IEEE Transactions on Industrial Electronics, 2014, 61（2）: 1133-1143.

[26] NAM K, FUJIMOTO H, HORI Y. Lateral stability control of in-wheel-motor-driven electric vehicles based on sideslip angle estimation using lateral tire force sensors [J]. IEEE Transactions on Vehicular Tech-

nology, 2012, 61（5）: 1972-1985.

[27] NGUYEN B M, WANG Y, FUJIMOTO H, et al. Lateral Stability Control of Electric Vehicle Based On Disturbance Accommodating Kalman Filter using the Integration of Single Antenna GPS Receiver and Yaw Rate Sensor [J]. Journal of Electrical Engineering & Technology（JEET）, 2013, 8（4）: 899-910.

[28] KIM J, PARK C, HWANG S, et al. Control algorithm for an independent motor-drive vehicle [J]. IEEE Transactions on Vehicular Technology, 2010, 59（7）: 3213-3222.

[29] NAM K, OH S, FUJIMOTO H, et al. Estimation of sideslip and roll angles of electric vehicles using lateral tire force sensors through RLS and Kalman filter approaches [J]. IEEE Transactions on Industrial Electronics, 2013, 60（3）: 988-1000.

[30] YAMAUCHI Y, FUJIMOTO H. Vehicle motion control method using yaw-moment observer and lateral force observer for electric vehicle [J]. IEEJ Transactions on Industry Applications, 2010, 130: 939-944.

[31] SHUAI Z, ZHANG H, WANG J, et al. Combined AFS and DYC control of four-wheel-independent-drive electric vehicles over CAN network with time-varying delays [J]. Vehicular Technology, IEEE Transactions on, 2014, 63（2）: 591-602.

第2章

电动汽车主动避撞系统体系结构

2.1 电动汽车硬件体系结构

发展新能源汽车是实现我国能源安全和环境保护的必然趋势，也是保证中国汽车工业可持续发展的必然要求。本章以四轮独立驱动轮毂电动汽车为研究对象，对传感器、执行机构等硬件系统结构和主动安全系统体系结构进行详细介绍。

2.1.1 毫米波雷达

毫米波雷达测距是利用从目标处反射回来的电磁波发现目标并测定其位置，经过分析判断，对构成危险的目标按程度不同进行报警，控制车辆自动减速，直到自动刹车。在车辆行进中，雷达窄波束向前发射调频连续波信号，当发射信号遇到目标时，被反射回来为同一天线接收，经混频放大处理后，可用其差拍信号间的相差来表示雷达与目标的距离，把对应的脉冲信号经微处理器处理计算可得到距离数值，由差频信号与相对速度关系，计算出目标对雷达的相对速度，微处理器将上述两个物理量代入危险时间函数数学模型后，即可算出危险时间，当危险程度达到不同级别时，分别输出报警信号或通过车辆控制电路去控制车速或刹车。汽车防撞雷达的主要功能是测速测距，装有防撞雷达的汽车上了高速公路以后，驾驶员就可以启动车上的防撞雷达。毫米波雷达克服了其他几种探测方式在高速公路防撞运用中的缺点，具有稳定的探测性能，不易受被测物体表面形状、颜色等的影响，调制简单，价格低廉，可以全天候工作，不受天气状况如雨、雪、雾等的影响，探测距离远，运行可靠，且近年来随着高频器件和单片微波集成电路的出现和应用，毫米波雷达的性能有了很大的提高，成本也有所下降，并且雷达的外型尺寸可以做得很小，便于在汽车上安装，所以成为目前国内外车用防撞雷达的普遍选择。智能汽车的驾驶辅助系统大都将毫米波雷达作为感知环境的传感器，利用毫米波雷达实现对车辆前方目标的检测，通过分析周边车辆及障碍物与自车的相对距离、相对速度等关系实现控制自车的安全距离与安全速度，实现智能驾驶的相关功能。

按工作原理的不同，毫米波雷达可以分为脉冲式毫米波雷达与调频式连续毫米波雷达两类。脉冲式毫米波雷达通过发射脉冲信号与接收脉冲信号之间的时间差来计算目标距离。如果目标距离较近，则发射与接收脉冲信号之间的时间差相对较小。由于智能车辆需要根据目标距离计算结果激发相应模块以实现特定功能，因此要求雷达计算目标距离的时间尽可能短，这种情况下就需要系统采用高速的信号处理技术，导致脉冲式毫米波雷达的近距离探测技术复杂、成本较高。在实际应用中，智能车辆一般选择成本低廉、结构相对简单的调频式连续毫米波雷达。调频式连续毫米波雷达是利用多普勒效应测量得出不同距离目标的速度，它通过发射源向给定目标发射微波信号，并分析发射信号频率和反射信号频率之间的差值，精确测量出目标相对于雷达的运动速度等信息。

（1）测距原理

雷达调频器通过天线发射微波信号，发射信号遇到目标后，经目标的反射会产生回波信号，发射信号与回波信号相比形状相同，时间上存在差值。以雷达发射三角波信号为例，发射信号与返回的回波信号对比如图 2.1(a) 所示。

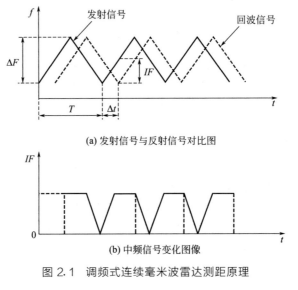

(a) 发射信号与反射信号对比图

(b) 中频信号变化图像

图 2.1 调频式连续毫米波雷达测距原理

雷达探测目标的距离半径为：

$$R = \frac{\Delta t \cdot c}{2} \tag{2.1}$$

式中　Δt——发射信号与回波信号的时间间隔，ms；

　　　c——光速。

中频信号变化图像如图 2.1(b) 所示，发射信号与回波信号形状相同，因此根据三角函数的关系式可得：

$$\frac{\Delta t}{IF} = \frac{T/2}{\Delta F} \tag{2.2}$$

式中　T——发射信号的周期，ms；

　　　ΔF——调频带宽；

　　　IF——发射信号与回波信号混频后的中频信号频率。

根据式（2.1）与式（2.2）可得到目标距离与中频信号间的关系式，即

$$R = \frac{cT}{4\Delta F}IF \tag{2.3}$$

（2）测速原理

当目标与雷达信号发射源之间存在相对运行时，发射信号与回波信号之间除存在时间差外，频率上还会产生多普勒位移 f_d，如图 2.2 所示。

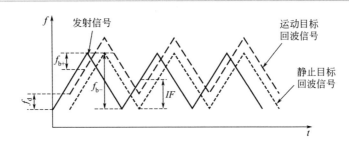

图 2.2　调频式连续毫米波雷达测速原理

中频信号在信号上升阶段的频率与下降阶段的频率可分别表示为：

$$f_{b+} = IF - f_d \tag{2.4}$$

$$f_{b-} = IF + f_d \tag{2.5}$$

式中　IF——发射源在目标处于相对静止状态时的中频信号频率；

　　　f_d——发射信号与回波信号间的多普勒位移。

f_d 的计算公式为：

$$f_d = \frac{f_{b-} - f_{b+}}{2} \tag{2.6}$$

因此，目标与雷达信号发射源之间的相对运动速度可根据多普勒原理计算，即

$$v = \frac{c(f_{b-} - f_{b+})}{4f_0} = \frac{\lambda(f_{b-} - f_{b+})}{4} \tag{2.7}$$

式中　f_0——发射波的中心频率；

　　　λ——发射波波长。

（3）毫米波雷达发展方向

随着毫米波技术的成熟，毫米波技术在汽车上的应用范围越来越广，其功能已从单一的车间距监控、报警的前视雷达发展到自动巡航控制和具有多目标识别的防碰撞系统，目前的发展方向是毫米波技术与其他技术相结合实现雷达三维成像，最终达到汽车的自动驾驶。

① 智能巡航控制系统。车辆的智能巡航控制系统是利用雷达系统自行调节汽车的行驶速度，从而实现以设定的速度行驶的一种电子控制装置。汽车在高速公路上长时间行驶时，打开该系统后，恒速行驶装置将根据行车阻力自动增减节气门开度，使汽车行驶速度保持一定，省去了驾驶员频繁踩油门踏板的动作，在汽车行驶时司机只要把住方向盘即可，可以减轻驾驶员长途行驶的疲劳，也减少了交通事故的发生。同时由于巡航系统自动维持车速，提高了汽车的燃油经济性，降低发动机的排放。与传统的汽车巡航控制系统不同的是，当在汽车行驶过程中遇到停止或慢速行驶的车辆时，智能巡航控制系统将会自动刹车或减速，从而与前导车辆保持一定的距离，并自动跟进。若前导车辆加速，则智能巡航系统向汽车控制系统发送加速信号，直至达到预先设定的速度。该系统在国外应用较多，在美国安装率已达60%以上。

② 防碰撞系统。在交通事故中，尤其是在高速公路上，汽车追尾碰撞事故占很大比例，最主要的原因是司机注意力不集中。在汽车安全行驶方面主要采用的技术有使用安全带和安全气囊等。但这仅仅解决了汽车碰撞后的防护问题，而没有从根本上解决汽车防碰撞的问题。汽车防碰撞报警系统则可以在碰撞事故发生之前向司机发出报警，提醒司机及时做出反应，从而在很大程度上避免了碰撞事故的发生。该系统以雷达系统为基础，通过探测周围车辆的距离和速度，来判断是否存在潜在事故危险，如果存在危险则向司机发出报警信息，必要时自动转弯、减速或制动。该系统有多种形式，有的在汽车行驶中，当两车之间的距离小于某一距离时，即自动报警；若继续行驶，则会在即将相撞的一瞬间自

动控制汽车制动器，将汽车停止；有的是在汽车倒车时，显示车后障碍物的距离，有效地防止倒车事故的发生。目前，美国、欧洲和日本开展此项研究的公司较多，并且已有可供装车使用的产品，如德国奔驰汽车公司最近推出的速度-距离控制器、前视雷达系统和美国公司的卡车防碰撞雷达系统等。NHTSA 的研究结果表明，防碰撞报警系统可以使追尾碰撞事故减少，因改变车道而引起的交通事故减少。由此可见，在车辆行驶过程中防碰撞报警系统对保障人身及财产的安全是一种行之有效的方法。尤其是在黑夜、雨、雪、雾、尘等能见度较低的环境中，该系统的作用更为明显。

③ 自动驾驶系统。除了目前研究较多的巡航控制系统和防碰撞系统外，毫米波汽车雷达还有广阔的应用前景。随着系统灵敏度、分辨率和动态范围的提高，汽车雷达可以实现雷达成像，雷达系统探测到的目标不再是简单的点目标，而是三维目标。若系统有足够高的灵敏度，则可以对目标进行归类，可以进行道路识别，这是自动驾驶的基础。汽车的自动驾驶是汽车雷达发展的必然趋势。这给汽车雷达系统提出了更高的要求，雷达系统必须具备多目标探测、目标识别、道路识别、路面状况分析等全方位信息收集和处理的能力。国外有多家公司正在研究多波束高分辨率雷达，再加上高速、大容量的信号处理系统，最终将实现汽车的自动驾驶。

防碰撞毫米波雷达系统不但可以应用于汽车智能化方面，还可以应用于海上船与船之间的防撞、高速行驶的火车防撞、直升飞机的防撞等方面。在智能化港口集装箱的装卸中也有广泛的用途，目前荷兰的阿姆斯特丹港口已经成功地将毫米波防撞系统用于 AGV 车上，实现全自动化操作。

2.1.2　MEMS 陀螺仪

陀螺仪，又称角速度传感器，是一种用来传感与维持方向的装置，是基于角动量不变的理论设计出来的。陀螺仪主要由一个位于轴心可以旋转的轮子构成。陀螺仪一旦开始旋转，由于轮子的角动量，有抗拒方向改变的趋势。陀螺仪广泛用于导航与定位系统。微电子机械系统（MEMS）技术和微机械惯性器件日渐成熟，惯性测量系统得到了迅猛发展。惯性测量系统将微电子、精密机械、传感器技术相互融合，具有集成度更高、性价比更好、体积更小、功耗更低等特点，且由于微机械结构制作精确、重复性好、易于集成化、适用于大批量生产，并有很高的性价比，在汽车上得到了广泛的应用。陀螺仪和加速度计是姿态测量系统的重要组成单元，该传感器集成了三轴加速度传感器和三轴陀螺仪传感器，具有体积小、功能强、功耗低等特性，完全满足汽车驾驶运动参数的数据采集要求。一些自动驾驶汽车定位系统就是由 GPS 模块、三轴加速度传感器和三轴陀螺仪组成，通过结合传感器得出的 360°信息，能够为车辆提供其位置和与周边物体的相对位置信息。MEMS 陀螺仪主要运用在惯性导航系统中，用来测量移动车体的方位角。陀螺仪在工作的过程中，即在测量车体的方位角的过程中，会存在一个精度的问题，精度的高低会直接影响测量结果的准确性，如果精度过低，测量的结果就会与实际情况偏离得过大，从而就不能准确定位车体的位置信息，给后面的计算带来不同程度的影响。

陀螺仪的性能是陀螺仪的一个重要的技术指标，因此可以作为衡量陀螺仪精度高低的一个标准，在对陀螺仪的输出数据进行信号处理之前对陀螺仪的性能分析是非常有必要的。对陀螺仪的性能分析主要包括静态性能分析与动态性能分析。Allan 方差分析法是对陀螺仪的静态性能以及动态性能进行分析的主要方法。Allan 方差分析方法是由美国国家标准局的 David Allan 在 20 世纪 60 年代提出来的，该方法一提出来就得到了工程界的广泛关注，Allan 方差分析法开始主要用于分析高频振荡器的相位以及频率的不稳定性，而陀螺仪等惯性器件也具有振荡的特性，后来该方法在对陀螺仪的误差辨识中得到了广泛的应用。Allan 方差分析法能够辨识出更多的误差项，并且误差分离结果较好，通常通过它先得到陀螺仪输出数据的双对数曲线，然后通过线性拟合求出各项误差的系数，其基本原理分析如下。

通过采样时间间隔 T_s 采集时间长度为 T 的一组样本数据，则有样本数据长度 $N = T/T_s$。

对采集数据样本进行平均分组，把每连续 $n(n = 1, 2, 3, \cdots, N/K_{\min}$，$K_{\min}$ 为最小子序列数）个数据作为一个子序列，则有 $K = N/n$ 个子序列。每个子序列的平均时间可表示为 $\tau(n) = nT_s$，称为相关时间。

对于第 $k+1$ 个子序列，其平均值可以由式(2.8) 表示：

$$\overline{\Omega}_{k+1} = \frac{1}{n} \sum_{i=1}^{n} \Omega_{nk+i} \tag{2.8}$$

式中　Ω_{nk+i}——第 $k+1$ 个子序列中的第 i 个点；

　　　　n——每个子序列的数据总数。

Allan 方差的定义为：

$$\sigma^2(\tau) = \frac{1}{2} E\left\{ \left[\overline{\Omega}_{k+1}(\tau) - \overline{\Omega}_k(\tau) \right]^2 \right\} \tag{2.9}$$

式中 $\sigma^2(\tau)$——相关时间 τ 对应的方差，即 Allan 方差；

E——均值。

将 Allan 方差的平方根 $\sigma(\tau)$ 称作 Allan 标准差，当 τ 变化时，在双对数坐标系中绘制的 $\sigma(\tau)$-τ 曲线称为 Allan 方差曲线。通过双对数可以绘制出 Allan 标准差随平均时间的变化规律，但是在实际应用过程中，Allan 方差是根据有限数据分析的，在平均时间增大的过程中，可划分的子序列的数目变小，这样会引起 Allan 方差估计的效果变坏，式(2.10)给出了 Allan 方差的误差区间：

$$\delta = \frac{1}{\sqrt{2\left(\dfrac{N}{n}-1\right)}} \tag{2.10}$$

式中 N——采集的数据样本的长度；

n——每个子序列的数据个数。

Allan 方差与原始测量噪声数据中噪声项的双边功率谱密度（PSD）存在如下关系：

$$\sigma^2(\tau) = 4\int_0^\infty \left[S_\omega(f) \frac{\sin^4(\pi f \tau)}{(\pi f \tau)^2} \right] df \tag{2.11}$$

式(2.11) 表明，当通过一个传递函数为 $\dfrac{\sin^4(\pi f \tau)}{(\pi f \tau)^2}$ 的滤波器时，Allan 方差与噪声能量成正比。

2.1.3 车轮六分力传感器

汽车车轮六分力传感器（WFT）是直接获取地面对轮胎作用力的有效方式，获取车轮六分力是汽车主动安全电控系统控制算法验证和优化的重要手段。车轮六分力传感器的作用是将地面和汽车对车轮的综合作用力反映为六分力。地面对车轮的作用力传递路线为地面、轮胎胎体、轮辋适配器、弹性体、轮毂适配器、轮毂，所以车轮六分力能够更加准确地测量地面和轮毂对车轮的作用力。

（1）WFT 结构

由于汽车车轮的安装和使用要求，车轮六分力传感器通常是根据车轮类型和安装方式进行特殊设计的。结构上主要包括轮胎橡胶胎体、轮辋、轮辋适配器、弹性体、轮毂适配器。一般对传统的车轮轮胎改装后，通过两个连接凸缘将车轮六分力传感器弹性体串联在车轮轮辋和轮毂之间，如图 2.3 所示。弹性体是车轮六分力传感器的核心部件，因此弹性

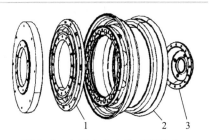

图 2.3　车轮六分力传感器结构

1—弹性体；2—轮辋适配器；3—轮毂适配器

体结构和形状均有严格的限制。目前的车轮六分力传感器采用应变式和压电式两种。应变式测量时通过测量弹性体的应变来测量车轮六分力的大小，具体结构包括应变梁式和圆环式两种。应变梁式一般用于轻型轿车；圆环式多用于轻卡和重型卡车。选用合适的弹性体可使其具有充分的灵敏度。压电式测量的原理是利用压电效应及其方向性，压电晶体对所受的纵向、横向和剪切等作用力能产生与敏感方向受力大小成正比的电荷量，经电荷放大器的放大后可得到输出的电压信号值。

　　地面和轮毂对车轮的作用力传递到车轮六分力传感器弹性体时，引起弹性体应变梁的变形，进而带动应变片的变形。通过组桥将应变片的变形量转化为电信号的变化，再通过后续的软件解析为相应的力信息量值。在弹性体应变梁的各表面轴线处对应位置选取不同分力测量点，根据应变片输出的由于施加载荷而产生的应变量，可以依据产生的应变量和应变梁上施加的载荷之间关系反推出作用的各个力和力矩。另外，施加的力和力矩产生的最大应力点在应变梁上的位置不同，因此选择应变梁上的这些特殊位置作为测量点，以使得应变片的应变能反映某一外部施加载荷，就可以根据测量点的输出进行解耦。弹性体的应变梁在车轮六分力作用下会产生拉伸、压缩、扭曲、弯曲等变形，而且各分力在各应变梁上不同位置产生的形变量不同，不同位置处各分力的维间耦合也不同。各应变测量点选择位于各分力产生的最大正应力点位置处，便于应变片的形变能够尽可能地以某一轴载荷为主，这样有助于实现维间的结构解耦。

　　集成化车轮六分力传感器主要由弹性体和信号传输系统两部分组成，其结构如图 2.4 所示。主要技术指标为数据采样频率、力、力矩、非线性度、整体测量精度和过载能力。

（2）信号传输系统

　　整个信号传输系统由与车轮一起高速旋转的部件以及与车体固定的非旋转部件组成。因此，解决旋转部件与非旋转部件间的非接触式信号传输也极为关键。常用的信号耦合方式有光电耦合、电容耦合、无线传输等。目前，电容耦合最快速率达到 15kHz，光电耦合速率可达 100kHz。而电容耦合精度不稳定，光电耦合采用光的方式传输信息，抗干扰能力强。无线传输在信号传输距离和抗干扰等方面还存在许多技术困难，但它的传输速率可达兆赫兹级，打破了以上两种耦合方式在传输速率上的瓶颈，使车轮六分力的采样速率能够提升到 MHz 级，是车轮六分力信号耦合方式的发展方向。

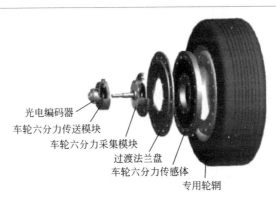

光电编码器
车轮六分力传送模块
车轮六分力采集模块
过渡法兰盘
车轮六分力传感体
专用轮辋

图 2.4　集成化车轮六分力传感器整体结构

2.1.4　永磁同步电机

永磁同步电机（Permanent Magnet Synchronous Motor，PMSM）的磁动势由永磁体产生。磁动势、电压和电流的波形均为正弦波形。永磁同步电机具有响应速度快、功率密度高、力矩转速性能好、体积小、质量轻、控制操作性能好和效率高等优点。

针对四轮独立驱动轮毂电机电动汽车，轮毂电机采用 PMSM。PMSM 的数学模型是一个存在非线性磁化特性和饱和效应的电磁装置，其动态方程为一个高阶微分方程，精确求解比较困难，须将其进行一定程度的简化。为简化设计，传动系统选用隐极 PMSM，忽略寄生磁阻转矩，在 dq 同步旋转坐标系上 PMSM 数学模型可表示为：

$$\begin{cases} \dfrac{\mathrm{d}i_d}{\mathrm{d}t} = -\dfrac{R_s}{L_s}i_d + p\omega_r i_q + \dfrac{u_d}{L_s} \\[2mm] \dfrac{\mathrm{d}i_q}{\mathrm{d}t} = -\dfrac{R_s}{L_s}i_q - p\omega_r i_d - \dfrac{p\Psi_r}{L_s}\omega_r + \dfrac{u_q}{L_s} \\[2mm] \dfrac{\mathrm{d}\omega_r}{\mathrm{d}t} = \dfrac{3p\Psi_r}{2I_\omega}i_q - \dfrac{B}{I_\omega}\omega_r - \dfrac{T_b}{I_\omega} \end{cases} \tag{2.12}$$

式中　i_d——d 轴定子电流；

$\quad\quad i_q$——q 轴定子电流；

$\quad\quad u_d$——d 轴定子电压；

u_q——q 轴定子电压；

R_s——定子电阻；

L_s——定子电感，$L_d = L_q = L_s$；

Ψ_r——永磁磁通；

B——黏滞摩擦系数；

p——极对数；

ω_r——机械角速度。

基于电压空间矢量 PWM 控制技术（Space Vector PWM，SVPWM）的 PMSM 控制系统采用 $i_d = 0$ 矢量控制方法，同时考虑减轻矢量控制系统的计算负担，忽略黏滞摩擦系数，即 $B = 0$。该矢量控制方法中定子电流没有直轴分量，只有交轴分量，其控制性能类似于直流电机，控制简单，易于用数字实现其输出转矩随电流变化的线性关系，调速范围宽。采用 $i_d = 0$ 矢量控制方法后，PMSM 矢量控制系统性能比较理想，但系统计算量仍然较大，实时性较差。因此，在不影响 PMSM 调速性能的前提下，将 PMSM 矢量控制系统进行简化处理以提高系统的实时性是十分必要的。

PMSM 矢量控制系统采用电流内环和转矩外环双闭环结构。对于电流内环，需要获得较快的电流跟随性能，则电流内环可按照典型 I 型系统进行设计，即电流内环可近似等效成一个一阶惯性环节，即

$$G_1(s) = \frac{1}{4T_s s + 1} \tag{2.13}$$

式中 T_s——电流采样周期。

对于转矩外环，除了电流内环的一阶惯性环节外，还包括转矩采样过程的惯性环节 $G_T(s)$、转矩环 PI 调节器 $G_{PI}(s)$ 和比例系数 $\frac{3p\Psi_r}{2}$。如图 2.5 所示，PMSM 矢量控制系统可简化为一单闭环系统，输入变量为期望转矩与负载转矩，输出量为实际转矩与转速，结构简单，容易实现。

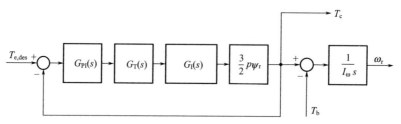

图 2.5 PMSM 矢量控制系统简化结构图

PMSM 控制系统轮毂电机的主要参数如表 2.1 所示。设 PMSM 控制系统的采样周期 $T_s=0.001s$，PI 调节器的采样时间为 0.001s，比例增益 0.45，积分时间常数为 40s，期望转矩为 200N·m，负载转矩为 150N·m，PMSM 控制系统简化前后的转矩与转速的对比实验分别如图 2.6、图 2.7 所示。PMSM 控制系统输入量为期望转矩与负载转矩，输出量为实际转矩与转速。由仿真曲线可以看出，简化后转矩和角速度的跟踪效果比较理想。此外，由于 PMSM 控制系统的简化，PMSM 控制系统的运行时间大大缩短，系统的实时性得以改善。因此，基于 SVPWM 的 PMSM 简化控制系统完全可以替代原始 PMSM 控制系统，而且更加适合于纵向主动避撞系统的控制策略研究与整车仿真实验。

表 2.1 PMSM 控制系统轮毂电机的主要参数

参数	数值	参数	数值
P_N	10.7kW	p	4
n_N	1500r/min	Ψ_r	0.35867Wb
T_N	340N·m	I_ω	1.56kg·m^2

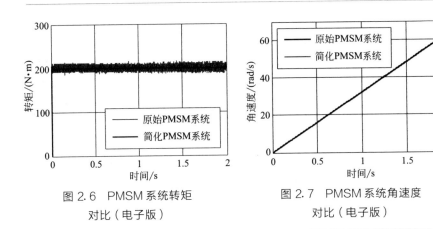

图 2.6 PMSM 系统转矩对比（电子版）　　图 2.7 PMSM 系统角速度对比（电子版）

2.2 四轮独立驱动轮毂电机电动汽车结构

电动汽车采用电动机为牵引装置，并应用化学蓄电池组、燃料电池组、超级电容器组和飞轮组为其提供相应的能源。

电动车轮驱动系统有两种基本方式：带轮边减速器驱动方式和直接

驱动方式。带轮边减速器驱动方式多采用高速内转子电动机，通过轮边减速器将电动机的高转速降到低速。该驱动方式属于减速驱动类型，适合电动汽车高性能运行。通常电动机的额定转速为 4000～20000r/min，能够获得较高的比功率。减速器位于电动机和车轮之间，具有减速和增矩的作用。电机的输出轴通过减速器与车轮的驱动轴进行连接，使电机轴承不直接承受车轮与路面的载荷作用，进而轴承的工作环境得以改善。带轮边减速器驱动的电动汽车结构如图 2.8(a) 所示。图中 FG 为轮边减速器，M 为电动机。

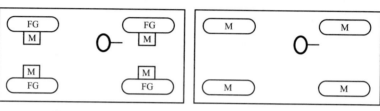

(a) 带轮边减速器驱动方式　　　　　　　　(b) 直接驱动方式

图 2.8　四轮独立驱动轮毂电机电动汽车结构

直接驱动方式多采用低速外转子电动机，直接将电动机的外转子安装在车轮的轮辋上来带动车轮，电动机与车轮组成一个完整部件总成。该驱动方式的电动机体积小、成本低、质量轻，结构紧凑，系统传动效率较高，既有利于整车结构布置，又便于车身设计和改型设计。设计时要求电动机一方面在低速时能够提供较大的转矩以保证电动汽车的顺利起步；另一方面具有较宽的调速范围以使电动汽车具有足够的动力性。直接驱动的电动汽车结构如图 2.8(b) 所示。由于轮毂电机与车轮之间为直接连接，省去了传统电动汽车中主减速器、减速器等传动机构，整车质量得以减轻，空间得以改善。四轮独立驱动的形式能够使车辆的附着系数利用得更加充分，制动性能和操纵稳定性更加理想。本书以直接驱动方式的四轮独立驱动轮毂电机电动汽车为研究对象，研究其主动避撞系统的状态估计方法与控制策略。

2.3　车辆主动避撞系统体系结构

车辆主动避撞系统主要实现的系统功能如下：

① 能够检测车辆的行驶状态，并且能够对当前行驶道路的安全状态

进行准确判断；

② 能够在发生危险之前向驾驶员提供报警信息，提示驾驶员及时控制车辆避开危险状态；

③ 能够在驾驶员操作不及时时，自动接管车辆以确保车辆安全行驶。

为确保在不同行驶环境下车辆能够安全行驶，本书对车辆在制动避撞方式与转向避撞方式下主动避撞系统的状态估计与控制策略进行深入研究。所研究的车辆主动避撞系统能够判断当前行车安全状况，在出现危急状况时能够帮助驾驶员选择合适的避撞方式来控制车辆的运动状态。通过增加车辆主动避撞系统的避撞方式，使驾驶员获得更多的机会来排除安全隐患、远离危险，从而提高车辆以及驾驶员的安全性。

车辆主动避撞系统体系结构如图 2.9 所示，系统首先通过车载传感器检测行车环境，并判断车辆是否存在碰撞危险。当存在碰撞危险时，根据行车环境，系统通过避撞方式逻辑切换策略合理地选择对应的避撞方式以确保车辆能够安全顺利行驶，避免交通事故的发生。车辆避撞方式由逻辑切换策略选择，制动和转向避撞过程分别由制动控制器和转向控制器执行。执行机构由电动机和变比例阀组成，制动过程中，轮胎制动力主要是电动机提供的再生制动力和变比例阀提供的摩擦制动力。根据实际需要轮胎制动力可以由电动机或变比例阀单独提供，也可以由电动机和变比例阀共同提供以达到制动效果。制动控制器控制电动机和变比例阀实施车辆制动。在转向过程中，假设车辆纵向速度恒定不变，车辆无需实施制动，则轮胎纵向力由电动机单独提供。转向控制器控制电动机实施车辆转向。

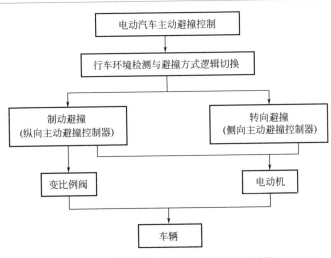

图 2.9 电动汽车主动避撞系统体系结构

　　研究车辆状态估计方法与控制策略，须先设计车辆主动避撞系统，通过整车仿真实验来验证所提出的状态估计方法与控制策略的有效性。根据上述车辆主动避撞的系统功能和第 1 章关于关键技术的概述可知，车辆主动避撞系统的研究与功能实现都是围绕其关键技术展开的，即行驶环境中目标车车辆识别及运动信息的获取、安全距离模型、动力学系统建模和车辆动力学控制。在本书研究中，行驶环境中目标车车辆状态及运动信息均由经典的汽车仿真软件中提取以使车辆主动避撞系统性能更加符合实际工况。因此，本书主要从安全距离模型、动力学系统建模和车辆动力学控制三个关键技术入手，搭建车辆主动避撞系统，进而在整车系统的基础上对车辆状态估计方法与控制策略进行深入研究。车辆主动避撞系统主要由避撞方式逻辑切换策略、纵向主动避撞系统和侧向主动避撞系统三部分构成，本书将分三章依次阐述这三部分中所研究的内容。对于纵向和侧向主动避撞系统来说，其系统结构基本相同，均由安全距离模型、分层式控制结构的控制器和动力学系统模型构成，车辆主动避撞系统与关键技术如图 2.10 所示。

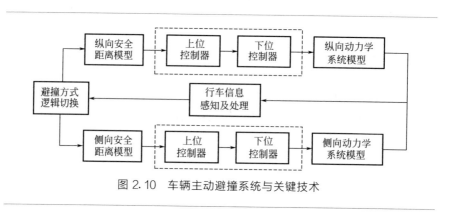

图 2.10　车辆主动避撞系统与关键技术

2.3.1　纵向主动避撞系统

　　纵向主动避撞系统主要用于在不同路面条件下保证车辆行驶安全，有效地提高道路利用率，即制动时自车与目标车的距离应适度，既不能过近，也不能过远。制动时自车与目标车的距离过近，容易发生碰撞，降低了车辆安全性；制动时自车与目标车的距离过远，虽提高了车辆安全性，但影响道路流量，降低了道路利用率。因此，在制动避撞方式下，为了兼顾车辆安全性和道路利用率，分别从纵向安全距离模型、车辆动力学系统模型和避撞控制器三个方面进行深入研究与设计。

① 安全距离模型能够反映路面工况和驾驶员特性。根据不同路面计算安全距离,使其具有一定的适应性;根据不同驾驶员的驾驶习惯设定安全距离以满足驾驶员的驾驶意图,提高车辆的舒适性和驾驶员对车辆主动避撞系统的接受度。

② 车辆动力学系统包括执行机构模型、轮胎模型和动力学模型。执行机构模型为轮毂电机,模型具有较强的非线性,并且控制系统结构复杂、运算量较大、实时性较差;轮胎模型同样具有较强的非线性,出于对电动汽车主动避撞系统控制策略方面研究的目的,将轮毂电机与轮胎模型进行简化处理以减轻运算负担、提高系统实时性是十分必要的。

③ 分层式控制结构的控制器由上位控制器和下位控制器组成。上位控制器根据行车信息确定当前时刻车辆应具有的期望加速度;下位控制器根据上位控制器的计算输出,对车辆动力学系统实施控制以实现加速度闭环控制。实现车辆纵向主动避撞,轮胎制动力分配问题是无法回避的研究热点,特别是制动过程中,制动力分配自由度较大,分配过程比较复杂。四轮独立驱动轮毂电机电动汽车的制动力分配策略是实现车辆主动避撞功能的重要环节。

2.3.2 侧向主动避撞系统

侧向主动避撞系统主要实现在不同路面条件下,保证车辆能够稳定转向,且行驶安全。当路面条件较好时,自车在车间距离较小时实施转向操作;当路面条件较差时,自车在车间距离较大时实施转向操作。同时,需要考虑车辆参数摄动和外界环境干扰所产生的不确定性,车辆转向过程须稳定可靠。因此,在转向避撞方式下兼顾车辆的安全性和操纵稳定性,分别从侧向安全距离模型、车辆动力学系统模型和避撞控制器三个方面进行深入研究与设计。

① 安全距离模型能够反映路面工况。根据不同路面计算安全距离,并且在合适的车间距离实施转向以保证车辆转向的安全性。

② 车辆动力学系统状态估计。车辆动力学模型中表示路面条件的轮胎侧偏刚度和车身侧偏角是车辆操纵稳定性主要的研究参数。轮胎侧偏刚度变化趋势与轮胎和路面摩擦系数变化趋势相同,使用轮胎侧偏刚度信息既可以获得车辆行驶的路面工况,又可以设计具有自适应功能的车辆侧向运动控制器。车身侧偏角作为状态变量之一在车辆侧向运动研究中占有重要地位,由于其检测元件成本高,很难在车辆控制系统中商业

化，并且估计方法存在偏差大、收敛等问题，因此，出于对电动汽车主动避撞系统状态估计方面研究的目的，轮胎侧偏刚度和车身侧偏角估计方法需要深入研究。

③ 分层式控制结构的控制器由上位控制器和下位控制器组成。上位控制器根据行车信息确定当前时刻车辆应具有的期望横摆角速率或期望车身侧偏角；下位控制器根据上位控制器的计算输出，对车辆动力学系统实施直接横摆力矩控制以实现侧向轨迹跟踪控制和对参数摄动与侧向风干扰所产生的不确定性的抑制。

2.4　制动/转向避撞方式切换策略

从系统与控制科学的角度来讲，切换系统是混杂系统的一类比较重要的模型，是目前混杂系统理论研究中一个富有挑战性且极其重要的国际前沿方向。切换系统由子系统和切换规则组成。每个子系统对应一种取值的离散变量，切换规则则表示离散事件动态，因此，切换系统可看成是简化离散变量描述的一类混杂系统。在经典控制理论中，针对非线性系统的周期性振荡现象，特别是伺服系统存在的稳定问题，提出了继电控制系统，即在正向控制和反向控制或导通和关断之间设置死区，使之具有继电特性以避免切换过程中持续振荡。20 世纪 50 年代初期，时间最优控制和时间-燃料最优控制问题的提出有效地解决了航空航天领域中如何节省燃料的问题。著名的 Bang-Bang 控制原理给出的最优解为一个分段常值函数，函数值在可控输入的上下边界值之间进行切换。变结构控制理论是基于相平面思想提出的，它是系统综合的一种方法，通过将高阶系统分解成若干低阶系统，降低了系统求解的复杂程度，人为确定切换规则以达到控制的目的。出于提高系统可靠性的目的，在某种故障条件下系统仍能继续工作，特别是在控制器单元出现故障的情况下，则产生了多控制器思想，即对于同一被控对象，设计不同控制器以备用，当发生不同的故障或受不同工作条件的限制时，切换不同的控制器，确保系统不受影响，能够正常运行。切换系统具有广泛的工程背景，文献［13］通过对驾驶员行驶特性的总结，基于模糊推理建立了自适应巡航系统的平稳跟车模式和快速接近模式间的逻辑切换规则，模拟了驾驶员针对不同行驶环境决策行车策略的过程。文献［14］介绍了汽车引擎控制系统，自动变速箱通过对车速、油门等状态信息的检测，进行不同挡位之间的切换，保证汽车在最佳经济性和最大动力性条件下平稳舒适地行驶。本章对切换系统进行初探，结合车辆动力学特性和主动避撞系统性能指标要求，根据车辆轮距与纵向距离之间的几何关系，设计了基于侧向安全距离模型的转向阈值避撞方式逻辑切换策略。车辆主动避撞系统根据不同的行驶环境来合理地选择避撞方式，即制动避撞方式或转向避撞方式。

制动/转向避撞方式切换策略在车辆主动避撞系统的研究中占有重要地位。避撞方式的合理选择直接影响车辆行驶的安全性、可靠性与行驶效率。为了提高行驶效率，本书研究中采用先转向后制动的原则，即在自车前方出现紧急危险时先考虑转向避撞方式，当转向避撞方式不能保障车辆安全行驶时则采用制动避撞方式。当自车与目标车同车道行驶时，纵向主动避撞系统与侧向主动避撞系统分别计算当前时刻的安全距离模型。下面分析不同行车工况下避撞方式的切换策略。

（1）工况一：行车道有目标车，相邻车道没有目标车。行车工况如图2.11所示，L_{AB}表示自车右边缘与目标车左边缘之间距离。在转向过程中，A、B最易发生碰撞，因此，在研究中采用最易碰撞点间的距离判断转向过程中是否安全。设计车辆宽度为L_2，则由图2.11可得到自车与目标车的纵向距离表达式：

$$L_1 = \sqrt{L_{AB}^2 - L_2^2} \tag{2.14}$$

当目标车紧急制动时，自车既可以实施转向避撞，也可以实施制动避撞来避免交通事故的发生。采用先转向后制动原则，得到该工况下制动/转向避撞方式切换策略：

$$\begin{cases} L_1 > c, & \text{转向避撞} \\ L_1 \leqslant c, & \text{制动避撞} \end{cases} \tag{2.15}$$

式中　c——制动/转向避撞方式切换阈值。

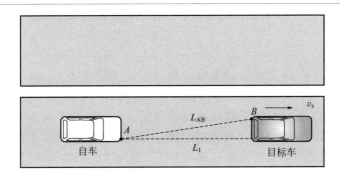

图2.11　工况一

（2）工况二：行车道与相邻车道均有目标车，且目标车 2 行驶的纵向位置位于自车与目标车 1 行驶的纵向位置的中间。行车工况如图 2.12 所示，该工况时自车转向时存在与目标车 2 发生碰撞的可能。因此，自车只能实施制动避撞方式以保证车道中车辆的安全。

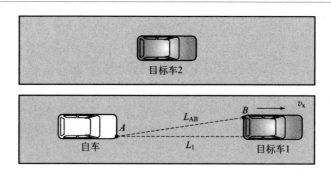

图 2.12　工况二

（3）工况三：行车道与相邻车道均有目标车，且目标车 2 行驶的纵向位置超前于目标车 1 行驶的纵向位置。行车工况如图 2.13 所示，该工况与工况一基本相同，避撞方式切换策略同式(2.15)。

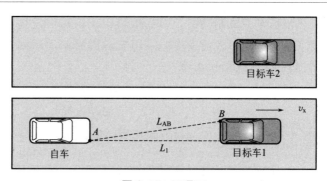

图 2.13　工况三

（4）工况四：行车道与相邻车道均有目标车，且目标车 2 行驶的纵向位置落后于自车行驶的纵向位置。行车工况如图 2.14 所示，该工况下自车虽然可以实施转向或制动避撞方式，但自车实施转向避撞方式时存在与目标车 2 发生碰撞的可能，因此，为了保证车道中车辆的安全，该工况下自车只实施制动避撞方式，避撞方式切换策略同工况二。

研究中假设车辆宽度近似为轮距，即 $L_2 = d$，设制动/转向避撞方式切换阈值 $c = D_{br}$，则式(2.15) 可改写为：

$$\begin{cases} \sqrt{L_{AB}^2 - d^2} > D_{br}, & 转向避撞 \\ \sqrt{L_{AB}^2 - d^2} \leqslant D_{br}, & 制动避撞 \end{cases} \tag{2.16}$$

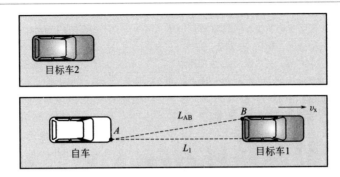

图 2.14　工况四

2.5　本章小结

　　本章从主动避撞系统的设计目标及其总体功能出发，详细阐述了主动避撞系统的体系结构及其相应的功能要求。而后，提出了主动避撞系统的总体方案，并以此结构方案为基础，从功能实现上对纵向主动避撞系统和侧向主动避撞系统的方案分别做出了简要分析与描述，对制动/转向避撞方式逻辑切换策略做出了规划，为后续研究工作指明了方向。本章对制动/转向避撞方式逻辑切换策略做出了规划，为电动汽车纵向和侧向主动避撞系统准确及时投入运行提供了理论依据。

参考文献

[1] 吴永存. 汽车主动防撞毫米波雷达信号处理技术研究[D]. 绵阳：西南科技大学，2016.

[2] 丁海凤. 汽车主动防撞预警系统雷达信号处理研究[D]. 长春：吉林大学，2013.

[3] 侯德藻. 汽车纵向主动避撞系统的研究[D]. 北京：清华大学，2004.

[4] 意法半导体推出世界首款 3 轴汽车陀螺仪[J]. 集成电路应用，2012（05）：13.

［5］ 姜山. 汽车轮胎力传感器结构优化方法研究[D]. 合肥：安徽农业大学，2014.

［6］ 李刚，宗长富. 四轮独立驱动轮毂电机电动汽车研究综述[J]. 辽宁工业大学学报（自然科学版），2014，34（01）：47-52.

［7］ 张辉. 永磁同步电机变频驱动鲁棒控制策略研究[D]. 徐州：中国矿业大学，2011.

［8］ 宋晓琳，冯广刚，杨济匡. 汽车主动避撞系统的发展现状及趋势[J]. 汽车工程，2008（04）：285-290.

［9］ 王跃建，侯德藻，李克强，等. 基于ITS的汽车主动避撞性关键技术研究（一）[J]. 汽车技术，2003（03）：3-8.

［10］ 王跃建，侯德藻，李克强，等. 基于ITS的汽车主动避撞性关键技术研究（二）[J]. 汽车技术，2003（04）：10-13.

［11］ 马雷，刘晶，于福莹，等. 四轮独立驱动电动汽车驱动力最优控制方法[J]. 汽车工程，2010，32（12）：1057-1062.

［12］ 邹广才，罗禹贡，李克强. 四轮独立电驱动车辆全轮纵向力优化分配方法[J]. 清华大学学报（自然科学版），2009，49（05）：719-722，727.

［13］ 罗莉华. 车辆自适应巡航系统的控制策略研究[M]. 上海：上海交通大学出版社，2013.

［14］ Wyczalek F A. Hybrid electric vehicles: year 2000 status[J]. IEEE Aerospace and Electronic Systems Magazine, 2001, 3（16）: 15-25.

［15］ 付主木，费树岷，高爱云. 切换系统的H_∞控制[M]. 北京：科学出版社，2009.

［16］ 范国伟. 离散时间切换系统控制方法研究[D]. 哈尔滨：哈尔滨工业大学，2012.

［17］ 胡寿松，王执铨，胡维礼. 最优控制理论与系统[M]. 北京：科学出版社，2005.

［18］ 龙英文. 变结构控制理论问题及在有源电网调节器中的应用研究[D]. 杭州：浙江大学，2003.

［19］ 段栋栋. 高精度MEMS陀螺仪的滤波算法研究[D]. 成都：电子科技大学，2014.

［20］ EL-SHEIMY N, HOU N, NIU X J. Analysis and Modeling of Inertial Sensors Using Allan Variance[J]. IEEE Transactions on Instrumentation and Measurement, 2008, 57（1）: 140-149.

第3章

汽车系统动力学建模

汽车系统动力学建模方法是建立在牛顿力学理论和分析力学理论基础上的。利用牛顿力学理论建立汽车系统动力学方程是根据研究问题的特点，对系统进行物理简化，将系统表示为由刚体和集中质量组成的、通过弹簧或阻尼器连接的系统，然后将系统离散为多个隔离体，用质点和刚体平面运动的动力学方程表征。牛顿力学理论在解决简单刚体系统动力学问题方面具有明显优势，但对于求解复杂的约束系统和变形体动力学问题效率比较低。分析力学理论为解决此问题提供了有效方法。分析力学理论主要包括动力学普通方程、第一类拉格朗日方程和第二类拉格朗日方程等方法。

整车系统动力学方程主要采用牛顿理论进行建模。本章主要介绍车辆纵向和侧向平面运动的动力学描述。车辆建模主要有如下假设：

① 不考虑车身俯仰和侧倾运动，汽车无垂直方向运动；

② 忽略非簧载质量和簧载质量的运动差异；

③ 悬架、轮胎始终垂直地面；

④ 前轴的左右车轮的转角相同。

3.1 车辆纵向运动的一般描述

在整车坐标系下，汽车沿 x 轴运动的动力学问题被称为纵向动力学问题，主要研究汽车加速和减速两种运动状态时的动力学特性。车辆在斜坡上运动时，受车辆外部纵向力的影响，包括轮胎纵向力、轮胎滚动阻力、空气阻力和重力，其受力图如图 3.1 所示。

根据牛顿第二运动定律，车辆的加速度可描述为：

$$ma_x = F_{xf} + F_{xr} - R_{xf} - R_{xr} - F_{aero} - mg\sin\theta \tag{3.1}$$

3.1.1 空气阻力

汽车直线行驶时，受到的空气作用力在行驶方向上的分力称为空气阻力。它主要来自两个分力的作用：形状阻力和外壳摩擦力。

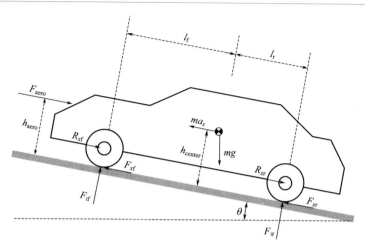

图 3.1 坡路行驶车辆纵向受力图

m—车辆总质量；a_x—车辆纵向加速度；F_{xf}—前轮轮胎纵向力；F_{xr}—后轮轮胎纵向力；

R_{xf}—前轮滚动阻力；R_{xr}—后轮滚动阻力；F_{aero}—纵向空气阻力；g—重力加速度；

θ—车辆行驶路面坡度，如果车辆纵向行驶方向 x 指向左边，则定义 θ 顺时针为正；

如果车辆纵向行驶方向 x 指向右边，则定义 θ 逆时针为正；l_f—车辆质心到前桥

的距离；l_r—车辆质心到后桥的距离；且 $L = l_f + l_r$；h_{center}—车辆质心高度；

h_{aero}—空气阻力等效作用位置的高度；F_{zf}—前轮垂直载荷；F_{zr}—后轮垂直载荷

① 形状阻力：车辆向前运动推压了在其前方的空气，然而空气不可能瞬间迁移出该通路，于是其压强增大，导致高大气压力。此外，车辆后方的空气也不可能瞬间补充因车辆向前运动所留下的空间，这就形成了一个低大气压力的区域。因此，车辆运动产生了两个对抗车辆运动的压力区，即在前方的推力（前方的高气压）和在后方的牵引力（后方的低气压），两者在车辆上的合力即为形状阻力。

② 外壳摩擦力：当远离车辆的空气保持静止时，则靠近车辆外壳的空气近乎以车速运动，两者之间的空气分子在宽速度范围下产生相对运动。两个空气分子之间的速度差异便产生了摩擦力，即外壳摩擦力。

空气阻力是车速、车辆迎风面积、车身形状和空气密度的函数。空气阻力可表示为：

$$F_{aero} = \frac{1}{2}\rho C_d A_f (v_x + v_{wind}^x)^2 \tag{3.2}$$

式中　ρ——空气密度，一般采用的空气测试标准条件是：15℃，101.32kPa 压力，相应的空气密度可采用 1.2258kg/m³；

C_d——表示车身形状特征的空气阻力系数；

v_x——车辆纵向速度；

v_{wind}^x——纵向风风速，车辆头部迎风为正，尾部迎风为负；

A_f——迎风面积，质量在 $800 \sim 2000kg$ 之间的载客汽车。

车辆迎风面积可表示为：

$$A_f = 1.6 + 0.00056(m - 765) \tag{3.3}$$

对于几种典型的车身形状，其空气阻力系数如表 3.1 所示。

表 3.1　典型车身形状与空气阻力系数对照表

车身形状	空气阻力系数
敞开式	$0.5 \sim 0.7$
篷车	$0.5 \sim 0.7$
浮桥式车身	$0.4 \sim 0.55$
楔形车身；前灯和保险杠集成在车身内，车身底部覆盖，优化冷却气流	$0.3 \sim 0.4$
前灯和所有车轮在车身内，车身底部覆盖	$0.2 \sim 0.25$
K 型(小阻断面)	0.23
优化的流线形设计	$0.15 \sim 0.2$
货车、大型载货汽车	$0.8 \sim 1.5$
公共汽车	$0.6 \sim 0.7$
流线形公共汽车	$0.3 \sim 0.4$
摩托车	$0.6 \sim 0.7$

3.1.2　滚动阻力

轮胎滚动时，轮胎与地面在接触印迹区域产生形变。轮胎内部存在阻尼作用，轮胎接触部分的材料恢复形变时，电动机传输到轮胎上的能量一部分被消耗掉，这部分被消耗的能量表现为阻碍车辆前进的滚动阻力。滚动阻力主要与轮胎的垂直载荷有关，并且近似为线性关系：

$$R_{xf} + R_{xr} = f_R(F_{zf} + F_{zr}) \tag{3.4}$$

式中　f_R——滚动阻力系数，与轮胎的构造、材料、气压以及行驶车速
　　　　　和路面的情况有关。

表 3.2 给出了汽车低速行驶在不同路面类型上的滚动阻力系数值。

表 3.2　汽车低速行驶在不同路面类型上的滚动阻力系数值

路面类型		滚动阻力系数
良好的沥青或混凝土路面		0.010~0.018
一般的沥青或混凝土路面		0.018~0.020
碎石路面		0.020~0.025
良好的卵石路面		0.025~0.030
坑洼的卵石路面		0.035~0.050
压紧的土路	干燥的	0.025~0.035
	雨后的	0.050~0.150
泥泞土路(雨季或解冻期)		0.100~0.250
干沙		0.100~0.300
湿沙		0.060~0.150
结冰路面		0.015~0.030
压紧的雪道		0.030~0.050

研究中使用适合一般充气压力范围的滚动阻力系数计算式为：

$$f_R = 0.01\left(1 + \frac{v_x}{160}\right) \tag{3.5}$$

轮胎垂直载荷受车辆重心、纵向加速度、空气阻力和路面坡度的影响。假设车辆的倾斜角度已经到达一个稳定的数值，则可分别计算出作用于前后轮接地中心的转矩，由转矩平衡得到前后轮的垂直载荷：

$$\begin{cases} F_{zf} = \dfrac{1}{L}(ma_x h_{center} - F_{aero}h_{aero} - mgh_{center}\sin\theta + mgl_r\cos\theta) \\ F_{zr} = \dfrac{1}{L}(-ma_x h_{center} + F_{aero}h_{aero} + mgh_{center}\sin\theta + mgl_f\cos\theta) \end{cases} \tag{3.6}$$

3.2　车辆侧向运动的一般描述

本书使用固定于车辆的坐标系来描述车辆运动。考虑车辆只作平行于地面的平面运动，忽略悬架的作用，并假设车辆纵向行驶的速度恒定不变，车辆只有侧向运动和横摆运动两个自由度。平面车辆模型如图 3.2 所示，x 表示车辆的纵向运动方向，y 表示车辆的侧向运动方向，其坐标系原点位于车辆的质心上，绕垂直轴的横摆角速率取逆时针为正。

图中，β 为车身侧偏角；γ 为横摆角速率；F_{fl}^x 为左前轮纵向力；F_{fr}^x 为右前轮纵向力；F_{rl}^x 为左后轮纵向力；F_{rr}^x 为右后轮纵向力；F_{fl}^y 为左前轮侧向力；F^y_{fr} 为右前轮侧向力；F^y_{rl} 为左后轮侧向力；F^y_{rr} 为右后轮侧向力；δ_{f} 为前轮转向角；I_z 为车辆横摆转动惯量；M_z 为横摆力矩。

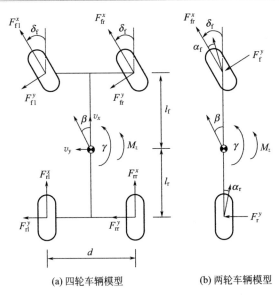

(a) 四轮车辆模型　　　(b) 两轮车辆模型

图 3.2　平面车辆模型

如图 3.2(a) 所示为四轮车辆模型。四轮车辆的侧向动力学方程为：

$$mv_x(\dot\beta+\gamma)=(F^x_{\mathrm{fl}}+F^x_{\mathrm{fr}})\sin\delta_{\mathrm{f}}+(F^y_{\mathrm{fl}}+F^y_{\mathrm{fr}})\cos\delta_{\mathrm{f}}+F^y_{\mathrm{rl}}+F^y_{\mathrm{rr}} \quad (3.7)$$

$$I_z\dot\gamma=l_{\mathrm{f}}\big[(F^x_{\mathrm{fl}}+F^x_{\mathrm{fr}})\sin\delta_{\mathrm{f}}+(F^y_{\mathrm{fl}}+F^y_{\mathrm{fr}})\cos\delta_{\mathrm{f}}\big]-l_{\mathrm{r}}(F^y_{\mathrm{rl}}+F^y_{\mathrm{rr}})+M_z$$

$$(3.8)$$

横摆力矩由下式计算得到：

$$M_z=\frac{d}{2}(F^x_{\mathrm{rr}}-F^x_{\mathrm{rl}})+\frac{d}{2}(F^x_{\mathrm{fr}}-F^x_{\mathrm{fl}})\cos\delta_{\mathrm{f}} \quad (3.9)$$

式中　d——轮距，本书假设前后轮距相等。

为了设计简化，假设前后轮的行驶条件相同，且左右轮的行驶条件相同，则四轮车辆模型可化简为两轮车辆模型，对应的两轮车辆的侧向动力学方程为：

$$mv_x(\dot\beta+\gamma)=F^y_{\mathrm{f}}\cos\delta_{\mathrm{f}}+F^y_{\mathrm{r}} \quad (3.10)$$

$$I_z\dot\gamma=l_{\mathrm{f}}F^y_{\mathrm{f}}\cos\delta_{\mathrm{f}}-l_{\mathrm{r}}F^y_{\mathrm{r}}+M_z \quad (3.11)$$

当轮胎侧偏角较小时，侧向轮胎力可以线性近似地表示为：

$$F^y_{\mathrm{f}}=-2C_{\mathrm{f}}\Big(\beta+\frac{\gamma l_{\mathrm{f}}}{v_x}-\delta_{\mathrm{f}}\Big) \quad (3.12)$$

$$F_r^y = -2C_r\left(\beta - \frac{\gamma l_r}{v_x}\right) \tag{3.13}$$

式中　C_f——前轮轮胎侧偏刚度；

　　　C_r——后轮轮胎侧偏刚度。

　　设车身侧偏角和横摆角速率为车辆模型的状态变量，并假设对于前轮转向角在车辆高速行驶时相对较小，结合小角近似，将式(3.12)和式(3.13)代入式(3.10)和式(3.11)中，得到线性二自由度车辆模型，如图3.2(b)所示，其状态空间表达式为：

$$\begin{cases} \dot{x} = Ax + Bu \\ y = Cx \end{cases} \tag{3.14}$$

式中，$x = [\beta \quad \gamma]^T$；$u = [\delta_f \quad M_z]^T$；$y = \gamma$；

$$A = \begin{bmatrix} a_{11} & a_{12} \\ a_{21} & a_{22} \end{bmatrix} = \begin{bmatrix} \dfrac{-2(C_f + C_r)}{mv_x} & \dfrac{-2(l_f C_f - l_r C_r)}{mv_x^2} - 1 \\ \dfrac{-2(l_f C_f - l_r C_r)}{I_z} & \dfrac{-2(l_f^2 C_f + l_r^2 C_r)}{I_z v_x} \end{bmatrix};$$

$$B = \begin{bmatrix} b_{11} & b_{12} \\ b_{21} & b_{22} \end{bmatrix} = \begin{bmatrix} \dfrac{2C_f}{mv_x} & 0 \\ \dfrac{2l_f C_f}{I_z} & \dfrac{1}{I_z} \end{bmatrix}; \quad C = [0 \quad 1]。$$

　　由式(3.14)可知，系统矩阵 A 中含有前后轮轮胎侧偏刚度，侧偏刚度能够反映车辆侧向运动中的路面条件，因此，轮胎侧偏刚度信息的获取对车辆的操纵稳定性有着极其重要的意义。此外，车辆模型中状态变量为车身侧偏角和横摆角速率，在侧向运动中可以控制车身侧偏角和横摆角速率来调整车辆姿态，对提高车辆的操纵稳定性和安全性也非常重要。在以上的三个参数中，横摆角速率可以由陀螺仪直接测量，而轮胎侧偏刚度与车身侧偏角信息则由于安装环境、经济成本等原因需要采用间接方法获取。轮胎侧偏刚度和车身侧偏角的估计方法将在后续章节具体研究。

3.3　轮胎纵向力

(1) LuGre 轮胎动力学模型

　　轮胎与路面摩擦系数 μ 定义为轮胎纵向力与垂直载荷的比值，摩擦系数的大小取决于多种因数，包括轮胎的型号、路面条件、垂直载荷和轮胎滑移率 λ，$\lambda = \dfrac{\omega r - v_x}{\max(\omega r, \ v_x)}$，图3.3为 μ-λ 典型曲线。

LuGre 轮胎动力学模型基于轮胎与路面之间的作用机理，即通过轮胎的径向弹性纤维在车轮受到力矩作用时产生滑移。这样每一个纤维元素就会产生一个纵向摩擦力组成因子，称为 LuGre 内在摩擦因子 z，是关于滑移量 v_r 的函数。因此这些元素在轮胎印记上的整体贡献产生了轮胎的摩擦力。LuGre 轮胎动力学模型的微分方程体现了轮胎与路面的摩擦力的变化原理，同时通过摩擦理论实现了轮胎与路面接触摩

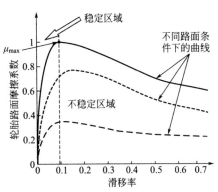

图 3.3　摩擦系数与轮胎滑移率
关系（$\mu-\lambda$）曲线

擦动力学的建模，因此能对轮胎与路面之间的摩擦行为进行精确的描述，模型表达式如下：

$$\dot{z}=v_r-\theta\frac{\sigma_0|v_r|}{g(v_r)}z-\kappa r|\omega|z \tag{3.15}$$

$$g(v_r)=\mu_c+(\mu_s-\mu_c)\mathrm{e}^{-\left|\frac{v_r}{v_s}\right|} \tag{3.16}$$

$$F_x=\mu F_z=(\sigma_0 z+\sigma_1\dot{z}+\sigma_2 v_r)\times F_z \tag{3.17}$$

式中　z——轮胎的内部摩擦状态变量；

　　　θ——反映不同路面条件的系数（例如对于干湿沥青路面该系数分别为 1、2，冰雪路面为 5～10）；

　　　μ_c——动摩擦系数；

　　　μ_s——静摩擦系数；

　　　v_r——路面与轮胎之间的滑移量，即 $v_r=\omega r-v_x$；

　　　v_s——Stribeck 摩擦效应的速度系数；

　　　σ_0——轮胎纵向刚度系数；

　　　σ_1——纵向摩擦的阻尼系数；

　　　σ_2——黏着系数；

　　　μ——轮胎与路面的摩擦系数。

（2）Magic Formula 模型

经典轮胎模型主要包括 Gim 理论模型、Magic Formula 模型、幂指数公式模型、神经网络轮胎模型。其中，Magic Formula 模型默认轮胎在垂直和侧向上是线性的。当侧向加速度≤0.4g，侧偏角≤5°时，魔术公

式对常规轮胎具有很高的拟合精度。因此，根据轮胎模型的魔术公式可以得到轮胎受到的纵向力、侧向力和回正力矩。

轮胎纵向力公式为：

$$\begin{cases} F_X = D\sin\{C\arctan[BX_1 - E(BX_1 - \arctan BX_1)]\} \\ X_1 = s + S_h \\ s = \dfrac{v_x - wR}{v_x} \end{cases} \quad (3.18)$$

式中　s——纵向滑移率；

　　　w——车轮滚动速度。

轮胎侧向力公式为：

$$\begin{cases} F_Y = D\sin\{C\arctan[BX_2 - E(BX_2 - \arctan BX_2)]\} \\ X_2 = \delta + S_h \\ \delta = \arctan\left(\dfrac{v_y}{|v_x|}\right) \end{cases} \quad (3.19)$$

式中　δ——轮胎侧偏角。

轮胎回正力矩公式为：

$$\begin{cases} M_Z = D\sin\{C\arctan[BX_3 - E(BX_3 - \arctan BX_3)]\} \\ X_1 = \delta + S_h \end{cases} \quad (3.20)$$

式中　D——曲线巅峰因子；

　　　C——曲线形状因子；

　　　B——刚度因子；

　　　E——曲率因子。

每个公式中的这些参数因子的计算均不同。

从图 3.4(a) 可看出：一定范围内，s 越大，纵向力越大，当 s 处于 10％~20％ 时，纵向力与滑移率近似呈线性关系，此时制动效果最好；从图 3.4(b) 中可看出：侧偏角增大，则需要增大侧向力，当侧偏角在 10°左右时，侧向力大小开始不变；从图 3.4(c) 中可看出：一定范围内，δ 与回正力矩成正比，超出这个范围，侧偏角增大，回正力矩反而呈下降趋势。

(3) 轮胎纵向力观测器

对于四轮独立驱动轮毂电机电动汽车来说，轮胎纵向力包括牵引力和制动力。轮胎制动力又分为再生制动力和摩擦制动力。牵引力和再生制动力是由轮毂电机提供的，摩擦制动力是由液压系统提供的。

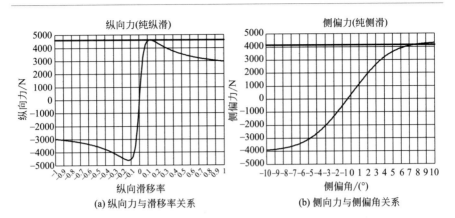

(a) 纵向力与滑移率关系　　　　(b) 侧向力与侧偏角关系

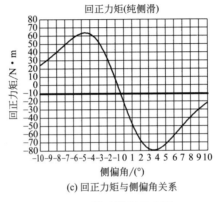

(c) 回正力矩与侧偏角关系

图 3.4　轮胎模型仿真图

轮毂电机提供的轮胎纵向力可以通过经典的轮胎模型获得，例如魔术公式轮胎模型、Gugoff 轮胎模型等，也可以通过观测器来获得，例如 Yoichi Hori 设计的轮胎牵引力观测器（Driving Force Observer，DFO）。本章在轮胎牵引力观测器的基础上设计了适合制动、牵引过程的轮胎纵向力观测器，其传递函数可表示为：

$$\hat{F}_{xi} = \frac{\omega_d}{s + \omega_d} \left(\frac{T_{ei} - T_{bi} - I_\omega \omega_{ri} s}{r} \right) \tag{3.21}$$

式中　ω_{ri}——轮毂电机角速度；

T_{ei}——轮毂电机电磁转矩；

T_{bi}——摩擦制动转矩；

I_ω——轮胎转动惯量；

r——轮胎半径；

ω_d——低通滤波器的截止频率。

3.4　车轮动力学模型

车轮模型包括车轮力矩平衡方程和车轮垂直载荷估算模型。

3.4.1　车轮力矩平衡方程

车轮的运动模型如图 3.5 所示。

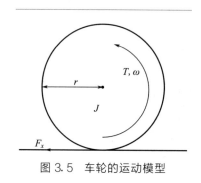

图 3.5　车轮的运动模型

车轮的运动是由车轮力矩平衡方程确定的。

左前轮力矩平衡方程为：

$$J_1 \dot{\omega}_{\mathrm{fl}} = T_{\mathrm{fl}} - F_{x\mathrm{fl}} r \tag{3.22}$$

右前轮力矩平衡方程为：

$$J_1 \dot{\omega}_{\mathrm{fr}} = T_{\mathrm{fr}} - F_{x\mathrm{fr}} r \tag{3.23}$$

左后轮力矩平衡方程为：

$$J_2 \dot{\omega}_{\mathrm{rl}} = T_{\mathrm{rl}} - F_{x\mathrm{rl}} r \tag{3.24}$$

右后轮力矩平衡方程为：

$$J_2 \dot{\omega}_{\mathrm{rr}} = T_{\mathrm{rr}} - F_{x\mathrm{rr}} r \tag{3.25}$$

式（3.22）～式（3.25）中，J_1 为车辆前轮转动惯量，单位 kg·m²；J_2 为车辆后轮转动惯量，单位 kg·m²；$T_{\mathrm{ij}}(i=f,r;\ j=l,r)$ 为电机驱动转矩，单位 N·m；r 为车轮滚动半径，单位为 m。

3.4.2　车轮垂直载荷动力学模型

根据动力学模型与刚体力学，不考虑车辆的悬架系统，将车辆看成一个刚体，四个车轮在行驶中的载荷估算如下。

$$F_{z\mathrm{fl}} = \frac{1}{2} mg \frac{l_{\mathrm{r}}}{l_{\mathrm{f}}+l_{\mathrm{r}}} - \frac{1}{2} h \frac{m a_x}{l_{\mathrm{f}}+l_{\mathrm{r}}} - m a_y \frac{l_{\mathrm{r}} h}{(l_{\mathrm{f}}+l_{\mathrm{r}}) d_{\mathrm{f}}} \tag{3.26}$$

$$F_{z\mathrm{fr}} = \frac{1}{2} mg \frac{l_{\mathrm{r}}}{l_{\mathrm{f}}+l_{\mathrm{r}}} - \frac{1}{2} h \frac{m a_x}{l_{\mathrm{f}}+l_{\mathrm{r}}} + m a_y \frac{l_{\mathrm{r}} h}{(l_{\mathrm{f}}+l_{\mathrm{r}}) d_{\mathrm{f}}} \tag{3.27}$$

$$F_{z\mathrm{rl}} = \frac{1}{2} mg \frac{l_{\mathrm{f}}}{l_{\mathrm{f}}+l_{\mathrm{r}}} + \frac{1}{2} h \frac{m a_x}{l_{\mathrm{f}}+l_{\mathrm{r}}} - m a_y \frac{l_{\mathrm{f}} h}{(l_{\mathrm{f}}+l_{\mathrm{r}}) d_{\mathrm{r}}} \tag{3.28}$$

$$F_{z\mathrm{rr}} = \frac{1}{2} mg \frac{l_{\mathrm{f}}}{l_{\mathrm{f}}+l_{\mathrm{r}}} + \frac{1}{2} h \frac{m a_x}{l_{\mathrm{f}}+l_{\mathrm{r}}} + m a_y \frac{l_{\mathrm{f}} h}{(l_{\mathrm{f}}+l_{\mathrm{r}}) d_{\mathrm{r}}} \tag{3.29}$$

式中　$F_{z\mathrm{fl}}$——左前轮垂直载荷；

F_{zfr}——右前轮垂直载荷；

F_{zrl}——左后轮垂直载荷；

F_{zrr}——右后轮垂直载荷；

a_y——车辆侧向加速度；

d_f——前轴轮距；

d_r——后轴轮距。

3.5　本章小结

本章主要介绍了车辆纵向和侧向动力学系统模型，为电动汽车主动避撞系统关键技术的研究提供理论基础。

参考文献

［1］ ABE M, MANNING W. Vehicle Handling Dynamics Theory and Application [M]. Amsterdam: Elsevier Ltd, 2009.

［2］ RAJAMANI R. Vehicle Dynamics and Control [M]. New York: Springer, 2005.

［3］ 余志生. 汽车理论[M]. 第 5 版. 北京：机械工业出版社，2011.

［4］ 喻凡. 汽车系统动力学[M]. 第 2 版. 北京：机械工业出版社，2017.

［5］ NAM K, FUJIMOTO H, HORI Y. Lateral Stability Control of In-wheel-motor-driven Electric Vehicle Based on Sideslip Angle Estimation Using Lateral Tire Force Sensors [J]. IEEE Transactions on Vehicular Technology. 2012，5（61）：1972-1985.

［6］ JAZAR R N. Vehicle Dynamics: Theory and Applications[M]. New York: Springer, 2008.

［7］ MITSCHKE M, WALLENTOWITZ H. 汽车动力学. 第 4 版[M]. 陈荫三，余强译. 北京：清华大学出版社，2009.

［8］ EHSANI M, GAO Y M, EMADI A. 现代电动汽车、混合动力电动汽车和燃料电池车—基本原理、理论和设计（原书第 2 版）[M]. 倪光正，倪培宏，熊素铭译. 北京：机械工业出版社，2013.

［9］ Zhao Y, Tian Y T, Lian Y F, et al. A sliding mode observer of road condition estimation for four-wheel-independent-drive electric vehicles [C]. Intelligent Control and Automation, 2014 11th World Congress on. IEEE, 2014: 4390-4395.

［10］ 陈无畏，王其东，肖寒松，等. 汽车系统动力学与集成控制[M]. 北京：科学出版社，2014.

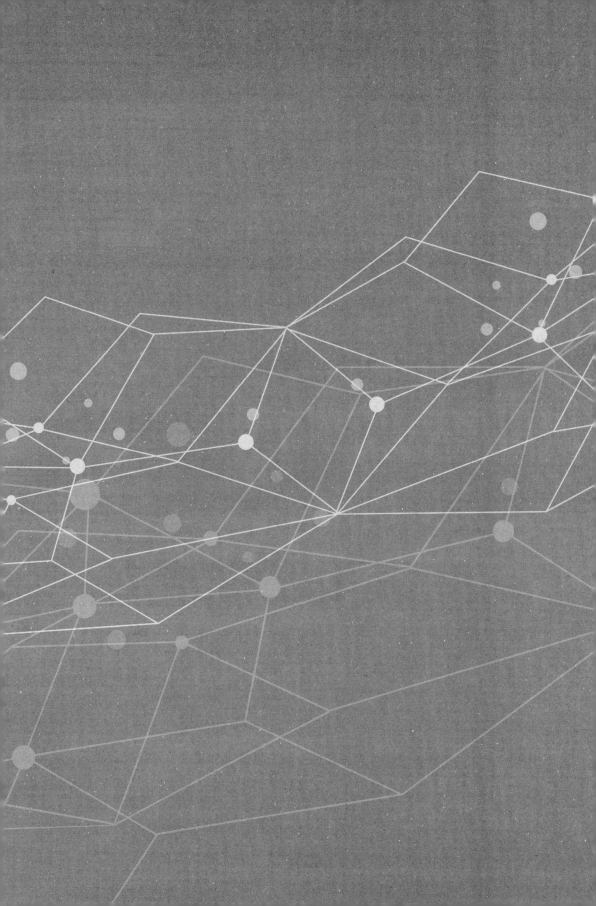

第2篇

电动汽车纵向主动避撞系统关键技术

第4章

考虑驾驶员特性和路面状态的纵向安全距离模型

近年来，车辆主动避撞系统受到国内外的广泛关注，研究重点一部分集中在安全距离模型的设计与应用上。典型的安全距离模型有 MAZDA 模型、HONDA 模型、伯克利模型、Jaguar 模型和 NHSTA 模型。现有的安全距离模型仍然有很大的改进空间，即驾驶员的驾驶特性考虑不够，从而导致主动避撞系统不符合驾驶员的驾驶习惯，主动避撞系统的接受度比较低。除此以外，路面条件和车辆制动特性对主动避撞系统性能的限制也不容忽视。本章从考虑驾驶员特性和路面条件两个因素出发，结合车辆制动特性，分别设计了考虑驾驶员的纵向制动安全距离模型和基于附着系数和驾驶意图参数的安全距离模型。其中，基于附着系数和驾驶意图参数的安全距离模型是关于轮胎与路面附着系数和反映驾驶员特性的参数的一个线性函数，能够同时反映驾驶员特性和路面条件，可以提高车辆主动避撞系统的接受度和对不同路面条件的适应能力。

4.1 考虑驾驶员的纵向制动安全距离建模

4.1.1 纵向制动安全距离建模

人-车系统，作为一个整体，驾驶员行为特性不可避免会对模型产生一定影响，现有的模型算法在驾驶员特性方面仍存在很大改进空间。改进模型算法可以使其更好地符合驾驶员的行为特性，提高系统报警的精确性。在车间时距安全距离模型基础上，本书提出了考虑驾驶员特性和路面附着系数的安全报警算法以进行车辆纵向安全距离研究。安全距离的建模基于如下假设：

① 自车和前车具有相同的制动性能，且忽略反应时间内制动力的变化；

② 从驾驶员反应到开始制动时间内，忽略自车车速的变化。

纵向制动安全距离模型参数说明如表 4.1 所示。

表 4.1　纵向制动安全距离模型参数说明

符号	符号说明
T_r	驾驶员反应时间（s）
T_s	制动系统延迟时间（s）
v_1, v_2, v_{rel}	自车速度、前车速度、两车相对速度（m/s）
φ	路面的附着系数
a_1, a_2, a_{max}	自车加速度、前车加速度、最大加速度（m/s²）
D_w	报警安全距离（m）
D_{br}	极限安全距离（m）
d_0	自车与前车保持的最小间距（m）

假设两车初始相距 D，自车经时间 t 与前车相对静止，此时自车走过的距离为 D_1，前车走过的距离为 D_2，两车相对位移（$D_1 - D_2$），最小保持车距为 d_0，如图 4.1 所示。

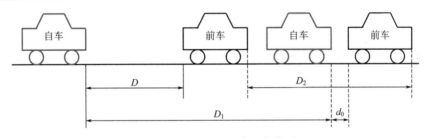

图 4.1　车辆纵向安全距离模型

从自车发现前车到两车进入安全状态，整个纵向制动过程可分为两大阶段：一是反应时间内两车的相对距离变化；二是自车以减速度 a_1 开始匀减速制动到解除与前车的碰撞危险时间段内两车相对距离变化。故纵向安全距离表达式为：

$$\begin{cases} D_{br} = D_1 - D_2 + d_0 \\ D_w = v_{rel}(T_r + T_s) + D_{br} + d_0 \end{cases} \quad (4.1)$$

式中　D_{br}——极限距离，是两车从制动到进入安全状态（$v_{rel} = 0$）时间段内相对位移最小值与车辆相对静止时最小保持间距之和；

　　　D_w——反应时间内两车相对位移与极限制动距离之和。

定义最小车间保持间距为：

$$d_0 = \frac{3v_1/k}{(\varphi + b)} \qquad (4.2)$$

分别取 $v_1 = 30\mathrm{m/s}$，$\varphi = 0.7$，$d_0 = 4\mathrm{m}$ 和 $v_1 = 25\mathrm{m/s}$，$\varphi = 0.3$，$d_0 = 5.5\mathrm{m}$ 两组数据，得到 $k = 22.5$，$b = 0.3$。

《中华人民共和国道路交通安全法实施条例》中对汽车行驶间距有明文规定："同向行驶车辆前后间距的数值不小于当时的车速的数值，汽车时速每提高 10km/h，则跟车距离就增加 10m"。两车行车间距要不小于被控车在 3s 内行驶的距离才能避免事故发生。车速越快，最小保持车距越大，车速与安全间距存在正比关系。此外，路面附着系数也是影响安全距离模型准确度的因素之一。当路面干燥平坦时，附着系数大，车辆制动效果好，两车最小保持车距小；当路面湿滑时，车辆容易打滑，制动效果较差，两车最小保持车距需增大，故路面附着系数 φ 与车辆最小保持车距 d_0 成反比关系，如图 4.2 所示。

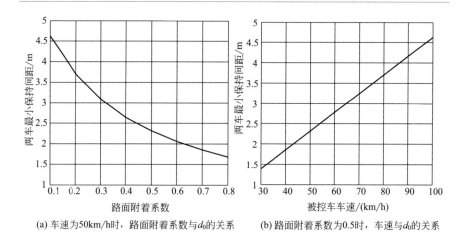

(a) 车速为50km/h时，路面附着系数与d_0的关系　　(b) 路面附着系数为0.5时，车速与d_0的关系

图 4.2　影响最小保持间距的因素

被控车车速、路面附着系数与车间保持最小安全距离的结合，既体现了路面状况对行车距离产生的影响效果，也体现了驾驶员可根据不同车速选择合适的车距保持最小安全距离，能尽可能地做到具体情况具体对待，有利于交通系统的高效畅通运行。

4.1.2　三种典型制动过程安全距离分析

为了详细分析纵向制动安全距离模型，选择前车静止、前车匀速行驶、前车紧急制动三种情况加以分析，如图 4.3 所示。

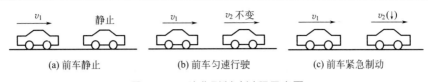

图 4.3 三种典型制动过程示意图

（1）制动过程一：前车静止（$D_2 = 0$）

前车静止，后车从报警开始进行制动停车，最终停在相距前车 d_0 位置。驾驶员通过目测和雷达预测，可以选择在足够远的距离进行制动，有充分的时间把握制动点。因此当自车速度低于 50km/h 时，驾驶员反应时间和系统延迟时间可忽略不计。两车极限制动距离是自车从 v_1 以 a_{max} 减速至 0 的位移 D_1 与两车相对静止时保持的最小间距 d_0，即

$$
\begin{cases}
D_w = v_1(T_r + T_s) + \dfrac{v_1^2}{2a_{max}} + d_0 \\[2mm]
D_{br} = \dfrac{v_1^2}{2a_1} + d_0
\end{cases}
\tag{4.3}
$$

式中，a_{max} 主要取决于当前实际行驶路况。设路面附着系数为 φ，则最大减速度为 $a_{max} = g\varphi$。虽然形式上与驾驶员预估模型一致，但是物理意义不同。

（2）制动过程二：前车正常匀速行驶（v_2 保持不变）

由于雷达实时监控，当前车速度不小于自车速度（$v_2 \geqslant v_1$）时，两车不会发生碰撞；反之，当前车速度小于自车速度时，自车才有可能追上前车，两车发生碰撞的潜在危险性会增加。

当前车匀速行驶时，驾驶员能够及时调节自车速度，只需保证两车间距足够抵消两车相对速度变化产生的相对位移。报警距离 D_w 还包括驾驶员在发现前方目标车辆时，驾驶员自身反应时间与制动系统延迟时间内自车所需的反应距离。故当前车处于正常行驶时，纵向安全距离模型为：

$$
\begin{cases}
D_w = v_{rel}(T_r + T_s) + \dfrac{v_{rel}^2}{2a_{max}} + d_0 \\[2mm]
D_{br} = \dfrac{v_{rel}^2}{2a_1} + d_0
\end{cases}
\tag{4.4}
$$

（3）制动过程三：前车紧急制动

前车紧急制动属于一种容易发生危险事故的情况。通常此时前车尾灯会出现红色示警，并且雷达监测到的两车间距变化较大。当前车突然

紧急制动，由于驾驶员和系统制动需要反应时间，在反应时间里驾驶员来不及采取任何动作，自车仍保持匀速运动，反应时间后才开始制动。假设前车以最大减速度 a_{max} 制动，自车以减速度 a_1 进行制动。前车制动停车后，自车继续减速直到速度为 0 并与前车保持 d_0 车距。极限制动距离 D_{br} 为两车从开始制动到都停止时间段内相对位移与两车需保持车距 d_0 之和，报警安全距离需考虑驾驶员和系统反应时间。

$$\begin{cases} D_w = v_1(T_r + T_s) + \dfrac{1}{2}\left(\dfrac{v_1^2}{a_1} - \dfrac{v_2^2}{a_{max}}\right) + d_0 \\ D_{br} = \dfrac{1}{2}\left(\dfrac{v_1^2}{a_1} - \dfrac{v_2^2}{a_{max}}\right) + d_0 \end{cases} \tag{4.5}$$

从这三种制动情况来看，无论何种运动状态，选取合适的制动距离是保证自车纵向无碰撞的前提条件。纵向制动控制策略是：根据危险度不同，选择合适的减速度 a 减速，用尽可能安全的方式实现两车纵向相对速度为 0，并保持安全间距。

4.1.3　仿真分析

（1）不同运动状态下，车辆制动效果仿真

针对前车静止、前车匀速正常行驶、前车紧急制动三种情况在 MATLAB 中进行仿真。

在给定相同的行车条件（D_0、φ、a_{max}）下，三种不同的运动状态下车辆制动的相关仿真参数值如表 4.2 所示。

表 4.2　第一组仿真参数

前车状态	D_0/m	φ	a_{max}/(m/s^2)	v_1/(km/h)	v_2/(km/h)
静止	50	0.5	4.9	50	0
匀速行驶	10	0.5	4.9	50	35
紧急制动	45	0.6	5.88	35	24

在前车静止情况下，两车的纵向安全距离模型仿真曲线如图 4.4 所示。

在保守模式下，$t=0$ 时，两车间距（$D_0=50$m）大于当前行驶状况的报警安全距离，自车保持原来的运动状态；$t=1$s 时，自车进入报警距离（$D_w=36$m）范围，避撞系统提醒驾驶员开始做出制动反应，驾驶员做出反应，并以减速度 $a_1 = -3.43$m/s^2 进行匀减速制动；$t=10$s 时，自车速度接近 0，此时车辆停在距离前车 2.05m 的位置。从 TTC^{-1} 和 DDC 曲线看，整个制动过程中，在 $t=1.05$s 时刻，两车相距 35.62m 时，DDC 达到最大值 0.547；在 $t=4.98$s 时刻，两车相距 8.538m，自

车速度为 $v_1 = 4.312\text{m/s}$，TTC^{-1} 达到最大值 0.508。整个制动过程耗时近 10s，车辆制动速度比较稳定，属于安全制动情况。

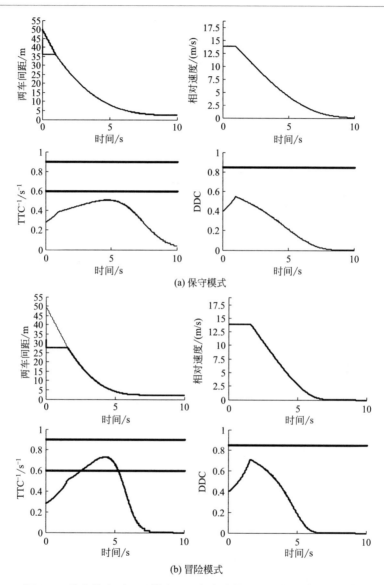

图 4.4　前车静止时不同模式下两车安全模型仿真曲线（电子版）

在冒险模式下，$t = 0$ 时两车相距 50m，自车保持原来的速度匀速行驶；$t = 1.57\text{s}$ 时，车辆进入报警距离（$D_w = 27.55\text{m}$）范围，驾驶员迅速以减速度 $a_1 = -4\text{m/s}^2$ 进行匀减速制动；$t = 7\text{s}$ 时，自车速度趋于 0，最终停在距离前车 2.31m 的位置。从 TTC^{-1} 和 DDC 曲线看，在 $t=1.62$s 时，两车相距 27.5m，DDC 达到最大值 0.7122；在 $t=4.45$s 时，两车相距 6.06m，此时自车速度为 4.41m/s，TTC^{-1} 达到最大值 0.7323。整个制动过程耗时近 7s，车速波动较大，但仍然属于相对安全制动情况。

当前车正常匀速行驶时，两车纵向安全距离模型仿真曲线如图 4.5 所示。

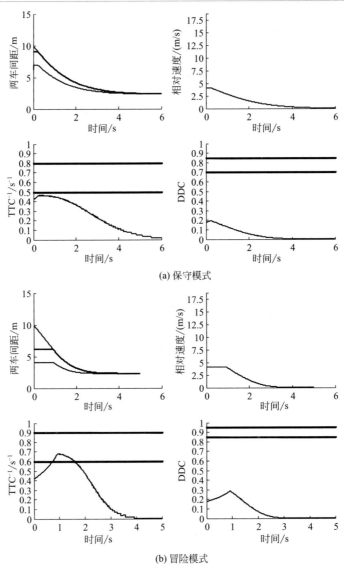

图 4.5 前车正常行驶时不同模式下两车安全模型仿真曲线（电子版）

图 4.5(a) 反映在保守模式下，$t=0.24$s 时，自车开始以 $a_1=$ -3.4m/s^2 匀减速制动；$t=6$s 时，自车速度与前车保持一致（$v_{rel}=0$），两车保持 2.31m 间距匀速行驶；$t=0.24$s 时，TTC^{-1} 达到最大值 0.463，DDC 同样也达到最大值 0.1968。整个制动过程耗时近 6s，车速变化缓慢，总体属于安全制动情况。

图 4.5(b) 反映在冒险模式下，$t=0.93$s 时，自车开始以 $a_1=-4$m/s^2 匀减速制动；$t=0.93$s 时，自车速度与前车保持一致（$v_{rel}=0$）；$t=$ 0.93s 时，TTC^{-1} 达到最大值 0.6803，DDC 同样也达到最大值 0.2892。整个制动过程耗时近 4s，虽然车速变化较快，但属于安全制动情况。

当前车紧急制动时，两车纵向安全距离模型如图 4.6 所示。

图 4.6(a) 反映在保守模式下，$t=2.4$s 时，自车开始以 $a_1=$ -3m/s^2 匀减速制动；$t=6.5$s 时，自车与前车均停止，两车间距为 1.5m；$t=4.2$s 时，TTC^{-1} 达到最大值 0.8091；$t=2.4$s 时，DDC 达到最大值 0.5947。整个制动过程耗时近 6.5s，总体看来属于相对安全制动情况。

图 4.6(b) 反映在冒险模式下，$t=3.82$s 时，自车开始以 $a_1=$ 5.88m/s^2 匀减速制动；$t=5.2$s，两车停止；$t=3.6$s 时，TTC^{-1} 达到最大值 1；$t=3.08$s 时，DDC 同样也达到最大值 0.8472。整个制动过程耗时近 5.2s，车速变化过快，整个制动过程比较危险，属于不安全制动情况。

从图 4.4~图 4.6 仿真结果得出：两组模式通常都能达到避撞效果，但行驶速度的稳定性不同，这个主要取决于不同驾驶员的驾驶特性。经验足、精力好的驾驶员反应快，可选择冒险模式；新手、疲劳驾驶员反应相对迟缓，可选用保守模式。相同初始条件下，前车匀速行驶制动的危险性最小，前车静止时次之，前车紧急制动是危险性最高的制动过程。冒险模式的危险度高于保守模式的危险度，但用时相对较少。仿真结果证明，纵向制动安全距离模型是正确并行之有效的。

（2）紧急制动情况下，不同的路面状况对车辆制动效果的影响（以冒险模式为例）

此次实验的初始条件如表 4.3 所示。当路面附着系数改变时，纵向安全距离模型如图 4.7 所示。从车辆的制动过程可得，当路面附着系数 φ 越大，即路面情况越是良好，制动时两车相对速度减小得越快，完成避撞时间越短，达到安全状态时两车保持的安全间距越短。

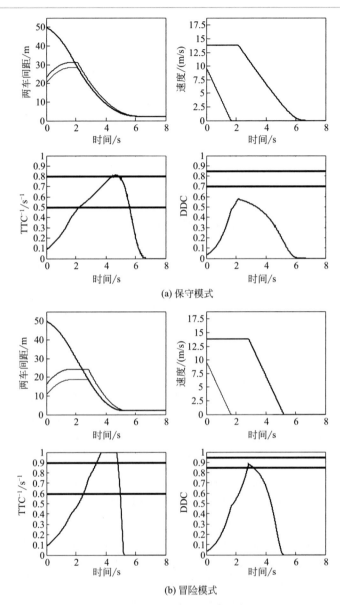

图 4.6　前车紧急制动时不同模式下两车安全模型仿真曲线（电子版）

表 4.3　第二组实验初始条件

前车状态	D_0/m	φ	$a_{max}/(\mathrm{m/s^2})$	$v_1/(\mathrm{km/h})$	$v_2/(\mathrm{km/h})$
紧急制动	60	0.3	2.94	72	54
	60	0.6	5.88	72	54

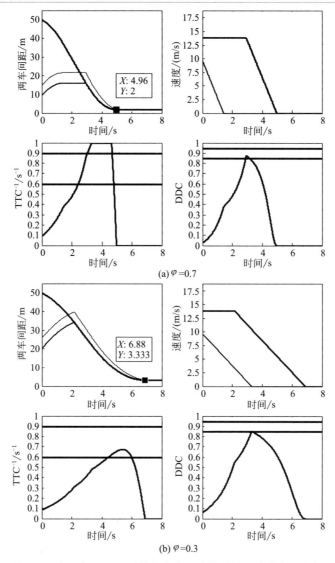

图 4.7　路面状况不同对纵向安全距离模型的影响（电子版）

4.2　基于附着系数和驾驶意图参数的安全距离模型

4.2.1　纵向安全距离模型

安全距离模型作为车辆主动避撞系统的重要组成部分，决定了车辆的安全性和道路的利用率，为驾驶员提供必要的报警信息，为主动避撞系统提供执行制动的启动信号。安全距离过大会影响道路的交通流量，过小会引发交通事故，因此，安全距离模型设计的好坏在于它能否适应复杂多变的交通环境，并有效地平衡行驶过程的安全性、跟车性以及道路的利用率等。

在制动过程中，自车与目标车的行驶距离与车间距离的变化趋势如图 4.8 所示。图中，D 为两车行驶过程中的间距；D_1 为自车行驶的距离；D_2 为目标车行驶的距离；d_0 为最小保持车距。

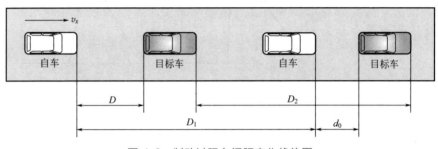

图 4.8　制动过程车间距变化趋势图

当车间距离小于等于制动距离时，自车开始制动。自车制动距离可描述为：

$$D_{br} = D_1 - D_2 + d_0 \tag{4.6}$$

式中，$D_1 = \dfrac{v_1^2}{2a_1}$；根据不同制动工况下，$D_2$ 可以描述为：

$$D_2 = \begin{cases} v_2 \dfrac{v_1 - v_2}{a_1}, & a_2 = 0 \quad \text{且} \quad v_2 > 0 \\[2mm] -\dfrac{v_2^2}{2a_2}, & a_2 < 0 \quad \text{且} \quad v_2 > 0 \\[2mm] v_2 \dfrac{D}{v_1 - v_2} + \dfrac{1}{2} a_2 \left(\dfrac{D}{v_1 - v_2}\right)^2, & a_2 < 0 \quad \text{且} \quad v_1 > v_2 \\[2mm] 0, & \text{其他} \end{cases} \tag{4.7}$$

式中　a_1——自车加速度；

$\quad\quad a_2$——目标车加速度；

$\quad\quad v_1$——自车速度；

$\quad\quad v_2$——目标车速度。

当目标车匀速行驶时，则目标车行驶的距离为自车制动所用的时间与目标车速度的乘积，即 $D_2 = v_2 \dfrac{v_1 - v_2}{a_1}$；当目标车减速行驶时，则目标车行驶的距离为 $D_2 = -\dfrac{v_2^2}{2a_2}$；当目标车减速行驶并且自车速度大于目标车速度时，则目标车行驶的距离为 $D_2 = v_2 \dfrac{D}{v_1 - v_2} + \dfrac{1}{2} a_2 \left(\dfrac{D}{v_1 - v_2}\right)^2$；其他行驶工况，目标车行驶距离定义为零。

当路面干燥平坦时，最小保持车距应小一些，以提高道路交通的利用率；当路面湿滑时，车辆容易打滑，最小保持车距应大一些，以提高车辆的安全性。因此，将反映路面条件的附着系数引入到最小保持车距中，使最小保持车距与附着系数成反比关系。附着系数是附着力与轮胎法向压力的比值。它可以视为轮胎和路面之间的静摩擦系数。附着系数越大，可利用的有效附着力就越大，汽车就不易打滑。除此以外，由于不同驾驶员的驾驶习惯和驾驶经验各不相同，从而导致每个驾驶员所定义的最小保持车距也各不相同。因此，为了使安全距离模型符合驾驶员的驾驶习惯，将反映驾驶员特性的驾驶意图参数引入到最小保持车距中，使最小保持车距与驾驶意图参数成正比关系。通过以上分析，所设计的最小保持车距是关于附着系数和驾驶意图参数的一个线性函数，能够同时反映路面条件和驾驶员特性，提高纵向主动避撞系统对不同路面的适应能力和驾驶员对纵向主动避撞系统的接受度。

最小保持车距定义为自车停车时与目标车之间的距离，其表达式可描述为：

$$d_0 = k \frac{a}{\varphi + b} \tag{4.8}$$

式中，k 为反映驾驶员特性的驾驶意图参数；φ 为反映路面条件的附着系数；a，b 为模型参数。

基于式(4.6)，根据 D_1 和 D_2 的大小重新定义自车制动距离：

$$D_{br} = \begin{cases} d_0, & D_1 < D_2 \\ D_1 - D_2 + d_0, & D_1 \geqslant D_2 \end{cases} \tag{4.9}$$

当车间距离小于等于报警距离时，纵向主动避撞系统向驾驶员提示报警信息。自车报警距离可描述为：

$$D_w = \begin{cases} D_{br}, & v_1 \leqslant v_2 \\ D_{br} + (v_1 - v_2)t, & v_1 > v_2 \end{cases} \tag{4.10}$$

式中，$t = T_r + T_w$，T_r 为驾驶员反应时间，T_w 为液压制动系统响应时间。

　　式(4.9)和式(4.10)构成了纵向主动避撞系统的安全距离模型,实时计算制动距离,并为驾驶员提供相关的报警信息。

4.2.2　仿真分析

(1)最小保持车距计算

　　最小保持车距一般取值为 2~5m。假设 $k=1$,即当安全距离模型不考虑驾驶员特性时,最小保持车距 d_0 为 2~5m。根据前面分析可知,当路面干燥平坦时,最小保持车距应小一些以提高道路交通的利用率;当路面湿滑时,车辆容易打滑,最小保持车距应大一些以提高车辆的安全性。因此,在上述数据范围中分别取两组数据来确定最小保持车距中模型参数 a 和 b 的数值,具体参考数据如表 4.4 所示。由表 4.4 给出的数据可以计算出反映路面条件的最小保持车距,进而可以得到反映驾驶员特性的最小保持车距,其具体公式描述如下:

$$d_0 = k \frac{2}{\varphi + 0.3} \tag{4.11}$$

表 4.4　最小保持车距模型计算参考数据

路面附着系数	最小保持车距
$\varphi_1 = 0.2$	$d_0 = 4\text{m}$
$\varphi_1 = 0.7$	$d_0 = 2\text{m}$

(2)安全距离模型仿真与评价

　　为了验证安全距离模型的有效性,使所提出的安全距离模型能够适应不同路面条件且接近实际行驶工况,实验中假设目标车车速的变化过程符合 HWFET(High way Fuel Economy Test)工况和 UDDS(Urban Dynamometer Driving Schedule)工况。HWFET 工况是由美国环境保护署(U.S Environmental Protection Agency,EPA)制订的循环工况,用来测试车辆在高速道路上的各种性能,其循环时间为 765s,行驶路程为 16.51km,最高车速为 96.4km/h,平均车速为 77.58km/h,最大加速度为 1.43m/s²,最大减速度为 -1.48m/s²,停靠 1 次。UDDS 工况是由美国 EPA 制订的循环工况,用来测试车辆城市道路下的各种性能,其循环时间为 1367s,行驶路程为 11.99km,最高车速为 91.25km/h,平均车速为 31.51km/h,最大加速度为 1.48m/s²,最大减速度为 -1.48m/s²,停靠 17 次。

为了评价安全距离模型的安全性，实验使用碰撞时间（Time To Collision，TTC）的倒数 TTC^{-1} 作为评价指标。TTC^{-1} 定义为：

$$TTC^{-1} = \frac{v_1 - v_2}{D} \qquad (4.12)$$

由 TTC^{-1} 定义可知，当 $TTC^{-1} > 0$ 时，自车速度大于目标车速度，说明自车正在接近目标车；当 $TTC^{-1} < 0$ 时，自车速度小于目标车速度，说明目标车正在远离自车；当 $TTC^{-1} = 0$ 时，自车速度等于目标车速度，说明自车对目标车进行速度跟踪。

仿真实验的初始条件为：初始车距 100m，自车速度 $v_1 = 10m/s$，目标车速度分别为 HWFET 工况和 UDDS 工况。同时考虑路面条件和驾驶员特性，当路面条件较好时，驾驶员应减小 k 值以减小最小保持车距、提高道路的利用率；当路面条件比较差时，驾驶员应增大 k 值以增大最小保持车距、提高车辆的安全性。因此，给出对比实验以验证所提出的安全距离模型的有效性和安全性。针对不同路面条件，最小保持车距模型的实验数据如表 4.5 所示。

表 4.5　最小保持车距模型实验数据

序号	k	φ
工况一	1	0.7
工况二	10	0.2

仿真结果分别如图 4.9 和图 4.10 所示。图 4.9(a) 和图 4.10(a) 分别给出了目标车速度的变化趋势，使实验环境分别符合高速道路和城市道路的实际工况。工况一和工况二中制动距离分别如图 4.9(b) 和图 4.10(b) 所示，工况一路面条件较好，反映驾驶员特性的驾驶意图参数 $k = 1$，最小保持车距约为 2.5m，制动距离约为 9m；而工况二路面条件较差，反映驾驶员特性的驾驶意图参数 $k = 10$，最小保持车距约为 40m，制动距离约为 65m。工况一和工况二中报警距离分别如图 4.9(c) 和图 4.10(c) 所示。两组实验中制动距离和报警距离说明了对于路面条件较好的行驶工况，制动距离和报警距离会小一些，保证车辆安全的前提下有效地提高了道路的利用率。对于路面条件较差的行驶工况，制动距离和报警距离相对会大一些，来提高车辆的安全性。实验结果证明了所提出的安全距离模型符合实际应用，结构简单。图 4.9(d) 和图 4.10(d) 分别给出了 TTC^{-1} 的变化过程。在两种工况下，TTC^{-1} 的数值由负值逐渐趋近于零，并且 $-0.1 < TTC^{-1} < 0.05$，由此可以验证所提出的安全距离模型具有一定的安全性。

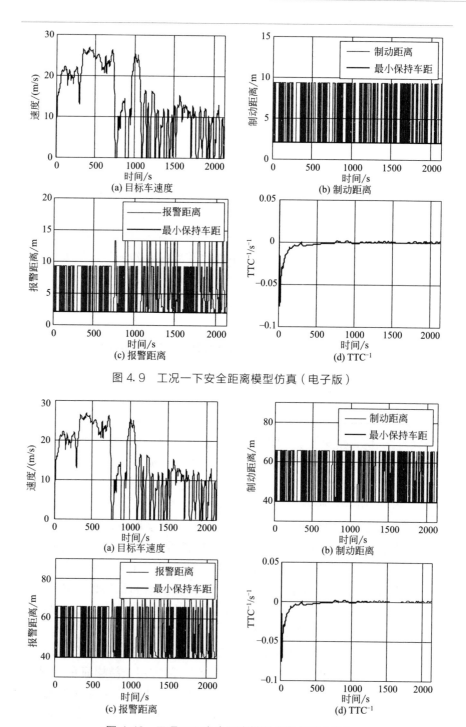

图 4.9　工况一下安全距离模型仿真（电子版）

图 4.10　工况二下安全距离模型仿真（电子版）

4.3 本章小结

  本章从安全距离模型特点出发，主要研究了车辆纵向制动过程，描述了这两种避撞方式下被控车辆的运动状态变化。一方面，建立了考虑驾驶员特性的纵向制动安全距离模型，在 TTC^{-1} 指标基础上，提出了DDC 辅助指标，提高了安全等级评价方法的可靠性。综合考虑车辆的安全性和驾驶员的驾驶习惯，本章提出了基于附着系数和驾驶意图参数的纵向车辆安全距离模型，使其既能够适应不同的路面条件，又能够反映驾驶员特性。

参考文献

[1] 裴晓飞，刘昭度，马国成，等. 汽车主动避撞系统的安全距离模型和目标检测算法[J]. 汽车安全与节能学报，2012，3（1）：26-33.

[2] FANCHER P, BAREKET Z, ERVIN R. Human-centered design of an ACC-with-braking and forward-crash-warning system[J]. Vehicle System Dynamics, 2001, 36（2/3）：203-223.

[3] 石庆升. 纯电动汽车能量管理关键技术问题的研究[D]. 济南：山东大学，2009.

[4] LUO Q, XUN L H, CAO Z H, et al. Simulation analysis and study on car-following safety distance model based on braking process of leading vehicle. Proceedings of the 8th World Congress on Intelligent Control and Automation, June 21-25, 2011[C]. Taipei, China: IEEE, 2011.

[5] NAKAOKA M, RAKSINCHAROENSAK P, NAGAI M. Study on forward collision warning system adapted to driver characteristics and road environment. International Conference on Control, Automation and Systems, Oct. 14-17, 2008[C]. Seoul, Korea: IEEE, 2008.

[6] GE R H, ZHANG W W, ZHANG W. Research on the driver reaction time of safety distance model on highway based on fuzzy mathematics. International Conference on Optoelectronics and Image Processing, Nov. 11-12, 2010 [C]. Haikou, China: IEEE, 2010.

[7] LIAN Y F, WANG X Y, TIAN Y T, et al. Lateral collision avoidance robust control of electric vehicles combining a lane-changing model based on vehicle edge turning trajectory and a vehicle semi-uncertainty dynamic model[J]. International Journal of Automotive Technology, 2018, 19（2）：113-122.

[8] LIAN Y F, ZHAO Y, HU L L, et al. Longi-

tudinal collision avoidance control of electric vehicles based on a new safety distance model and constrained-regenerative-braking-strength-continuity braking force distribution strategy[J]. Transactions on Vehicular Technology, 2016, 65（6）: 4079-4094.

［9］ 王慧文. 基于驾驶员反应特性的纵向防碰撞预警系统[D]. 长春: 吉林大学, 2018.

［10］ WU H, LI Y, WU C, et al. A longitudinal minimum safety distance model based on driving intention and fuzzy reasoning. 2017 4th International Conference on Transportation Information and Safety（ICTIS）, Aug. 8-10, 2017[C]. Banff, AB, Canada: IEEE, 2017.

［11］ LI Z, BAI Q. Longitudinal distance control for vehicle following model based on tracking differentiator. 2009 IEEE International Conference on Automation and Logistics, Aug. 5-7, 2009［C］. Shenyang, China: IEEE, 2009.

［12］ DUAN S T, ZHAO J. A model based on hierarchical safety distance algorithm for ACC control mode switching strategy. 2017 2nd International Conference on Image, Vision and Computing（ICIVC）, June 2-4, 2017［C］. Chengdu, China: IEEE, 2017.

［13］ FENG G, WANG W, FENG J, et al. Modelling and Simulation for Safe Following Distance Based on Vehicle Braking Process. 2010 IEEE 7th International Conference on E-Business Engineering, Nov. 10-12, 2010［C］. Shanghai, China: IEEE, 2010.

第5章

基于约束的再生制动强度连续性的
制动力分配策略

本章研究重点为制动力分配策略。车辆主动避撞系统控制器无论是采用直接式控制结构还是分层式控制结构，制动力分配策略的研究与开发都是不可或缺的。对于电动汽车的制动力分配策略研究来说，所要解决的问题为摩擦制动力与再生制动力的分配问题。这方面有很多学者提出了很多方法来解决这个问题，例如固定系数分配法、最优能量回收分配法和基于理想制动力分配曲线（I 曲线）的分配方法。固定系数分配法虽然系统结构简单，但是其能量回收率较低，而且制动切换时波动较大。最优能量回收分配法则是针对固定系数分配法存在能量回收率低的问题，在制动力分配时以能量回收率最大化为目标，但该方法消耗了一部分的制动效能，制动效果也比较差。基于理想制动力分配曲线（I 曲线）的分配方法的地面附着条件利用率高，制动稳定性好，能量回收率较高，但其结构复杂，实时决策控制时需要精确获得前后轴的垂直载荷方可进行。为了使前后轮制动力分配曲线逼近理想制动力分配曲线，文献 [1] 提出了基于防抱死制动系统（Anti-lock Braking Systems，ABS）使用滑模控制来防止后轮被锁死的制动力分配方法。针对前后轮独立驱动的电动汽车的制动过程，使用前后轮制动力的比率来获得前后轮的制动力。结合超级电容器的充电阈值电压和电机特性，基于混合动力的新再生制动控制策略被提出。已有的制动力分配方法虽然在制动力分配和稳定性方面进展显著，但仍然存在一些问题有待进一步研究与解决。一方面，大多数的研究都是以前轮驱动方式的电动汽车或是混合动力电动汽车作为研究对象。前轮的摩擦制动力、再生制动力分配系数与后轮的摩擦制动力主要是通过查表来实现，所建立的制动力分配表主要依赖于实际经验，没有理论基础，例如汽车仿真软件 ADVISOR 2002 中的制动力分配策略。相比之下，以四轮驱动电动汽车或混合动力电动汽车作为研究对象的研究却很少。制动力分配策略也更加复杂，需要解决的不仅是前轮的摩擦制动力、再生制动力的分配问题，还要解决后轮的摩擦制动力、再生制动力的分配问题。另一方面，汽车结构的不同导致了制动力分配策略也大不相同，因此，对于四轮驱动电动汽车来说，其制动力分配策略的实用性和通用性较差。电动汽车驱动系统为前后轮独立驱动系统，前轮由一个永磁同步电机来驱动，后轮由一个感应电机来驱动。此外，电子液压制动系统被应用在前轮驱动的电动汽车上。综上，对于四轮独立驱动的电动汽车来说，研究具有理论性、实用性和通用性的制动力分配策略对电动汽车主动避撞系统的研究与发展至关重要。本章以四轮独立驱动轮毂电机电动汽车为研究对象，提出了基于约束的再生制动强度连续性的制动力分配策略，有效地解决了四轮独立驱动电动汽车前后轮制动力的分配问题，同时也有效地解决了前期研究工作中所提出的基于再生制动强度连续性的制动力分配策略中制动力的方向问题。

5.1　制动控制器设计

5.1.1　加速度计算器

加速度计算器作为分层式控制结构中的上位控制器，用来计算期望加速度以使自车实施制动或者牵引。对于制动过程，驾驶员行车的加速度不会超过 $-2.17\mathrm{m/s^2}$，而当加速度达到 $-4\sim-3\mathrm{m/s^2}$ 时会引起人体的不适。当驾驶员行车加速度小于 $-4\mathrm{m/s^2}$ 时往往是阻止车辆进入危险工况。对于牵引过程，自车加速度一般控制在 $0.6\sim1.0\mathrm{m/s^2}$ 之间。因此，依据制动和牵引过程加速度范围，加速度计算器可根据实际的车间距离设计成为一个分段函数，其具体描述如下。

① 制动过程加速度计算

$$
a_{\mathrm{des}}=\begin{cases}
-4.0\mathrm{m/s^2}, & 0<D\leqslant L_1 & \text{且} & v_1>v_2 \\
-3.5\mathrm{m/s^2}, & L_1<D\leqslant L_2 & \text{且} & v_1>v_2 \\
-3.0\mathrm{m/s^2}, & L_2<D\leqslant L_3 & \text{且} & v_1>v_2 \\
-2.5\mathrm{m/s^2}, & L_3<D\leqslant L_4 & \text{且} & v_1>v_2 \\
-2.0\mathrm{m/s^2}, & L_4<D\leqslant L_5 & \text{且} & v_1>v_2 \\
-1.5\mathrm{m/s^2}, & L_5<D\leqslant L_6 & \text{且} & v_1>v_2 \\
-1.0\mathrm{m/s^2}, & L_6<D\leqslant L_7 & \text{且} & v_1>v_2 \\
-0.5\mathrm{m/s^2}, & L_7<D\leqslant L_8 & \text{且} & v_1>v_2
\end{cases}
\tag{5.1}
$$

② 牵引过程加速度计算

$$a_{des}=\begin{cases}0.5\mathrm{m/s^2}, & L_8<D\leqslant L_9 \quad \text{且} \quad v_1<v_2 \\ 1.0\mathrm{m/s^2}, & D>L_9 \quad \text{且} \quad v_1<v_2\end{cases} \tag{5.2}$$

③ 其他

$$a_{des}=0 \tag{5.3}$$

式中 L_n——加速度判断的边界条件，$L_n=\dfrac{(v_1-v_2)^2}{2|a_{des}|}+(10-n)d_0$，

$n=1,2,3,\cdots,9$。

5.1.2 制动力/牵引力计算器

下位控制器的输入量为上位控制器的输出量，即期望的加速度，输出量为期望的制动力或是牵引力，控制车辆实施制动或牵引。下位控制器由两个计算器组成：一个是制动力/牵引力计算器，用来计算制动过程或是牵引过程中所需要的总的制动力或牵引力；另一个是制动力/牵引力分配器，将计算得到的总的制动力或是牵引力进行有效合理的分配，使车辆能够很好地进行制动或牵引，保证车辆的安全性。下位控制器结构如图5.1所示。本节只讨论制动力/牵引力计算器，制动力/牵引力分配器将在下节详细介绍。

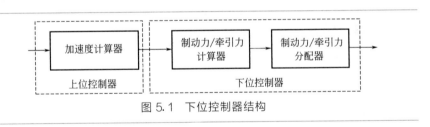

图 5.1 下位控制器结构

制动力/牵引力计算器，即加速度反馈控制器，采用比例积分控制器，通过上位控制器计算的期望加速度和自车实际加速度来计算此时所需要的总的制动力或是牵引力。比例调节没有滞后现象，但存在静差；积分调节可以消除静差，但有滞后现象。比例积分调节综合比例和积分调节的优点，既能快速消除干扰的影响，又能消除静差。比例积分控制器的传递函数可表示为：

$$G_{acc}(s)=K_p\left(1+\frac{1}{T_i s}\right) \tag{5.4}$$

式中 K_p——比例增益；

T_i——积分时间常数。

5.2　制动力/牵引力分配器

制动力/牵引力分配器由两部分组成：一部分是制动强度计算，通过制动力/牵引力计算器得到的总的制动力或是牵引力来计算此时的制动强度。制动强度小于等于零的过程为制动过程，制动强度大于零的过程为牵引过程；另一部分是制动力/牵引力分配策略，该分配策略根据制动强度的符号来判断此时是制动过程还是牵引过程，以采用不同行驶状态的轮胎纵向力分配策略。制动力/牵引力分配器结构如图 5.2 所示。

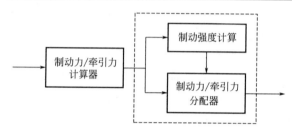

图 5.2　制动力/牵引力分配器结构

本节中所讨论的无论是制动力分配策略还是牵引力分配策略，都涉及制动强度这一物理量。

定义 5.1：制动强度 $z = \dfrac{a_x}{g}$。

由定义可知，制动强度的符号由纵向车辆加速度的符号决定。因此，可以根据制动强度的符号来判断车辆的行驶状态。

研究制动力/牵引力分配策略时，需考虑其影响因素。除了安全制动范围，电池的荷电状态、行驶工况、安全制动要求、车辆驱动方式、电机种类等因素都会影响再生制动能量的回收和制动效果。对于本节所讨论的制动力分配问题，暂不考虑电池的荷电状态和上述相关影响因素对再生制动能量的回收和制动效果的影响。

5.2.1　安全制动范围线性化

考虑前后轮的载荷情况、制动力的分配以及路面坡度和附着系数等因素，当制动力足够时，制动过程前后轮可能出现以下三种情况：一是前轮先抱死、后轮后抱死，此工况为稳定工况，但在制动时汽车的转向能力较差，附着利用率较低；二是后轮先抱死、前轮后抱死，此工况为不稳定工况，后轮可能出现侧滑，附着利用率也比较低；三是前后轮同时抱死，此工况可以避免后轮侧滑，附着利用率较好。为简化车辆的制动过程，忽略滚动阻力和空气阻力，并假设车辆行驶路面的坡度为零。电动汽车在制动过程中，首要任务是确保车辆制动的安全性。如图 5.3 所示，车辆的安全

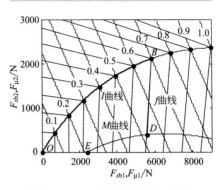

图 5.3　安全制动范围（电子版）

制动范围是由三条前后轮制动力分配曲线与横轴所构成的多边形 $OBDE$。

（1）理想的前后轮制动力分配曲线

制动时前后轮同时抱死，其附着利用率高、制动时有利于稳定车辆行驶方向。当前后轮制动力之和等于总附着力，并且前后轮制动力分别等于各自的附着力时，前后轮同时抱死。此时的前后轮制动力分配关系曲线称为理想的前后轮制动力分配曲线，简称 I 曲线。在此工况下，前后轮制动力分配关系满足下式：

$$F_{xb2} = \frac{1}{2}\left[\frac{mg}{h_{center}}\sqrt{l_r^2 + \frac{4h_{center}L}{mg}F_{xb1}} - \left(\frac{mgl_r}{h_{center}} + 2F_{xb1}\right)\right] \quad (5.5)$$

式中　F_{xb1}——前轮制动力；

　　　F_{xb2}——后轮制动力。

如图 5.3 所示，如果前后轮制动力分配曲线高于 I 曲线，则后轮先于前轮抱死，此时为不稳定工况；如果前后轮制动力分配曲线低于 I 曲线，则前轮先于后轮抱死，此时为稳定工况。

（2）前轮抱死、后轮不抱死时前后轮制动力关系曲线

在不同附着系数的路面上前轮抱死、后轮不抱死时前后轮制动力关系为一组曲线，称为 f 线组。在此工况下，前后轮制动力分配关系满足下式：

$$F_{xb2} = \frac{L - \varphi h_{center}}{\varphi h_{center}}F_{xb1} - \frac{mgl_r}{h_{center}} \quad (5.6)$$

式中　φ——路面附着系数。

（3）最小后轮制动力分配曲线

当前轮抱死时，后轮必须提供最小制动力以满足车辆制动要求。最小后轮制动力分配曲线简称 M 曲线。在此工况下，前后轮制动力分配关

系满足下式：

$$\frac{h_{center}}{mgL}(F_{xb1}+F_{xb2})^2+\frac{l_r+0.07h_{center}}{L}(F_{xb1}+F_{xb2})-0.85F_{xb1}+0.07\frac{mgl_r}{L}=0$$

$$(5.7)$$

根据式(5.5)~式(5.7) 可知，安全制动范围的函数描述具有非线性，在制动力分配时计算负担较重，直接影响纵向主动避撞系统的实时性。因此，在保证车辆制动安全的前提下，将安全制动范围线性化是十分必要的。

很多汽车采用固定比值的前后轮制动力分配曲线来代替理想的前后轮制动力分配曲线，如图5.4中的直线 OB。直线 OB 与曲线 OB 之间存在偏差，附着利用率较低。因此，使用变比例阀液压分配曲线（折线 OAB）来替代直线 OB。替代之后，折线 OAB 与曲线 OB 之间的偏差变小，提高了附着利用率。对于变比例阀液压分配曲线来说，为了使折线 OAB 尽量逼近曲线 OB，使其所夹面积最小，需要优化变比例阀液压分配曲线，即确定折线中 A 点坐标。

直线 OB 与曲线 OB 的交点 B 对应的附着系数称为同步附着系数。假设同步附着系数 $z(B)=0.7$，则 $B(x_B,y_B)$ 可以确定。设 A 点坐标为 $A(x_A,y_A)$，则变比例阀液压分配曲线方程可表示为：

$$y=\begin{cases}\dfrac{y_A}{x_A}x, & x\leqslant x_A\\[3mm]\dfrac{y_B-y_A}{x_B-x_A}(x-x_B)+y_B, & x>x_A\end{cases}$$

$$(5.8)$$

式中　x——前轮摩擦制动力；

　　　y——后轮摩擦制动力。

由折线 OAB 与曲线 OB 所夹面积最小，定义目标函数为：

$$J=S_1-S_2-S_3 \qquad (5.9)$$

式中，$S_1=\dfrac{1}{2}\displaystyle\int_0^{x_B}\left[\dfrac{mg}{h_{center}}\sqrt{l_r^2+\dfrac{4h_{center}L}{mg}x}-\left(\dfrac{mgl_r}{h_{center}}+2x\right)\right]dx$；

$S_2=\displaystyle\int_0^{x_A}\dfrac{y_A}{x_A}x\,dx$；　$S_3=\displaystyle\int_{x_A}^{x_B}\left[\dfrac{y_B-y_A}{x_B-x_A}(x-x_B)+y_B\right]dx$。

将目标函数式(5.9)对 x_A 求导，且 $\dfrac{\partial J}{\partial x_A}=0$. 可得优化后的 A 点坐标：

$$\begin{cases}x_A=\dfrac{mg}{4h_{center}L}\left[\left(\dfrac{Lx_B}{x_B+y_B}\right)^2-l_r^2\right]\\[4mm]y_A=\dfrac{1}{2}\left[\dfrac{mg}{h_{center}}\sqrt{l_r^2+\dfrac{4h_{center}L}{mg}x_A}-\left(\dfrac{mgl_r}{h_{center}}+2x_A\right)\right]\end{cases}$$

$$(5.10)$$

A 点坐标确定后，则使用优化后的折线 OAB 替代 I 曲线。此外，安全制动范围中 M 曲线也具有非线性，因此，使用其切线来替代，既保证制动过程的安全性，又简化了安全制动范围的函数描述。除了 $A(x_A, y_A)$ 和 $B(x_B, y_B)$ 两点坐标，$C(x_C, y_C)$、$D(x_D, y_D)$ 和 $F(x_F, y_F)$ 三点的坐标也可以确定。相应地，上述各点对应的制动强度 $z(A)$、$z(B)$、$z(C)$、$z(D)$ 和 $z(F)$ 也可以求得。因此，直线 OA、AB、BD 和 DF 对应的方程描述如下：

$$\begin{cases} OA: F_{\mu 2} = k_{OA} F_{\mu 1} \\ AB: F_{\mu 2} = k_{AB} F_{\mu 1} + b_{AB} \\ BD: F_{xb2} = k_{BD} F_{xb1} + b_{BD} \\ DF: F_{xb2} = k_{FD} F_{xb1} + b_{FD} \end{cases} \quad (5.11)$$

式中，$k_{OA} = \dfrac{y_A}{x_A}$；$k_{AB} = \dfrac{y_B - y_A}{x_B - x_A}$；$b_{AB} = \dfrac{y_A x_B - y_B x_A}{x_B - x_A}$；$k_{BD} = \dfrac{L - \varphi h_{center}}{\varphi h_{center}}$；

$b_{BD} = -\dfrac{mgl_r}{h_{center}}$。

优化后的折线 OAB 相对于直线 OB 来说更加逼近 I 曲线，附着利用率较高。此外，在 F 点作 M 曲线的切线 DF，确保了车辆前轮抱死时，后轮必须提供最小制动力的制动要求。进而获得可线性描述的安全制动范围，即多边形 $OABDF$，如图 5.4 所示。多边形 $OABDF$ 由折线 OAB、切线 DF、f 曲线和横轴构成。线性安全制动范围一方面包含于线性化之前

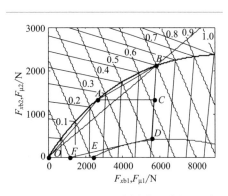

图 5.4　线性化的安全制动范围（电子版）

的安全制动范围，保证车辆制动过程的安全性；另一方面多边形各个边的表达式均可由直线方程描述，减轻了制动力分配时的计算负担，改善了纵向主动避撞系统的实时性。

5.2.2　制动力分配策略

对于电动汽车来说，制动力分为两种：一种是摩擦制动力；另一种是由 PMSM 提供的再生制动力。制动力是根据制动强度的大小进行分配的，制动强度 z 的大小分为弱制动强度、中等制动强度和强制动强度。具体地说，当 $z \in [0, 0.1]$ 时，制动系统处于纯电制动模式；当 $z \in (0.1, 0.7]$

时，制动系统处于电制动和摩擦制动的复合制动模式；当 $z \in (0.7, 1]$ 时，制动系统处于纯摩擦制动模式。这是电动汽车制动力分配原理。当制动系统处于电制动和摩擦制动的复合制动模式时，对于四轮独立驱动电动汽车来说，所要解决的问题是如何有效合理地分配摩擦制动力和再生制动力。

在制动力分配过程中，前后轮制动力的关系如下：

$$F_{xb1} + F_{xb2} = mgz \tag{5.12}$$

定义 5.2：制动力矢量为 $\boldsymbol{F}_j = [F_{j,\mu 1}, F_{j,re1}, F_{j,\mu 2}, F_{j,re2}]^T$，$j = 1, 2, \cdots, 5$。

根据电动汽车制动力分配原理及制动强度的强弱程度，制动力分配过程如下。

① 当 $0 \leq z \leq z_1(F)$ 时，$j = 1$，制动系统处于纯电制动模式。结合式(5.12)和方程 OA，此时的制动力矢量可表示为：

$$\boldsymbol{F}_1 = [F_{1,\mu 1}, F_{1,re1}, F_{1,\mu 2}, F_{1,re2}]^T \tag{5.13}$$

式中，$F_{1,\mu 1} = 0$；$F_{1,re1} = \dfrac{1}{1 + k_{OA}} mgz$；$F_{1,\mu 2} = 0$；$F_{1,re2} = \dfrac{k_{OA}}{1 + k_{OA}} mgz$。

② 当 $z_1(F) < z \leq z_2(D)$ 时，$j = 2$，制动系统处于电制动和摩擦制动的复合制动模式。假设 α_1 和 β_1 为待定系数，则 $F_{2,\mu 1}$，$F_{2,re1}$，$F_{2,\mu 2}$，$F_{2,re2}$ 分别为 α_1 和 β_1 的函数。结合式(5.12)和方程 OA、DF，此时的制动力矢量可表示为：

$$\boldsymbol{F}_2 = [F_{2,\mu 1}(\alpha_1, \beta_1), F_{2,re1}(\alpha_1, \beta_1), F_{2,\mu 2}(\alpha_1, \beta_1), F_{2,re2}(\alpha_1, \beta_1)]^T \tag{5.14}$$

式中，$F_{2,\mu 1}(\alpha_1, \beta_1) = \dfrac{mgz - b_{FD}}{1 + k_{FD}} - \alpha_1 mgz - \beta_1$；

$\quad\quad F_{2,re1}(\alpha_1, \beta_1) = \alpha_1 mgz + \beta_1$；

$\quad\quad F_{2,\mu 2}(\alpha_1, \beta_1) = k_{OA} \dfrac{mgz - b_{FD}}{1 + k_{FD}} - \alpha_1 k_{OA} mgz - \beta_1 k_{OA}$；

$\quad\quad F_{2,re2}(\alpha_1, \beta_1) = \dfrac{(k_{FD} - k_{OA})mgz + (1 + k_{OA})b_{FD}}{1 + k_{FD}} + \alpha_1 k_{OA} mgz + \beta_1 k_{OA}$。

③ 当 $z_2(D) < z \leq z_3(C)$ 时，$j = 3$，制动系统处于电制动和摩擦制动的复合制动模式。假设 α_2 和 β_2 为待定系数，则 $F_{3,\mu 1}$，$F_{3,re1}$，$F_{3,\mu 2}$，$F_{3,re2}$ 分别为 α_2 和 β_2 的函数。结合式(5.12)和方程 OA、BD，此时的制动力矢量可表示为：

$$\boldsymbol{F}_3 = [F_{3,\mu 1}(\alpha_2, \beta_2), F_{3,re1}(\alpha_2, \beta_2), F_{3,\mu 2}(\alpha_2, \beta_2), F_{3,re2}(\alpha_2, \beta_2)]^T \tag{5.15}$$

式中，$F_{3,\mu1}(\alpha_2,\beta_2)=\dfrac{mgz-b_{BD}}{1+k_{BD}}-\alpha_2 mgz-\beta_2$；

$F_{3,re1}(\alpha_2,\beta_2)=\alpha_2 mgz+\beta_2$；

$F_{3,\mu2}(\alpha_2,\beta_2)=k_{OA}\dfrac{mgz-b_{BD}}{1+k_{BD}}-\alpha_2 k_{OA}mgz-\beta_2 k_{OA}$；

$F_{3,re2}(\alpha_2,\beta_2)=\dfrac{(k_{BD}-k_{OA})mgz+(1+k_{OA})b_{BD}}{1+k_{BD}}+\alpha_2 k_{OA}mgz+\beta_2 k_{OA}$。

④ 当 $z_3(C)<z\leqslant z_4(B)$ 时，$j=4$，制动系统处于电制动和摩擦制动的复合制动模式。假设 α_3 和 β_3 为待定系数，则 $F_{4,\mu1}$，$F_{4,re1}$，$F_{4,\mu2}$，$F_{4,re2}$ 分别为 α_3 和 β_3 的函数。结合式(5.12) 和方程 AB、BD，此时的制动力矢量可表示为：

$$\boldsymbol{F}_4=[F_{4,\mu1}(\alpha_3,\beta_3),F_{4,re1}(\alpha_3,\beta_3),F_{4,\mu2}(\alpha_3,\beta_3),F_{4,re2}(\alpha_3,\beta_3)]^T$$

$$(5.16)$$

式中，$F_{4,\mu1}(\alpha_3,\beta_3)=\dfrac{mgz-b_{BD}}{1+k_{BD}}-\alpha_3 mgz-\beta_3$；

$F_{4,re1}(\alpha_3,\beta_3)=\alpha_3 mgz+\beta_3$；

$F_{4,\mu2}(\alpha_3,\beta_3)=k_{AB}\dfrac{mgz-b_{BD}}{1+k_{BD}}-\alpha_3 k_{AB}mgz-\beta_3 k_{AB}+b_{AB}$；

$F_{4,re2}(\alpha_3,\beta_3)=\dfrac{(k_{BD}-k_{AB})mgz+(1+k_{AB})b_{BD}}{1+k_{BD}}+\alpha_3 k_{AB}mgz+\beta_3 k_{AB}-b_{AB}$。

⑤ 当 $z_4(B)<z\leqslant 1$ 时，$j=5$，制动系统处于纯摩擦制动模式。结合式(5.12) 和方程 AB，此时的制动力矢量可表示为：

$$\boldsymbol{F}_5=[F_{5,\mu1},F_{5,re1},F_{5,\mu2},F_{5,re2}]^T \qquad (5.17)$$

式中，$F_{5,\mu1}=\dfrac{mgz-b_{AB}}{1+k_{AB}}$；$F_{5,re1}=0$；$F_{5,\mu2}=\dfrac{k_{AB}mgz+b_{AB}}{1+k_{AB}}$；$F_{5,re2}=0$。

定义 5.3：再生制动强度 $f_j(z)=\dfrac{F_{j,re1}+F_{j,re2}}{mg}$，$j=1,2,\cdots,5$。

不同制动强度下再生制动强度构成的再生制动强度矢量为：

$$\boldsymbol{f}=[f_1(z),f_2(z),f_3(z),f_4(z),f_5(z)]^T \qquad (5.18)$$

式中，$f_1(z)=z$，$0\leqslant z\leqslant z_1(F)$；

$f_2(z)=\left[(1+k_{OA})\alpha_1+\dfrac{k_{FD}-k_{OA}}{1+k_{FD}}\right]z+\dfrac{b_{FD}(1+k_{OA})}{mg(1+k_{FD})}+\dfrac{1+k_{OA}}{mg}\beta_1$，

$z_1(F)<z\leqslant z_2(D)$；

$f_3(z)=\left[(1+k_{OA})\alpha_2+\dfrac{k_{BD}-k_{OA}}{1+k_{BD}}\right]z+\dfrac{b_{BD}(1+k_{OA})}{mg(1+k_{BD})}+\dfrac{1+k_{OA}}{mg}\beta_2$，

$$z_2(D) < z \leqslant z_3(C);$$

$$f_4(z) = \left[(1+k_{OA})\alpha_3 + \frac{k_{BD}-k_{AB}}{1+k_{BD}}\right]z + \frac{(1+k_{AB})\beta_3 - b_{AB}}{mg} +$$

$$\frac{b_{BD}(1+k_{AB})}{mg(1+k_{BD})}, \quad z_3(C) < z \leqslant z_4(B);$$

$$f_5(z) = 0, \quad z_4(B) < z \leqslant 1。$$

在 F_j 中存在 6 个待定系数，$j=2,3,4$。考虑汽车制动过程的舒适性与稳定性，含有未知参数的再生制动强度函数 $f_j(z)$ 在不同制动强度区间上应具有连续性，则可以通过再生制动强度函数的连续性来确定 6 个待定系数，计算公式如下：

$$\lim_{z \to z_j} f_{j+1}(z) = f_j(z_j), \quad j = 1,2,3,4 \tag{5.19}$$

上述所提出的制动力分配策略的推导过程是在 $z \geqslant 0$ 的情况下进行的，便于制动力的计算与分析，即将一个大小为 mgz 的非负数进行分配。该方法反映了不同类型制动力之间的比率。因此，当车辆实际处于制动过程中时，$z \leqslant 0$，即将一个大小为 mgz 非正数进行分配，该方法仍然有效。除此以外，制动力在分配时存在方向问题，即制动力同时存在正负两个方向。在制动过程中，虽然总的制动力不变，但制动力方向问题与执行机构不匹配，直接影响到纵向主动避撞系统的有效性。出现此状况的主要原因是由于制动力分配策略缺少相关的约束条件。因此，有必要提供相关的约束条件以保证所提出的制动力分配策略的有效性，其具体公式描述如下：

$$\text{s. t.} \begin{cases} F_{j,\mu1}F_{j,\mu2} \geqslant 0 \\ F_{j,re1}F_{j,re2} \geqslant 0 \\ F_{j,\mu1}F_{j,re1} \geqslant 0 \\ F_{j,\mu2}F_{j,re2} \geqslant 0 \\ |F_{j,re1}| \leqslant \min\{F_{b,max}, \varphi F_{zf}\} \\ |F_{j,re2}| \leqslant \min\{F_{b,max}, \varphi F_{zr}\} \end{cases} \tag{5.20}$$

式中　$F_{b,max}$ ——PMSM 提供的最大制动力；

　　φF_{zf} ——前轮不打滑时所具有的最大纵向力；

　　φF_{zr} ——后轮不打滑时所具有的最大纵向力。

综上，当制动强度 $z \leqslant 0$ 时，式(5.13)～式(5.17) 和式(5.20)构成了纵向主动避撞系统的制动力分配策略，即基于约束的再生制动强度连续性的制动力分配策略。

5.2.3　牵引力分配策略

为了体现纵向主动避撞系统的跟踪性能与安全性能，由制动强度定义可知，车辆的行驶状态可以根据制动强度的符号判定，即当制动强度 $z > 0$ 时，车辆实施牵引操作。因此，结合制动强度设计了牵引力分配策略。电动汽车在牵引时前后轮的摩擦制动力为零，牵引力由 PMSM 提供，方向与再生制动力方向相反。研究中设计了带约束的按固定比例常数分配的牵引力分配策略，其具体公式描述如下：

$$\begin{cases} F_{dr1} = \dfrac{1}{2} mgz \\ F_{dr2} = \dfrac{1}{2} mgz \end{cases} \tag{5.21}$$

$$\text{s. t.} \begin{cases} |F_{dr1}| \leqslant \min\{F_{d,\max}, \varphi F_{zf}\} \\ |F_{dr2}| \leqslant \min\{F_{d,\max}, \varphi F_{zr}\} \end{cases} \tag{5.22}$$

式中 F_{dr1}——前轮牵引力；

F_{dr2}——后轮牵引力；

$F_{d,\max}$——PMSM 提供的最大牵引力。

5.3 仿真分析

仿真实验中假设前后轮的行驶条件完全相同，左右轮的行驶条件也完全相同，则左右轮的轮胎特性没有差异，四轮汽车可以转化成等效的两轮汽车，制动力分配策略计算出的制动力大小为执行机构输入命令大小的 2 倍。

（1）待定系数与制动力矢量计算

基于约束的再生制动强度连续性的制动力分配策略计算步骤如下：

第 1 步，计算线性安全制动范围边界上关键点的坐标；

第 2 步，计算线性安全制动范围的具体数学表达式；

第 3 步，推导不同制动强度下含有待定系数的制动力矢量；

第 4 步，计算不同制动强度下再生制动强度函数；

第 5 步，根据再生制动强度连续性计算待定系数；

第 6 步，将计算得到的待定系数代入制动力矢量，即可得到具体的制动力矢量。

在计算制动力矢量过程中使用的电动汽车整车参数如表 5.1 所示。根据再生制动强度连续性求解含有待定系数的方程组，即获得制动力矢量中待定系数的数值，表 5.2 给出了制动力矢量中待定系数的计算结果。表 5.3 给出了制动力矢量含有制动强度的函数表达式。制动力矢量均为制动强度的线性表达式，结构简单，容易实现。

表 5.1　电动汽车整车参数

参数	数值
m	1159kg
g	9.8m/s²
l_f	1.04m
l_r	1.56m
h_{center}	0.5m

表 5.2　制动力矢量中待定系数计算结果

待定系数	计算值
α_1	0.3260
β_1	-765.7089
α_2	-1.1421
β_2	-26.5950
α_3	-1.3365
β_3	-14.5172

表 5.3　制动力矢量

制动强度	制动力矢量
$-0.1000 < z \leqslant 0.0000$	$\boldsymbol{F}_1 = \begin{bmatrix} 0 \\ -7579.2z \\ 0 \\ -3779.0z \end{bmatrix}$
$-0.5278 < z \leqslant -0.1000$	$\boldsymbol{F}_2 = \begin{bmatrix} -6679.5z + 668.1156 \\ -3702.8z - 765.7089 \\ -3330.4z + 333.1224 \\ 2354.5z - 235.5291 \end{bmatrix}$
$-0.6199 < z \leqslant -0.5278$	$\boldsymbol{F}_3 = \begin{bmatrix} -14501z + 4797.1 \\ 12972z - 26.5950 \\ -7230.3z + 2391.8 \\ -2598.9z - 7162.3 \end{bmatrix}$
$-0.7000 < z \leqslant -0.6199$	$\boldsymbol{F}_4 = \begin{bmatrix} -16709z + 4785 \\ 15180z - 14.5172 \\ -4127.2z + 1849.2 \\ -5702z - 6619.7 \end{bmatrix}$
$-1.0000 < z \leqslant -0.7000$	$\boldsymbol{F}_5 = \begin{bmatrix} -9108.4z - 535.1470 \\ 0 \\ -2249.8z + 535.1470 \\ 0 \end{bmatrix}$

（2）制动力分配策略验证实验

由制动强度定义可知，车辆速度信息如果已知，那么对应的制动强度即可得到。制动力分配策略验证实验采用图4.9(a) 中速度所对应的制动强度作为制动力分配条件。验证实验给出了两组对比实验，图5.5 中给出了基于再生制动强度连续性的制动力分配策略的仿真结果，图5.6 中给出了基于约束的再生制动强度连续性的制动力分配策略的仿真结果。两组实验在相同的制动强度下进行，分别给出两种分配策略下前后轮的制动力分配情况、前轮的摩擦制动力和再生制动力分配情况以及后轮的摩擦制动力和再生制动力分配情况。比较图5.5 和图5.6 可知，两种分配策略下前后轮的制动力分配情况是相同的，但前轮的摩擦制动力和再生制动力分配情况与后轮的摩擦制动力和再生制动力分配情况却不尽相同。在无约束条件的情况下，虽然前后轮的制动力分配与有约束条件的情况完全相同，但具体分配到前后轮时制动力的方向发生变化，主要原因是制动力分配情况中包含不符合执行机构实际要求的分配情况。根据执行机构的特性及参数，将约束条件引入到再生制动强度连续性的制动力分配策略中，除去不符合执行机构实际要求的分配情况，制动力方向的问题得以很好地解决，符合执行机构的实际要求。

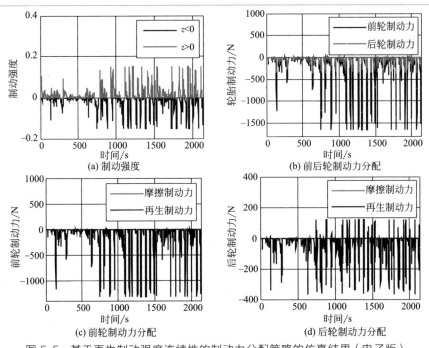

图 5.5　基于再生制动强度连续性的制动力分配策略的仿真结果（电子版）

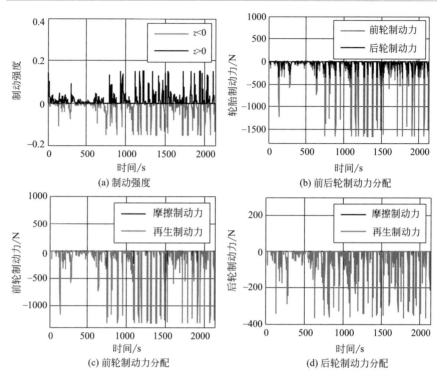

图 5.6　基于约束的再生制动强度连续性的制动力分配策略的仿真结果（电子版）

（3）牵引力分配策略验证实验

牵引力分配策略仿真实验仍然采用图 4.9(a) 中速度所对应的制动强度作为牵引力分配条件。牵引力按固定比例常数 1：1 进行分配，前后轮牵引力的分配情况分别如图 5.7 和图 5.8 所示。

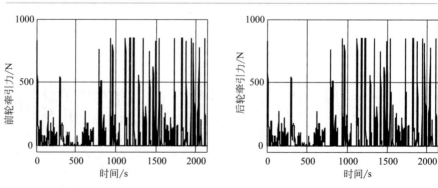

图 5.7　前轮牵引力分配（电子版）　　图 5.8　后轮牵引力分配（电子版）

5.4 纵向避撞控制器设计

纵向制动对驾驶员操作条件要求相对不高，比较实际可行。本书主要采用分层控制结构，简单分析设计纵向避撞控制器。按照设计逻辑，纵向分层控制器包括上位控制器和下位控制器：上位控制器的功能是根据功能定义模块的决策机制，给出车辆避撞过程中的期望加速度；下位控制器的功能是结合车辆动力学控制系统，实现期望加速度。如图5.9所示。

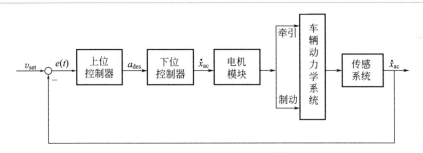

图 5.9　纵向分层避撞控制结构

5.4.1 纵向下位控制器设计

基于避撞系统上位控制器给出的车辆纵向期望加速度 a_{des}，纵向下位控制器可根据车辆的动力学特性控制轮毂电机产生制动力矩，并合理分配到各个车轮，实现纵向安全行驶。

假设纵向行驶过程中，车辆侧偏角恒为0。则整车纵向动力学方程：

$$Ma = F_M - (F_w + F_r) \tag{5.23}$$

式中，$F_r = Gf_r$，经验公式 $f_r = 0.01(1 + v/100)$；$F_w = 0.5\rho A_f C_D (v + v_w)^2$；$F_r$，$F_w$ 表示滚动阻力与风阻。

考虑到纵向轮胎侧偏角忽略不计，则车轮滚动速度 w_w 与电动机转速 w_e 近似成比例，即 $w_w = \lambda w_e$。则车辆纵向车速近似于车辆转速与车辆有效半径之积：

$$\dot{x} = r_w \lambda w_w \tag{5.24}$$

对式（5.24）求导，则可得到纵向加速度为：

$$\ddot{x} = r_w \lambda \dot{w}_w \tag{5.25}$$

结合式 (5.24) 和式 (5.25)，则可得到纵向轮胎力表达式：

$$F_M = M r_w \lambda \dot{w}_w + F_w + F_r \tag{5.26}$$

四轮独立驱动电动汽车在纵向行驶时，等效为两个驱动轮的纵向自行车模型。为了方便计算，对两轮的力矩分配采用 1∶1 比例。对于主动驱动轮，则有：

$$T_w = I_w \dot{w}_w + \frac{1}{2} r_w F_M \tag{5.27}$$

联合式 (5.26) 和式 (5.27)，得到电动汽车单个车轮轮上输出力矩表达式：

$$T_w = I_w \dot{w}_w + \frac{1}{2}(M r_w^2 \lambda \dot{w}_w + r_w F_w + r_w F_r) \tag{5.28}$$

由于电动汽车纵向行驶过程中，轮毂电机的输出力矩主要包括作用在电机轴上的负载力矩和轮子的惯性力矩。负载力矩主要用于牵引车辆前进并克服路面与车轮间的滚动摩擦力等。据此给出轮毂电机输出力矩：

$$T_e = I_e \dot{w}_e + T_w \tag{5.29}$$

考虑到 $w_w = \lambda w_e$，则联合公式 (5.28) 与式 (5.29) 可得轮毂电机输出力矩表达式：

$$T_e = (I_e + I_w \lambda + \frac{1}{2} M r_w^2 \lambda^2) \dot{w}_e + \frac{1}{2}(r_w F_w + r_w F_r) \tag{5.30}$$

将式 (5.26) 代入式 (5.30) 中，则得到电机输出力矩与车辆期望加速度之间的关系式：

$$T_e = \frac{(I_e + I_w \lambda + 0.5 M r_w^2 \lambda^2)}{\lambda^2 r_w} \ddot{x}_{des} + \frac{1}{2}(r_w F_w + r_w F_r) \tag{5.31}$$

式中，车辆加速度与上位控制器定义的期望加速度一致，即 $\ddot{x}_{des} = a_{des}$。

5.4.2　纵向上位控制器设计

纵向上位控制器主要根据当前两车间距和运行状况，改变车辆的加速度策略（即向下层控制器提供期望加速度 a_{des}），使两车获得安全间隔距离。因此上位控制器设计需要保证：

① 控制精度高，即可以实时跟踪系统期望安全距离 D_{des}；

② 控制器的输出（期望加速度 a_{des}）符合驾驶员操作特点，且符合实际车辆的加速度区间。

上层控制器输出期望加速度，被控车可根据车辆纵向动力学特性和下位控制策略来实时跟踪避撞安全距离。考虑到实际车辆下位控制器具有有限带宽特性，控制器无法完全跟踪期望加速度，即下位控制系统将存在一个延迟时间 τ。根据实际车辆行驶情况，车辆纵向安全避撞系统采用 $\tau=0.5$ 的延迟环节，上位控制器机构如图 5.10 所示。

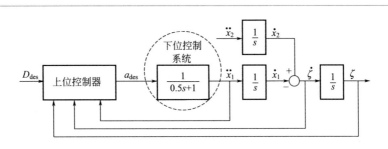

图 5.10 上位控制器机构

上位控制器输入量是期望的车间距离或速度，控制量是实际的车间距离或车速。上位控制器设计实际是一个状态反馈控制律的设计，要求控制器输出的实际车间距离能实时跟踪控制器输入量 D_{des}，且加速度波动尽可能小。故上位控制器采用最优跟踪求解法进行设计。针对驾驶员特性考虑不足的问题，进行进一步的改善，提高控制精度，改善响应时间，使控制效果能良好体现驾驶员操作特点。

上位控制器的设计目标是使控制系统输出量（即被控车与前方目标车的实际距离 ζ）跟踪系统输入的安全距离 D_{des}，且尽量以较小的加速度变化实现期望的控制目标。

定义误差控制量为两车期望间距与实际间距之差，即

$$e(t)=D_{des}(t)-\zeta(t) \tag{5.32}$$

为了更好体现系统对两车安全间距的跟踪作用，取系统状态变量 $\boldsymbol{x}=$ $[\begin{matrix} \zeta & v_f-v_c & \ddot{x}_1 \end{matrix}]^T$，其中，$v_c$ 为自车速度，v_f 为前车速度，$\ddot{x}_1$ 为被控车实际加速度。并且定义系统输出 $y=\zeta$。若将前方车辆的加速度视为干扰处理，两车纵向车间距保持控制系统状态空间模型为：

$$\begin{cases} \dot{\boldsymbol{x}}=\boldsymbol{A}\boldsymbol{x}+\boldsymbol{B}u+\boldsymbol{F}\omega \\ y=\boldsymbol{C}\boldsymbol{x} \end{cases} \tag{5.33}$$

式中，$\boldsymbol{A}=\begin{bmatrix} 0 & 1 & 0 \\ 0 & 0 & -1 \\ 0 & 0 & -1 \end{bmatrix}$，$\boldsymbol{B}=\begin{bmatrix} 0 \\ 0 \\ 1 \end{bmatrix}$，$\boldsymbol{F}=\begin{bmatrix} 0 \\ 1 \\ 0 \end{bmatrix}$，$\boldsymbol{C}=\begin{bmatrix} 1 & 0 & 0 \end{bmatrix}$，$u$ 为被控车期望加速度 a_{des}，ω 为前方车辆加速度。

根据上位控制器的设计目的和最优控制理论，如果要寻求最优控制

u（期望加速度），实现两车期望间距与实际间距差值和两车速度差值趋于 0，采用的优化性能指标为：

$$J = \frac{1}{2}\int_0^\infty [\rho e^2(t) + r_u u^2(t)]\mathrm{d}t \tag{5.34}$$

式中，ρ、r_u 为控制误差和控制量的加权。

　　根据系统的优化性能指标和状态方程结构，两车定间距的最优控制属于带有扰动的无限时间线性二次输出跟踪最优控制问题。根据 LQR 最优控制理论，优化性能指标函数的矩阵 $\boldsymbol{Q}$ 和 $\boldsymbol{R}$ 为 $\boldsymbol{Q}=\rho$，$\boldsymbol{R}=r_u$，则根据极值原理，系统的控制率为：

$$\begin{cases} u = -\boldsymbol{R}^{-1}\boldsymbol{B}^{\mathrm{T}}[\boldsymbol{P}x^* - \xi] \\ \xi = (\boldsymbol{A}^{\mathrm{T}} - \boldsymbol{P}\boldsymbol{B}\boldsymbol{R}^{-1}\boldsymbol{B}^{\mathrm{T}})^{-1}\boldsymbol{P}\boldsymbol{F}\omega \end{cases} \tag{5.35}$$

式中，$x^* = [\zeta - D_{\mathrm{des}};\ v_f - v_c;\ \ddot{x}_1]$ 表示带有跟踪误差的状态向量。经过化简，保持车间距离的上位控制器为 $u = \boldsymbol{K}x^* + k_4\omega$。

　　可见，上位控制器的输出不仅包括基于系统状态的反馈控制，还加入了对扰动起补偿作用的前置滤波环节，可快速精确地跟随期望间距。

　　ρ、r_u 取值不同，会得到不同的 k_1、k_2、k_3 的值。ρ、r_u 取值大小反映了控制指标中控制误差和控制耗能所占的分量大小，表 5.4 给出了几组不同 ρ、r_u 对应的 k_1、k_2、k_3、k_w 的值。

表 5.4　不同 ρ、r_u 取值对应的 k_1、k_2、k_3、k_w 的变化

ρ	r_u	k_1	k_2	k_3	k_w
0	1	1	2.1447	−1.2999	2.2999
1	5	0.4472	1.3033	−0.8991	1.8991
	10	0.3162	1.0563	−0.7643	1.7643
	20	0.2236	0.8586	−0.6484	1.6484
5	1	2.2361	3.5726	−1.8540	2.8540
10		3.1623	4.4641	−2.1509	3.1509
20		4.4721	5.5862	−2.4889	3.4889

　　图 5.11 给出了不同 ρ、r_u 取值时，控制器系统响应速度和达到稳定状态的速度变化情况。从图中可以看出，在控制误差变量 $\rho=1$ 时，增大控制量权重 r_u，则控制器的跟踪能力减弱，系统响应速度提高；而在控制误差变量 $r_u=1$ 时，增大控制误差权重 ρ，则系统能快速地达到稳定状态，控制器跟踪能力增强。

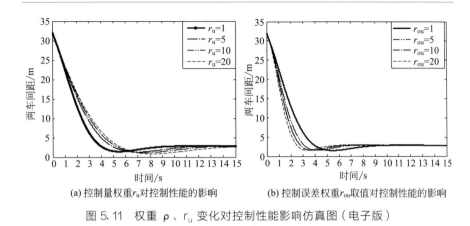

(a) 控制量权重r_u对控制性能的影响　　　(b) 控制误差权重r_{ou}取值对控制性能的影响

图 5.11　权重 ρ、r_u 变化对控制性能影响仿真图（电子版）

根据上位控制器设计过程，可得到上位控制器输出加速度表达式：

$$a = u = k_1 \zeta + k_2 (v_f - v_c) + k_3 \ddot{x}_1 + k_4 \omega \tag{5.36}$$

考虑到驾驶员操作特性和行驶舒适性，上位控制器输出的期望加速度变化不能过大。因此，控制器输出需进行饱和处理，将期望减速度进行如下设定：

$$a_{des}(t) = \begin{cases} a & ,a \geqslant -2 \\ 0.8a & ,-4 < a < -2 \\ -4 & ,a \leqslant -4 \end{cases} \tag{5.37}$$

5.4.3　仿真分析

假设两车期望保持间距 $D_{des} = 5\text{m}$，初始间距 $D_0 = 20\text{m}$，前车速度为 $v_f = 8.33\text{m/s}$，自车速度为 $v_c = 16.67\text{m/s}$，控制器参数 $q_e = 2$，$r_u = 1$；上位控制器为 $\boldsymbol{K} = [1.4142 \quad 2.6683 \quad -1.5173]$；前车以不同加速度进行减速行驶时，自车在纵向避撞控制器作用下的响应曲线如图 5.12 和图 5.13 所示。

（1）前车匀速和前车以 -1m/s^2 的加速度减速到零

如图 5.12 所示，经过大概 10s 减速调整过程，自车在纵向控制器的作用下可以精确保持两车纵向期望安全间距。当前车减速行驶时，纵向控制器可通过提高自车加速度进行快速减速，实现期望安全间距，具有一定抗扰性能。在保证车辆纵向安全距离的基础上，上位控制器的期望加速度饱和处理使自车加速度在整个纵向减速过程中始终处于合理的加速度范围内（$|a| < a_{max} = 4\text{m/s}^2$），符合驾驶员操作特性。此外，在避撞系统纵向上位

控制器作用下，自车可通过下位控制器迅速调整轮毂电机力矩（电机力矩输出符合实际车辆指标），以快速达到期望安全间距。电机力矩与加速度成正比，因此曲线变化形式与自车输出加速度变化趋势一致。

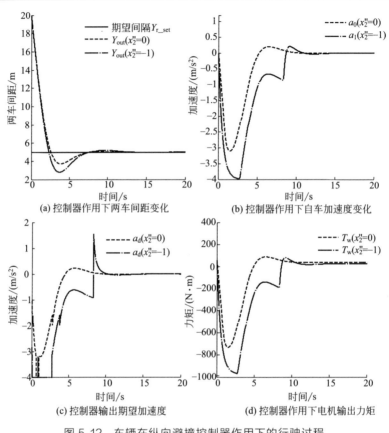

图 5.12　车辆在纵向避撞控制器作用下的行驶过程

（2）前车在 13s 时开始以 $-2m/s^2$ 的加速度减速至零

从图 5.13 可看出，初始时前车匀速行驶，自车在纵向控制器的作用下经过约 9s 达到两车期望安全间距。此时控制器期望加速度和自车加速度均稳于 0，车辆保持稳定行驶。在 $t=13s$ 时，前车突然以 $a=-2m/s^2$ 开始减速直至 0，自车在上位纵向控制器作用下迅速使自车的行驶加速度跟随前车加速度（趋向于 $-2m/s^2$），以减小两车间距的波动，保证纵向安全行驶。在 $t=13s$ 时，经过控制调节，自车将跟随前车处于停车状态，实现纵向避撞。此时，控制器期望加速度、自车输出实际加速度和电机控制力矩均为 0。

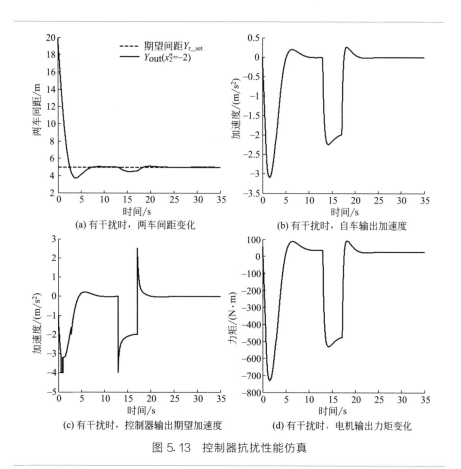

图 5.13　控制器抗扰性能仿真

　　综合以上实验可得，基于 LQR 的电动车纵向避撞控制系统能在前车匀速、减速以及紧急制动的情况下保持避撞系统功能定义层给定的两车期望安全间距，保证车辆纵向行车安全。同时，整个控制器的性能指标不仅符合实际需求，而且易于实现，并对外界环境的扰动具有一定鲁棒性能，可应用于电动车实际主动避撞控制系统开发。

5.5　电动汽车纵向主动避撞系统整车仿真实验

　　随着计算机仿真技术的发展，基于数学和物理模型的仿真技术以其快捷和低成本等特点而迅速成为研发过程的主力军。但是这种基于理想模型的仿真方法相对于开发目标的实际工况还相差很远，其仿真结果只能验证原理、方法的有效性，而很难应用于实际系统当中。鉴于离线仿真存在过渡性差、可信度低等问题，硬件在环（Hardware-in-the-loop，HIL）仿真技术应运而生。硬件在环仿真系统依据计算机仿真技术在高速计算机上实时运行，实时仿真模型取代实际被控对象、与控制目标相关性较小的组件或其他系统部件，而被控对象的核心部件或控制单元使用实物。仿真系统的实际硬件与数学仿真模型之间是通过第三方平台的通信接口或者信号接口连接的。基于半实物半数学模型的方式，能够对所研究和设计的控制单元的核心部件或控制策略功能的有效性、可靠性、稳定性等进行评估测试和验证。

快速控制原型（Rapid Control Prototyping，RCP）技术源自制造业的快速原型（Rapid Prototyping，RP）技术。RP 技术的出现使得产品研究与设计在虚拟环境中进行，从而降低了研发成本，缩短了产品开发周期。RP 技术加快了新产品的上市时间，节约了新产品开发以及模具制造的费用。在一些发达国家，RP 技术已广泛应用于航空航天、医疗、汽车、军事装备、家电等各个领域。我国在 RP 技术方面的研究开始于 20世纪 90 年代初。家电行业在 RP 技术方面发展较快，例如美的、海尔等公司都先后在 RP 技术推动下取得了良好的效果。RP 技术在引入控制系统设计与实时测试后，改称快速控制原型（RCP）技术。RCP 和 HIL 仿真系统缩短了电子控制系统的设计周期，加速了开发过程，已经被汽车和航空航天领域的研究院所和公司所认可。

为了减少底层开发的工作量、增强控制系统的稳定性，目前有很多第三方公司基于 MATLAB/Simulink 开发用于硬件在环仿真的实时系统。其中，德国 dSPACE 公司开发的一套基于 MATLAB/Simulink 的控制系统开发平台，以其通用性强、过渡性好、实时性强、组合性强等诸多特点被广泛应用于机器人、航空航天、汽车、发动机、电力机车、驱动及工业控制等领域。dSPACE 实时仿真系统为 HIL 和 RCP 的应用提供了一个协调统一的一体化解决途径。国外将 dSPACE 应用于混合动力控制、平板车的振动控制和控制策略优化等研究；国内将 dSPACE 广泛应用于车辆控制单元快速原型、反导弹控制系统半实物仿真、卫星姿态控制系统实现等研究。开发平台实现和 MATLAB/Simulink 的无缝连接，便于研发人员在控制器原型、硬件在环和目标代码三个阶段的快速转换，大大缩短了研发周期。

本章在状态估计与控制策略理论研究的基础上，结合吉林大学控制理论与智能系统研究室电动汽车主动避撞系统课题研究组所搭建的基于 dSPACE 实时仿真系统的电动汽车实验平台，对车辆主动避撞系统进行了快速控制原型开发和硬件在环测试。通过电动汽车整车实时仿真实验进一步验证了所提出的状态估计方法与控制策略的有效性与合理性。

5.5.1 实时仿真系统硬件构架

车辆主动避撞实时仿真系统硬件结构如图 5.14（a）所示。实时仿真系统硬件主要由快速控制原型 MicroAutoBox Ⅱ、dSPACE 仿真器、计算机（PC）构成。快速控制原型 MicroAutoBox Ⅱ主要用来模拟车辆主动避撞控制器；dSPACE 仿真器主要用来模拟电动汽车动力学模型；计算机一方面用来车辆动力学建模和主动避撞控制策略研究开发，一方面用来监控系统运行参量。车辆主动避撞实时仿真系统软件部分由 MATLAB/Simulink 开发，系统实时运行时车辆状态变量均由计算机上 ControlDesk 软件进行实时监控。

车辆主动避撞实时仿真系统硬件实物图如图 5.14（b）所示。Micro-AutoBox Ⅱ（DS1401/1505/1507）与计算机之间通过网络连接；dSPACE 仿真器（DS1005/DS2211）与 PC 计算机通过总线连接；MicroAutoBox Ⅱ与 dSPACE 仿真器之间通过 I/O 接口传递车辆状态变量。

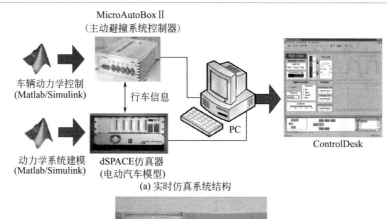

(a) 实时仿真系统结构

(b) 实时仿真系统硬件实物图

图 5.14　车辆主动避撞实时仿真系统

5.5.2 整车仿真模型

为了验证所提出的状态估计方法与控制策略的有效性与合理性，使车辆主动避撞系统具有制动避撞和转向避撞功能，车辆的整车仿真模型在

CarSim 汽车仿真软件中搭建。本书主要针对车辆纵向和侧向主动避撞系统中状态估计与控制策略进行研究，暂不考虑电池对车辆行驶过程的影响，因此，整车仿真模型中包括车辆动力学模型、永磁同步电机模型、输入通道和输出通道，如图 5.15 所示。由于快速控制原型 MicroAutoBoxⅡ和 dSPACE 仿真器的 I/O 接口之间传递信号量程的不同，在信号传递过程中需要对信号的幅值和极性进行相应处理，以使快速控制原型 MicroAutoBox Ⅱ和 dSPACE 仿真器的 I/O 接口之间传递的信号数值不变。

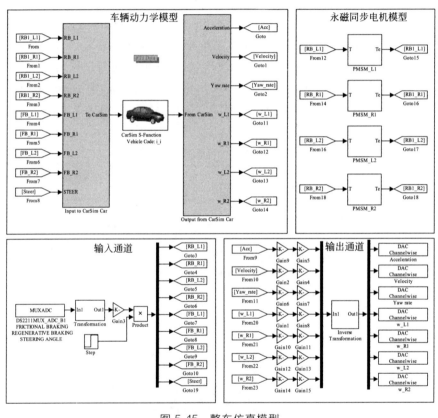

图 5.15　整车仿真模型

5.5.3　电动汽车纵向主动避撞系统实时仿真实验

纵向主动避撞系统实时仿真实验参数如表 5.5 所示。为验证所提出的状态估计方法与控制策略的有效性和适应性，纵向主动避撞系统实时仿真实验分别采用 HWFET 和 UDDS 两种工况。纵向主动避撞系统在 HWFET 和 UDDS 两种工况下的实时仿真结果分别如图 5.16 和图 5.17 所示。附着系数的大小主要取决于路面的种类和干燥状况，并且和轮胎的结构、胎面花纹和行驶速度有关。由于车辆行驶过程中车辆的速度是不断变化的，因此路面附着系数也随之变化，图 5.16(a) 和图 5.17(a) 分别给出了 HW-FET 和 UDDS 两种工况下干沥青路面对应的附着系数变化趋势。本书研究工作中不对附着系数信息的获取方法进行讨论，因此，干沥青路面由 LuGre 摩擦模型中对应的参数进行设置，则干沥青路面对应的附着系数与自车速度有关，速度越大，附着系数就越小，反之亦然。图 5.16(b) 和图 5.17(b) 分别给出了 HWFET 和 UDDS 两种工况下自车和目标车行驶过程中速度的变化趋势。由自车和目标车的速度变化趋势图可以看出，自车的速度跟踪效果比较理想。根据路面附着系数计算对应的最小保持车距，并结合车速和加速度，则可计算相应的制动距离，向纵向主动避撞系统提供制动信号，可计算相应的报警距离向驾驶员提供报警信息，图 5.16(c) 和图 5.17(c) 分别给出了 HWFET 和 UDDS 两种工况下制动距离和报警距离的变化趋势。图 5.16(d) 和图 5.17(d) 分别给出了 HWFET 和 UDDS 两种工况下自车加速度控制效果，自车的实际加速度能够很好地跟踪上位控制器计算获得的期望加速度，并且加速度的控制范围主要为 $-2.5\sim 1.0 \mathrm{m/s}^2$，能够很好地体现纵向主动避撞系统的舒适度。自车制动力/牵引力分配策略的分配效果分别如图 5.16(e)、(f) 和图 5.17(e)、(f) 所示，制动力/牵引力分配策略能够根据制动强度的符号来自动切换自车的行驶状态，即制动状态和牵引状态，并且分配效果较好。图 5.16(g) 和图 5.17(g) 分别给出了 HWFET 和 UDDS 两种工况下评价指标 TTC^{-1} 变化趋势。由图可知，$-0.1 \leqslant \mathrm{TTC}_{\mathrm{HWFET}}^{-1} \leqslant 0.1$，$-0.3 \leqslant \mathrm{TTC}_{\mathrm{UDDS}}^{-1} \leqslant 0.5$ 分别说明了所提出的安全距离模型对于在不同行驶路面上和不同驾驶员驾驶下的行驶车辆都是比较安全的，具有较高的适应性和安全性。图 5.16(h) 和图 5.17(h) 分别给出了 HWFET 和 UDDS 两种工况下自车与目标车之间距离的变化趋势。无论是在 HWFET 工况下，还是在 UDDS 工况下，实际的车间距离均大于根据安全距离模型计算的最小保持车距，有效地保证了车辆安全行驶。因此，基于 RCP 和 HIL 的纵向主动避撞系统实时仿真实验验证了所提出的纵向安全距离模型和制动力分配策略是有效、合理的。

表 5.5　纵向主动避撞系统实时仿真实验参数

参数	数值
ρ	$1.225 \mathrm{kg/m}^3$
C_{d}	0.3
v_{wind}^x	1km/h
r	0.313m
D	100m

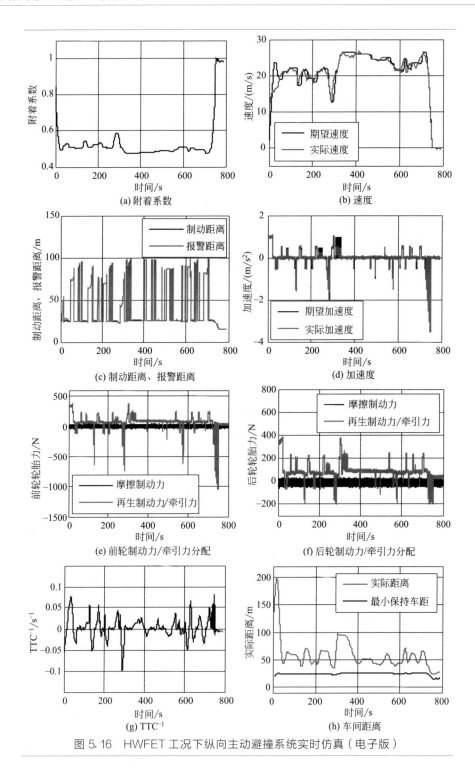

(a) 附着系数

(b) 速度

(c) 制动距离、报警距离

(d) 加速度

(e) 前轮制动力/牵引力分配

(f) 后轮制动力/牵引力分配

(g) TTC⁻¹

(h) 车间距离

图 5.16　HWFET 工况下纵向主动避撞系统实时仿真（电子版）

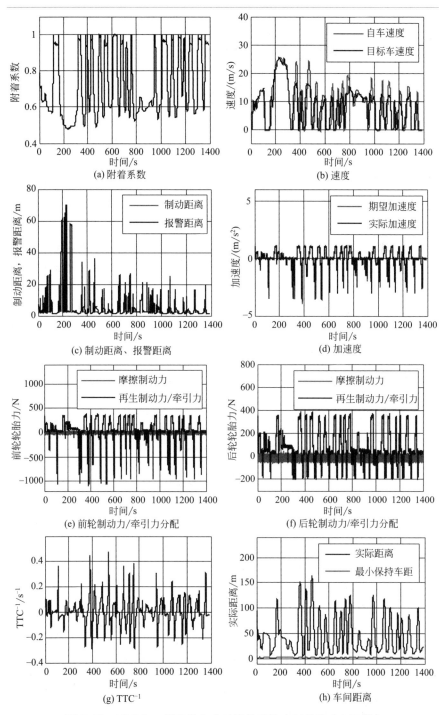

图 5.17 UDDS 工况下纵向主动避撞系统实时仿真（电子版）

5.6　本章小结

　　本章提出了基于约束的再生制动强度连续性的制动力分配策略，不仅有效地解决了四轮独立驱动轮毂电机电动汽车制动力分配中制动力的方向问题，而且给出了制动力分配策略的理论依据；不仅适用于双驱结构电动汽车制动力的分配，而且适用于四驱结构电动汽车制动力的分配，具有一定的理论性和通用性。基于最优控制理论与驾驶员操作特性设计的纵向上位控制器，能够实现被控车与目标车实际间距跟踪安全距离模型计算出的安全间距，控制效果能体现驾驶员行驶特性。基于 dSPACE实时仿真系统进行了电动汽车主动避撞系统整车仿真实验，并在整车仿真实验中进一步验证了在纵向和侧向主动避撞系统中所提出的状态估计方法与控制策略的有效性和合理性。更重要的是在实时仿真实验中，所设计的车辆主动避撞系统在制动避撞方式和转向避撞方式上的安全性均得以很好的保证，并使车辆主动避撞系统在纵向和侧向上都对路面条件具有很好的适应性、能够很好地体现驾驶员特性，达到了本章研究的目的和初衷。

参考文献

---

［1］ 何仁，陈庆樟. 汽车制动能量再生系统制动力分配研究[J]. 兵工学报，2009，2（30）：205-208.

［2］ 裴晓飞，刘昭度，马国成，等. 汽车主动避撞系统的安全距离模型和目标检测算法[J]. 汽车安全与节能学报，2012，1（3）：26-33.

［3］ YI K, CHUNG J. Nonlinear Brake Control for Vehicle CW/CA Systems[J]. IEEE/ASME Transactions on Mechatronics, 2001, 1（6）: 17-25.

［4］ 李玉芳，林逸，何洪文，等. 电动汽车再生制动控制算法研究[J]. 汽车工程，2007，

29（12）：1059-1062，1073.

［5］ KIM D H, KIM H. Vehicle Stability Control with Regenerative Braking and Electronic Brake Force Distribution for A Four-wheel Drive Hybrid Electric Vehicle[J]. Proceedings of the Institution of Mechanical Engineers, Part D: Journal of Automobile Engineering, 2006, 6（220）: 683-693.

［6］ 刘志强，过学迅. 纯电动汽车电液复合再生制动控制[J]. 中南大学学报（自然科学版），2011，9（42）：2687-2691.

［7］ ZHANG J M, REN D B, SONG B Y, et

al. The Research of Regenerative Braking Control Strategy for Advanced Braking Distribution. 5th International Conference on Natural Computation, Aug. 14-16, 2009[C]. Tianjin, China: IEEE, 2009.

[8] 石庆升. 纯电动汽车能量管理关键技术问题的研究[D]. 济南: 山东大学, 2009.

[9] LIAN Y F, TIAN Y T, HU L.L, et al. A New Braking Force Distribution Strategy for Electric Vehicle Based on Regenerative Braking Strength Continuity[J]. Journal of Central South University, 2013, 12（20）: 3481-3489.

[10] Rajamani R. Vehicle Dynamics and Control [M]. New York: Springer, 2005.

[11] 余志生. 汽车理论. [M]. 第5版. 北京: 机械工业出版社, 2011.

[12] MOON S, MOON I, YI K. Design, Tuning, and Evaluation of a Full-range Adaptive Cruise Control System with Collision Avoidance [J]. Control Engineering Practice, 2009, 4（17）: 442-455.

[13] SEUNGWUK M, KYONGSU Y. Human Driving Databased Design of A Vehicle Adaptive Cruise Control Algorithm[J]. Vehicle System Dynamics, 2008, 8（46）: 661-690.

[14] Robert Bosch GmbH. Safety, Comfort and Convenience Systems[M]. 3rd ed. Cambridge: Bentley, 2007.

[15] LIAN Y F, ZHAO Y, HU L L, et al. Longitudinal collision avoidance control of electric vehicles based on a new safety distance model and constrained-regenerative-braking-strength-continuity braking force distribution strategy[J]. Transactions on Vehicular Technology, 2016, 65（6）: 4079-4094.

[16] MOON S, MOON I, YI K. Design, Tuning, and Evaluation of a Full-range Adaptive Cruise Control System with Collision Avoidance[J]. Control Engineering Practice, 2009, 4（17）: 442-455.

[17] 童季贤, 张显明. 最优控制的数学方法及应用[M]. 成都: 西南交通大学出版社, 1994.

[18] 马培蓓, 吴进华, 纪军, 等. dSPACE实时仿真平台软件环境及应用[J]. 系统仿真学报, 2004, 4（16）: 667-670.

[19] 潘峰, 薛定宇, 徐心和. 基于dSPACE半实物仿真技术的伺服控制研究与应用[J]. 系统仿真学报, 2004, 5（16）: 936-939.

第6章

四驱电动汽车纵向稳定性研究

对于汽车的稳定安全系统而言,反映车况和路况信息的路面条件估计是非常关键的技术。在汽车加速过程中摩擦力是关于轮胎滑移的函数,在其极大值处可产生一个最大的牵引力而不打滑。如果牵引力矩高于最大摩擦力所能维持的力矩,车轮就会打滑,这会造成牵引力的损失。这种系统是基于控制驱动轮的纵向滑移率,因而阻止了车轮出现打滑和抱死情况。这种方法改善了轮胎与路面的附着关系,从而增强了牵引力和汽车的稳定性。

纵向稳定性主要是通过电动汽车的四个车轮里面的轮毂电机的电磁力矩和转速、车辆的加速度等,来估计电动汽车的车速、轮胎-路面摩擦系数和轮胎的最佳滑移率。通过最佳滑移率算出其对应的最大轮胎摩擦系数 $\mu_{\max}$,从而由 $\mu = F_x / F_n$ 得到路面可提供的最大牵引力 $F_{x\max}$。根据路面对每个轮胎可提供的最大牵引力来给出每个轮毂电机输出的最大电磁转矩 $T_{\max}$,因而阻止了车轮驱动力矩过大出现打滑的情况。这种方法改善了轮胎与路面的附着关系,从而增强了牵引力和汽车的稳定性。电动汽车纵向稳定性控制策略结构图如图 6.1 所示。

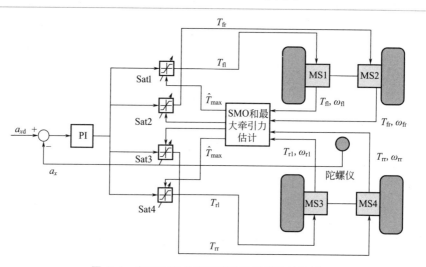

图 6.1 电动汽车纵向稳定性控制策略结构图

6.1 基于 LuGre 模型的 SMO 观测器设计

6.1.1 滑模变结构的基本原理

滑模变结构控制是变结构控制系统的一种控制策略，其本质是一种特殊的非线性控制，其控制的非线性表现在滑模控制量的不连续性，这也是滑模变结构控制与常规控制的本质区别。滑模变结构系统非线性体现在其"结构"是变化的，其控制量呈开关特性变化。这种控制特性使系统在一定条件下沿着预定的滑模状态轨迹运动。由于这种滑动模态是可以根据控制系统特性来设计的，并且与系统的参数和外部的扰动无关，所以滑模控制系统具有很好的鲁棒性。

（1）滑动模态的定义

系统 $\hat{x} = f(x)$，$x \in \mathbf{R}^n$ 的状态空间中的一个切换面为：
$$s(x) = s(x_1, \cdots, x_n) = 0 \tag{6.1}$$
此切换面将状态空间分成两个部分：$s > 0$ 和 $s < 0$。在切换面上一共有三类运动点，如图 6.2 所示。

三种运动点分别为：

起始点（A 点）——运动点到达切换面 $s = 0$ 附近时，从切换面的两边离开此点；

终止点（B 点）——运动点到达切换面 $s = 0$ 附近时，从切换面的两边趋向此点；

通常点（C 点）——运动点到达切换面 $s = 0$ 附近时，穿过此点。

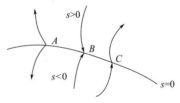

图 6.2 切换面上三种点的特性

从收敛与发散性方面可以很好地理解，在滑模变结构系统中起始点和通常点具有发散性，一般没有太大的意义，而终止点却有特殊的意义。因为当滑模面上的某一区域都是终止点，那么当系统中的运动点到达这一区域的时候，运动点就会被"吸引"到该区域运动。这个时候就称这个区域为"滑模"区。

那么根据滑模区的定义，那么当运动点到达切换面 $s(x) = 0$ 附近时，有

$$\begin{cases} \lim_{s \to 0^+} \dot{s} \leqslant 0 \\ \lim_{s \to 0^-} \dot{s} \geqslant 0 \end{cases} \tag{6.2}$$

显然，此不等式为系统提出了一个李雅普诺夫（Lyapunov）函数

$$\boldsymbol{v}(x_1, x_2, \cdots, x_n) = [\boldsymbol{s}(x_1, x_2, \cdots, x_n)]^2 \tag{6.3}$$

的必要条件。由于式(6.3)中函数式在切换面邻域内是正定的，根据式(6.2)所知，s^2 是负半定的，那么式(6.3)是系统的条件李雅普诺夫函数，因此当 $s(x)=0$ 时，系统是稳定的。

(2) 滑模变结构控制的定义

控制系统用状态空间表示为：

$$\dot{\boldsymbol{x}} = f(\boldsymbol{x}, \boldsymbol{u}, t) \quad \boldsymbol{x} \in \boldsymbol{R}^n, \boldsymbol{u} \in \boldsymbol{R}^m, t \in \boldsymbol{R} \tag{6.4}$$

切换函数为：

$$s(\boldsymbol{x}), s \in \boldsymbol{R}^m \tag{6.5}$$

控制律函数为：

$$\boldsymbol{u} = \begin{cases} \boldsymbol{u}^+(\boldsymbol{x}) & s(\boldsymbol{x}) > 0 \\ \boldsymbol{u}^-(\boldsymbol{x}) & s(\boldsymbol{x}) < 0 \end{cases} \tag{6.6}$$

其中 $\boldsymbol{u}^+(\boldsymbol{x}) \neq \boldsymbol{u}^-(\boldsymbol{x})$，满足如下三个条件：

① 存在性，即滑动模态 [式(6.6)] 存在；

② 可达性，在切换面 $s(\boldsymbol{x})=0$ 以外的运动点都在有限的时间内到达切换面；

③ 确保滑模运动的稳定性。

由上面阐述可以知道，滑模变结构的控制设计问题主要包含两个方面：切换函数和控制律。通过选择合适的切换函数和控制律才能使系统的运动点快速到达滑模面，并达到控制系统的动态品质要求。

6.1.2　基于 LuGre 模型的电动汽车纵向动力学状态方程

根据上面的车辆纵向动力学模型式(3.1)、式(3.15)~式(3.17)、式(3.22)~式(3.25)定义下面的状态变量：

$$\begin{bmatrix} x_1 & x_2 & x_3 & x_4 & x_5 & x_6 & x_7 & x_8 & x_9 \end{bmatrix}^T$$
$$= \begin{bmatrix} z_{fl} & z_{fr} & z_{rl} & z_{rr} & v_x & v_{rfl} & v_{rfr} & v_{rrl} & v_{rrr} \end{bmatrix}^T$$
$$= \begin{bmatrix} z_{fl} & z_{fr} & z_{rl} & z_{rr} & v_x & r\omega_{fl}-v_x & r\omega_{fr}-v_x & r\omega_{rl}-v_x & r\omega_{rr}-v_x \end{bmatrix}^T$$

式中　$z_{ij}(i=f,r; j=l,r)$——四个轮胎的 LuGre 轮胎动力学摩擦模型内部摩擦状态；

v_x——车辆的纵向速度；

$v_{rij}(i=f,r; j=l,r)$——四个轮胎与路面的相对速度，即为滑移量。

则电动汽车的动力学模型的状态方程可用式(6.7)表示，包含线性部分和非线性部分：

$$\begin{cases} \dot{\boldsymbol{x}} = \boldsymbol{A}\boldsymbol{x} + \boldsymbol{B}\boldsymbol{u} + \boldsymbol{D}f(\boldsymbol{x}) \\ \boldsymbol{y} = \boldsymbol{C}\boldsymbol{x} \end{cases} \tag{6.7}$$

此状态方程的系数矩阵和非线性部分如下：

$$A = \begin{bmatrix}
0 & 0 & 0 & 0 & 0 & 0 & 1 & 0 & 0 \\
0 & 0 & 0 & 0 & 0 & 0 & 0 & 1 & 0 \\
0 & 0 & 0 & 0 & 0 & 1 & 0 & 0 & 0 \\
0 & 0 & 0 & 0 & 0 & 0 & 0 & 0 & 1 \\
\dfrac{\sigma_0 F_{z1}}{m} & \dfrac{\sigma_0 F_{z2}}{m} & \dfrac{\sigma_0 F_{z3}}{m} & \dfrac{\sigma_0 F_{z4}}{m} & 0 & a_{56} & a_{57} & a_{58} & a_{59} \\
-\sigma_0 F_{z1}\left(\dfrac{r^2}{J}+\dfrac{1}{m}\right) & -\dfrac{\sigma_0 F_{z2}}{m} & -\dfrac{\sigma_0 F_{z3}}{m} & -\dfrac{\sigma_0 F_{z4}}{m} & -\dfrac{\sigma_\omega}{J} & a_{66} & a_{67} & a_{68} & a_{69} \\
-\dfrac{\sigma_0 F_{z1}}{m} & -\sigma_0 F_{z2}\left(\dfrac{r^2}{J}+\dfrac{1}{m}\right) & -\dfrac{\sigma_0 F_{z3}}{m} & -\dfrac{\sigma_0 F_{z4}}{m} & -\dfrac{\sigma_\omega}{J} & a_{76} & a_{77} & a_{78} & a_{79} \\
-\dfrac{\sigma_0 F_{z1}}{m} & -\dfrac{\sigma_0 F_{z2}}{m} & -\sigma_0 F_{z3}\left(\dfrac{r^2}{J}+\dfrac{1}{m}\right) & -\dfrac{\sigma_0 F_{z4}}{m} & -\dfrac{\sigma_\omega}{J} & a_{86} & a_{87} & a_{88} & a_{89} \\
-\dfrac{\sigma_0 F_{z1}}{m} & -\dfrac{\sigma_0 F_{z2}}{m} & -\dfrac{\sigma_0 F_{z3}}{m} & -\sigma_0 F_{z4}\left(\dfrac{r^2}{J}+\dfrac{1}{m}\right) & -\dfrac{\sigma_\omega}{J} & a_{96} & a_{97} & a_{98} & a_{99}
\end{bmatrix}$$

式中，

$a_{56}=\dfrac{(\sigma_1+\sigma_2)F_{z1}}{m}$；$a_{57}=\dfrac{(\sigma_1+\sigma_2)F_{z2}}{m}$；$a_{58}=\dfrac{(\sigma_1+\sigma_2)F_{z3}}{m}$；$a_{59}=\dfrac{(\sigma_1+\sigma_2)F_{z4}}{m}$；

$a_{66}=-(\sigma_1+\sigma_2)F_{z1}\left(\dfrac{r^2}{J}+\dfrac{1}{m}\right)-\dfrac{\sigma_\omega}{J}$；$a_{67}=-\dfrac{(\sigma_1+\sigma_2)F_{z2}}{m}$；$a_{68}=-\dfrac{(\sigma_1+\sigma_2)F_{z3}}{m}$；$a_{69}=-\dfrac{(\sigma_1+\sigma_2)F_{z4}}{m}$；

$a_{76}=-\dfrac{(\sigma_1+\sigma_2)F_{z1}}{m}$；$a_{77}=-(\sigma_1+\sigma_2)F_{z2}\left(\dfrac{r^2}{J}+\dfrac{1}{m}\right)-\dfrac{\sigma_\omega}{J}$；$a_{78}=-\dfrac{(\sigma_1+\sigma_2)F_{z3}}{m}$；$a_{79}=-\dfrac{(\sigma_1+\sigma_2)F_{z4}}{m}$；

$a_{86}=\dfrac{(\sigma_1+\sigma_2)F_{z1}}{m}$；$a_{87}=-\dfrac{(\sigma_1+\sigma_2)F_{z2}}{m}$；$a_{88}=-(\sigma_1+\sigma_2)F_{z3}\left(\dfrac{r^2}{J}+\dfrac{1}{m}\right)-\dfrac{\sigma_\omega}{J}$；$a_{89}=-\dfrac{(\sigma_1+\sigma_2)F_{z4}}{m}$；

$a_{96}=\dfrac{(\sigma_1+\sigma_2)F_{z1}}{m}$；$a_{97}=-\dfrac{(\sigma_1+\sigma_2)F_{z2}}{m}$；$a_{98}=-\dfrac{(\sigma_1+\sigma_2)F_{z3}}{m}$；$a_{99}=-(\sigma_1+\sigma_2)F_{z4}\left(\dfrac{r^2}{J}+\dfrac{1}{m}\right)-\dfrac{\sigma_\omega}{J}$。

状态方程的输入矩阵和输入量为：

$$\boldsymbol{B}=\begin{bmatrix} 0 & 0 & 0 & 0 & 0 & \dfrac{r}{J} & 0 & 0 & 0 \\[6pt] 0 & 0 & 0 & 0 & 0 & 0 & \dfrac{r}{J} & 0 & 0 \\[6pt] 0 & 0 & 0 & 0 & 0 & 0 & 0 & \dfrac{r}{J} & 0 \\[6pt] 0 & 0 & 0 & 0 & 0 & 0 & 0 & 0 & \dfrac{r}{J} \\[6pt] 0 & 0 & 0 & 0 & \dfrac{1}{m} & -\dfrac{1}{m} & -\dfrac{1}{m} & -\dfrac{1}{m} & -\dfrac{1}{m} \end{bmatrix}^{\mathrm{T}}, \quad \boldsymbol{u}=\begin{bmatrix} T_{\mathrm{fl}} \\ T_{\mathrm{fr}} \\ T_{\mathrm{rl}} \\ T_{\mathrm{rr}} \\ F_{\mathrm{aero}} \end{bmatrix}$$

状态方程的非线性系数矩阵为：

$$\boldsymbol{D}=\begin{bmatrix} -1 & 0 & 0 & 0 \\[6pt] 0 & -1 & 0 & 0 \\[6pt] 0 & 0 & -1 & 0 \\[6pt] 0 & 0 & 0 & -1 \\[6pt] -\dfrac{\sigma_1 F_{z1}}{m} & -\dfrac{\sigma_1 F_{z2}}{m} & -\dfrac{\sigma_1 F_{z3}}{m} & -\dfrac{\sigma_1 F_{z4}}{m} \\[10pt] \sigma_1 F_{z1}\left(\dfrac{r^2}{J}+\dfrac{1}{m}\right) & \dfrac{\sigma_1 F_{z2}}{m} & \dfrac{\sigma_1 F_{z3}}{m} & \dfrac{\sigma_1 F_{z4}}{m} \\[10pt] \dfrac{\sigma_1 F_{z1}}{m} & \sigma_1 F_{z2}\left(\dfrac{r^2}{J}+\dfrac{1}{m}\right) & \dfrac{\sigma_1 F_{z3}}{m} & \dfrac{\sigma_1 F_{z4}}{m} \\[10pt] \dfrac{\sigma_1 F_{z1}}{m} & \dfrac{\sigma_1 F_{z2}}{m} & \sigma_1 F_{z3}\left(\dfrac{r^2}{J}+\dfrac{1}{m}\right) & \dfrac{\sigma_1 F_{z4}}{m} \\[10pt] \dfrac{\sigma_1 F_{z1}}{m} & \dfrac{\sigma_1 F_{z2}}{m} & \dfrac{\sigma_1 F_{z3}}{m} & \sigma_1 F_{z4}\left(\dfrac{r^2}{J}+\dfrac{1}{m}\right) \end{bmatrix}$$

状态方程的非线性部分：

$$\boldsymbol{f}(\boldsymbol{x})=\begin{bmatrix} [\theta_1 \boldsymbol{f}(x_6)+\kappa(x_5+x_6)]x_1 \\ [\theta_2 \boldsymbol{f}(x_7)+\kappa(x_5+x_7)]x_2 \\ [\theta_3 \boldsymbol{f}(x_8)+\kappa(x_5+x_8)]x_3 \\ [\theta_4 \boldsymbol{f}(x_9)+\kappa(x_5+x_9)]x_4 \end{bmatrix}$$

状态方程的输出矩阵和输出量为：

$$\boldsymbol{C}=\begin{bmatrix} 0 & 0 & 0 & 0 & 0 & \dfrac{1}{r} & \dfrac{1}{r} & 0 & 0 \\[6pt] 0 & 0 & 0 & 0 & 0 & \dfrac{1}{r} & 0 & \dfrac{1}{r} & 0 \\[6pt] 0 & 0 & 0 & 0 & 0 & \dfrac{1}{r} & 0 & 0 & \dfrac{1}{r} \\[6pt] 0 & 0 & 0 & 0 & 0 & \dfrac{1}{r} & 0 & 0 & \dfrac{1}{r} \end{bmatrix}, \quad \boldsymbol{y}=\begin{bmatrix} \omega_{\mathrm{fl}} \\ \omega_{\mathrm{fr}} \\ \omega_{\mathrm{rl}} \\ \omega_{\mathrm{rr}} \end{bmatrix}$$

式中，F_{z1}、F_{z2}、F_{z3}、F_{z4} 分别为前左、前右、后左、后右轮的垂

直载荷；θ_1、θ_2、θ_3、θ_4 分别为前左、前右、后左、后右轮的轮胎所在 LuGre 模型的路面条件参数。

6.1.3 滑模观测器设计

由于电动汽车的电机的角速度可以测量，根据状态方程（6.7）提出如下 SMO 观测器：

$$\dot{\hat{x}} = A\hat{x} + Bu + Le_y + Dv \tag{6.8}$$

式中，L 是一个常数矩阵，e_y 是输出估计误差

$$e_y = \begin{bmatrix} e_{y1} & e_{y2} & e_{y3} & e_{y4} \end{bmatrix}^{\mathrm{T}} = \begin{bmatrix} \omega_{fl} - \hat{\omega}_{fl} & \omega_{fr} - \hat{\omega}_{fr} & \omega_{rl} - \hat{\omega}_{rl} & \omega_{rr} - \hat{\omega}_{rr} \end{bmatrix}^{\mathrm{T}} \tag{6.9}$$

v 是用一个不连续的向量方程来作为滑动模态

$$v = \begin{cases} k \dfrac{Fe_y}{\|Fe_y\|} & ,(Fe_y \neq 0) \\ 0 & ,(Fe_y = 0) \end{cases} \tag{6.10}$$

式中，k 和 F 是设计参数。

在这个观测结构中，一旦滑动模态稳定，那么 Dv 就会体现系统的非线性 $f(x)$、垂直动力学的影响和参数的不确定性。

因为式（6.7）中（A，C）是可观测的，并且非线性项是有界的（$\|f(x)\| \leqslant \rho \in R$），所以在观测式（6.8）中找到矩阵 L 和 F，使状态估计误差（$e = x - \hat{x}$）渐进稳定。

定理 1 对一个三个矩阵（$A \in R^{n \times n}$，$D \in R^{n \times m}$，$C \in R^{p \times n}$），存在

$$rank(D) = rank(CD) = r$$

当且仅当存在非奇异矩阵 T 和 S 使

$$TAT^{-1} = \begin{bmatrix} A_{11} & A_{12} \\ A_{21} & A_{22} \end{bmatrix}, \quad TB = \begin{bmatrix} D_1 \\ 0 \end{bmatrix}, \quad SCT^{-1} = \begin{bmatrix} I_r & 0 \\ 0 & C_{22} \end{bmatrix}$$

式中，$A_{11} \in R^{r \times r}$，$A_{22} \in R^{(n-r) \times (n-r)}$，$D_1 \in R^{r \times m}$，$rank(D_1) = r$ 和 $C_{22} \in R^{(p-r) \times (n-r)}$。

因为 $rank(D) = rank(CD) = r$ 成立，所以引理中的矩阵 T 和矩阵 S 存在，其求解过程如下。

对矩阵 D 进行 Q-R 分解如下，获得

$$D = Q_D R_D$$

式中，$Q_D \in R^{n \times n}$ 是酉矩阵，$R_D \in R^{n \times m}$ 是上三角矩阵，$rank(R_D) = r$。让 $T_1 = Q_D^{-1}$，可以得到：

$$T_1 D = \begin{bmatrix} \tilde{D}_1 \\ 0 \end{bmatrix}$$

式中，$\tilde{D}_1 \in R^{r \times m}$。下一步将矩阵 CT_1^{-1} 分割为如下形式：

$$CT_1^{-1} = [\tilde{C}_1 \quad \tilde{C}_2]$$

式中，$\tilde{C}_1 \in R^{p \times r}$。那么有 $CD = (CT_1^{-1})(T_1 D) = \tilde{C}_1 \tilde{D}_1$。

根据定理 1 的假设 $rank(D) = rank(CD) = r$，因此 $rank(\tilde{C}_1) = r$。将 $\tilde{C}_1$ 进行 Q-R 分解为 $\tilde{C}_1 \in Q_{\tilde{C}_1} R_{\tilde{C}_1}$，这里 $R_{\tilde{C}_1} = [C_{11} \quad 0]^T$，并且 $\det C_{11} \neq 0$；那么 $C_{11} \in R^{r \times r}$。令 $S = Q_{\tilde{C}_1}^{-1}$，则有 $SCT_1^{-1} = \begin{bmatrix} C_{11} & C_{12} \\ 0 & C_{22} \end{bmatrix}$。

将 SCT_1^{-1} 右乘 $T_2^{-1} = \begin{bmatrix} C_{11}^{-1} & -C_{11}^{-1}C_{12} \\ 0 & I_{n-r} \end{bmatrix}$ 得到：

$$SCT_1^{-1}T_2^{-1} = \begin{bmatrix} C_{11} & C_{12} \\ 0 & C_{22} \end{bmatrix} \begin{bmatrix} C_{11}^{-1} & -C_{11}^{-1}C_{12} \\ 0 & I_{n-r} \end{bmatrix} = \begin{bmatrix} I_r & 0 \\ 0 & C_{22} \end{bmatrix}$$

然后，有 $T = T_2 T_1$。

定理 2 存在三个矩阵 $L \in R^{n \times p}$，$F \in R^{m \times p}$，$P \in R^{n \times n}$，使下面成立：

$$(A - LC)^T P + P(A - LC) < 0,$$
$$FC = D^T P$$

当且仅当，

① $rank(D) = rank(CD) = r$；

② 系统 (A, D, C) 的零点都在复平面的左半面，即 $rank \begin{bmatrix} sI_n - A & D \\ C & 0 \end{bmatrix} = n + r$，对所有 s 都有 $\text{Re}(s) \geq 0$。

由于本书车辆系统有 $rank(D) = rank(CD) = 4$，从转移后的系统可以计算增益矩阵 L，使矩阵 $(A - LC)$ 的特征值在复平面左半面，故满足定理的两个条件。那么存在矩阵 P 和 F 满足：

$$(A - LC)^T P + P(A - LC) = -Q \tag{6.11}$$
$$FC = D^T P \tag{6.12}$$

式中，$Q = Q^T$ 为正定矩阵满足李雅普诺夫稳定条件。最后，为了使滑动模态稳定和估计误差在有限的时间内趋近零，k 应当满足 $k \geq \rho$。

本书 SMO 中矩阵 L 和 F 的计算步骤如下。

① 转换矩阵 (A, C, D)。根据上面定理 1 中构造的非奇异矩阵 T 和 S，并计算：

$$TAT^{-1} = \begin{bmatrix} A_{11} & A_{12} \\ A_{21} & A_{22} \end{bmatrix}, \quad TB = \begin{bmatrix} D_1 \\ 0 \end{bmatrix}, \quad SCT^{-1} = \begin{bmatrix} I_r & 0 \\ 0 & C_{22} \end{bmatrix}, \quad 这里 D \in R^{4 \times 4}，rank(D) = 4。$$

② 检验 (A_{22}, C_{22}) 的可观测性，如果 (A_{22}, C_{22}) 不可观测，那么滑模观测无法构造。

③ 构造一个矩阵 L_{22} 使 $(A_{22}-L_{22}C_{22})$ 的特征值在复平面的左半边。

④ 选择一个正定矩阵 $Q_{22} \in \mathbf{R}^{(n-r)\times(n-r)}$ 并求解一个正定矩阵 P_{22} 满足下面的李雅普诺夫矩阵方程 $(A_{22}-L_{22}C_{22})^\mathrm{T} P_{22}+P_{22}(A_{22}-L_{22}C_{22})=-Q_{22}$。

⑤ 选择一个 κ 满足如下条件 $\kappa > \dfrac{1}{2}\lambda_{\max}[A_{11}^\mathrm{T}+A_{11}+(A_{21}^\mathrm{T} P_{22}+A_{12})$ $Q_{22}^{-1}(A_{12}^\mathrm{T}+P_{22}A_{21})]$。

⑥ 构造矩阵 $\hat{L} = \begin{bmatrix} \kappa I_r & 0 \\ 0 & L_{22} \end{bmatrix}$，$\hat{F} = \begin{bmatrix} D_1^\mathrm{T} & 0 \end{bmatrix}$。

⑦ 计算 $L=T^{-1}\hat{L}S$，$F=\hat{F}S$。

⑧ 构造观测器 $\dot{\hat{x}} = A\hat{x}+Bu+L(y-\hat{y})-DE(\hat{y},y,\eta)$。

式中，$E(\hat{y},y,\eta) = \begin{cases} \eta\dfrac{F(\hat{y}-y)}{\|F(\hat{y}-y)\|_2} & F(\hat{y}-y)\neq 0 \\ r\in\mathbf{R}^q, \|r\|_2\leqslant\eta & F(\hat{y}-y)=0 \end{cases}$。

6.2 四驱电动汽车路面识别与最大电磁力矩估计

基于车辆纵向动力学模型和 LuGre 轮胎动力学摩擦模型设计滑模观测器（SMO）来估计路面摩擦系数。利用估计的路面摩擦系数来设计驱动防滑控制方法。此方法只需要测量电动机角速度和电磁力矩。LuGre 轮胎动力学摩擦模型基于动力学建模，是因为模型中有反应路面条件的参数 θ，在路面条件的估计算法中只需要估计出 θ，就能知道路面条件。再根据估计得到的路面参数 $\hat{\theta}$，代入稳态的 LuGre 轮胎动力学摩擦模型，得到一定速度 v_x 时稳态的轮胎-路面 "μ_{ss}-v_r" 曲线。根据 "μ_{ss}-v_r" 曲线计算出最大摩擦系数 μ_{ssmax} 和其所对应的最优滑移量 v_r。由 μ_{ssmax} 计算每个电机所应限制的最大的转矩，再通过动态饱和度来限制由每个牵引电机产生的转矩，从而保持驱动轮在最大的摩擦区。这将使转矩最大化，因此，车辆能获得最大的牵引力而防止车辆打滑。图 6.3 为基于 SMO 路面识别驱动防滑控制结构图。

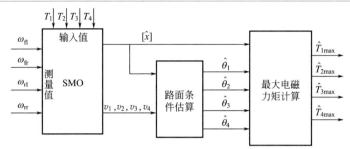

图 6.3　基于 SMO 路面识别驱动防滑控制方法

6.2.1　路面条件参数的估计

由上文可知路面条件的估计是靠滑模状态观测器（SMO）估计 LuGre 模型中反应路面条件的参数 θ。根据文献［3］所提供的方法找到合适的矩阵 L 和 F，使状态估计误差（$e = x - \hat{x}$）渐进稳定。而在滑动模态，当状态估计误差（$e = x - \hat{x}$）趋近零（$e \to 0$）时，那么等效的输出误差补偿信号 Dv_{eq} 能维持滑动模态的必要条件就是等于非线性项式(6.8)中的 $Df(x)$。因此有

$$
\begin{cases}
v_{1eq} = \left[\theta_1 \dfrac{\sigma_0 |x_6|}{g(x_6)} + \kappa(x_5 + x_6) \right] x_1 \\[2mm]
v_{2eq} = \left[\theta_2 \dfrac{\sigma_0 |x_7|}{g(x_7)} + \kappa(x_5 + x_7) \right] x_2 \\[2mm]
v_{3eq} = \left[\theta_3 \dfrac{\sigma_0 |x_8|}{g(x_8)} + \kappa(x_5 + x_8) \right] x_3 \\[2mm]
v_{4eq} = \left[\theta_4 \dfrac{\sigma_0 |x_9|}{g(x_9)} + \kappa(x_5 + x_9) \right] x_4
\end{cases}
\tag{6.13}
$$

因为系统是收敛的，所以估计的变量也会收敛到真实值，那么估计的变量 $\hat{\theta}_1$、$\hat{\theta}_2$、$\hat{\theta}_3$、$\hat{\theta}_4$ 的表达式如下：

$$
\begin{cases}
\hat{\theta}_1 = \left[\dfrac{v_{1eq}}{\hat{x}_1} - \kappa(\hat{x}_5 + \hat{x}_6) \right] \dfrac{g(\hat{x}_6)}{\sigma_0 |\hat{x}_6|} \\[2mm]
\hat{\theta}_2 = \left[\dfrac{v_{1eq}}{\hat{x}_2} - \kappa(\hat{x}_5 + \hat{x}_7) \right] \dfrac{g(\hat{x}_7)}{\sigma_0 |\hat{x}_7|} \\[2mm]
\hat{\theta}_3 = \left[\dfrac{v_{1eq}}{\hat{x}_3} - \kappa(\hat{x}_5 + \hat{x}_8) \right] \dfrac{g(\hat{x}_8)}{\sigma_0 |\hat{x}_8|} \\[2mm]
\hat{\theta}_4 = \left[\dfrac{v_{1eq}}{\hat{x}_4} - \kappa(\hat{x}_5 + \hat{x}_9) \right] \dfrac{g(\hat{x}_9)}{\sigma_0 |\hat{x}_9|}
\end{cases}
\tag{6.14}
$$

为了从式(6.14) 中获得有效的估计值，当车加速或减速时滑移率是非零的，即（$\hat{x}_6 \neq 0$，$\hat{x}_7 \neq 0$，$\hat{x}_8 \neq 0$，$\hat{x}_9 \neq 0$），当车匀速时，轮胎的滑移率是接近零的（$\sigma_x \approx 0$），此时参数估计误差比较大，此时将估计参数 $\hat{\theta}_{(1,2,3,4)}$ 设定为一个合理正常的值 $\hat{\theta}_{(1,2,3,4)} = \hat{\theta}_{nom}$，这样就避免了车轮打滑。

6.2.2 最大电磁力矩估算

根据上面估计得到的路面条件参数 $\hat{\theta}$，代入稳态 LuGre 模型，可以得到稳态的轮胎-路面摩擦曲线 μ_{ss}，通过曲线可以找到最大的摩擦系数 μ_{ss} 所对应的最优滑移量。

当 LuGre 模型式(3.15) 中 $\dot{z} \approx 0$ 时，可以得到稳态模型

$$
\begin{cases}
z_{ss} = \dfrac{v_r}{\theta \dfrac{\sigma_0 |v_r|}{g(v_r)} + \kappa r |w|} \\[4ex]
\mu_{ss} = \dfrac{\sigma_0 v_r}{\theta \dfrac{\sigma_0 |v_r|}{g(v_r)} + \kappa r |w|} + \sigma_2 v_r
\end{cases}
\tag{6.15}
$$

式中，z_{ss} 和 μ_{ss} 为 z 和 μ 稳定时的值。

将 $w = \dfrac{v_r + v_x}{r}$ 代入式(6.15) 可以得到 μ_{ss} 关于 v_r 的函数如下：

$$
\mu_{ss}(v_r) = \frac{\sigma_0 v_r}{\theta \dfrac{\sigma_0 |v_r|}{g(v_r)} + \kappa(v_r + v_x)} + \sigma_2 v_r
\tag{6.16}
$$

为了得到 μ_{ss} 的最大值 μ_{ssmax}，可以对式(6.16) 求导取极大值。为了简化计算，增强算法的实时性，考虑到在实际汽车行驶的过程中 $\sigma_2 v_r$ 对 μ_{ssmax} 影响很小，所以在计算 μ_{ssmax} 时可以忽略 $\sigma_2 v_r$ 项。那么由 $\dfrac{\partial \mu_{ss}}{\partial v_r} = 0$ 得到：

$$
\kappa v_x g(v_r)^2 - \frac{\theta \sigma_0 v_r^2}{v_s}[g(v_r) - \mu_c] = 0
\tag{6.17}
$$

由于在 $g(v_r)$ 中有关于 v_r 的指数项，式(6.17) 为超越方程，为了简化计算，可以将 $g(v_r)$ 中的指数项按泰勒展开，代入式(6.17) 得到一个一元四次方程，解出 v_{rmax} 和 μ_{ssmax}。

在得到驱动稳态时每个轮胎对应的 μ_{ssmax} 就可以求出对应电机的最大力矩 $\hat{T}_{max}$，使汽车驱动而不打滑。$\hat{T}_{max}$ 方程如下：

$$
\hat{T}_{max} = \hat{\mu}_{ssmax} F_n r + \sigma_\omega \frac{(v_{rmax} + \hat{x}_5)}{r}
\tag{6.18}
$$

6.3 　仿真分析

　　由于电动汽车产业还不够成熟，实验车制造成本高，目前在分布式驱动电动汽车的动力学控制系统研究中，大多先采用仿真系统做前期的研究，在缩短技术开发时间的同时节省科研经费。目前应用比较多的电动汽车仿真软件有 ADVISOR，但这款仿真软件主要是利用车辆的各部分参数来分析传统汽车、纯电动汽车、混合动力汽车的燃油经济性、动力性和排放性等性能，对汽车的动力学仿真模型仿真精度不够，而且在模型中嵌入汽车动力学控制系统不方便，所以不太适合做动力学控制系统仿真。目前对汽车动力学仿真精度比较高的是 CarSim，其作为很成熟的商业软件，不仅仿真精度高，模型还有自由度高、运算稳定、开放兼容性高等特点，而且还具有完整多样的驾驶员模型。用户可以根据自己的需求很方便地定义不同工况下的开环或者闭环的仿真实验，并通过 3D 的动画效果直接展现用户设计的控制算法的运行效果。

　　但是 CarSim 目前只针对传统内燃机汽车，没有电机、电池模块，所以不能直接用来仿真电动汽车。为了利用 CarSim 软件中优良的汽车动力学模型、路面环境模型和驾驶员模型，文献 [8] 提出了基于 CarSim 和 Simulink 联合仿真的分布式驱动电动汽车建模。其通过设置 CarSim 车辆模型和 Simulink 的输入输出接口来进行联合仿真，取得了不错的效果。文献 [9] 提出了用 CarSim 模型来验证自己建立的仿真模型，但是建立的模型太简单，与 CarSim 模型运动差别太大，特别是在运动状态变化时。这种现象主要是因为没有考虑车辆的悬架等系统，不能很好地反映车辆运动的运动状态，所以不适合用于稳定性控制仿真。

　　为了更好地仿真车辆运动状态，验证控制系统，这里也采用 CarSim 车辆模型和 Simulink 联合仿真。由于传统的汽车与电动汽车除了动力系统有区别外，其他的车辆构造（如悬架系统、转向系统、摩擦刹车系统等）基本相同，因此利用 CarSim 车辆模型中已有的车辆模型数据进行联合仿真，只是要把其中的动力系统换成电动机系统。通过在 Simulink 搭建合适的四个独立的电机驱动系统，并将每个电机的输出转矩通过 CarSim 的输入端口输送给对应的每个车轮，这样就可以搭建一个完整的四轮独立驱动电动汽车仿真系统。通过 CarSim 的可靠数据来测试和验证所设计的控制系统。

　　CarSim 模型中外部加载的驱动转矩有两种——轮边电机驱动系统和轮毂电机驱动系统，其输入接口分别为 IMP _ MY _ OUT _ D1 _ L（左前轮）和 IMP ＿MYUSM ＿L1（左前轮）。因为本书采用的是轮毂电机驱动，所以采用第二种方案 IMP ＿MYUSM 作为输入。如图 6.4 所示为控制系统基于 CarSim 和 Simulink 的联合仿真图。

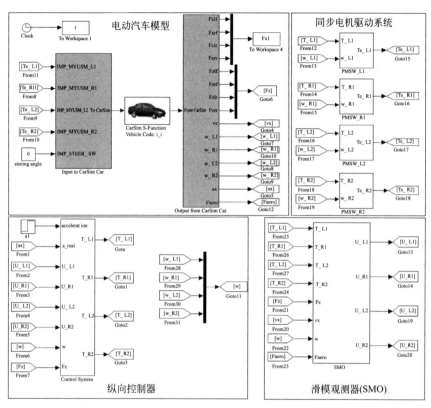

图 6.4　控制系统 CarSim 和 Simulink 联合仿真图

CarSim 电动汽车模型中汽车的各项参数如表 6.1 所示。由于没有实车数据，所以表中轮胎的 LuGre 轮胎动力学模型中的系数，如 stribeck 摩擦效应的速度系数 v_s、轮胎纵向刚度系数 σ_0、纵向摩擦的阻尼系数 σ_1 和黏着系数 σ_2 均来自于文献 [10]。

表 6.1　电动汽车的各项参数

汽车质量(m)	1160kg	轮胎纵向刚度系数(σ_0)	1501/m
质心到前轴的距离	1.04m	纵向摩擦的阻尼系数(σ_1)	4s/m
质心到后轴的距离	1.56m	黏着系数(σ_2)	0.01s/m
车轮半径（无负载）(r)	0.313m	库仑动摩擦系数(μ_c)	0.3

车轮转动惯量(J)	1.56kg·m²	静摩擦系数(μ_s)	1.4
大气影响因子(C_x)	0.5	stribeck摩擦效应的速度系数(v_s)	1.5m/s
汽车迎风面积	1.4m²	轮胎接地区宽度(L)	0.2m
大气密度(ρ)	1.225kg/m³	捕捉系数(κ)	7/6L 1/m

利用这些参数及其具体步骤，找到合适的观察器增益矩阵如下：

$$
L = \begin{bmatrix}
-230 & 0 & 0 & 0 \\
0 & -230 & 0 & 0 \\
0 & 0 & -340 & 0 \\
0 & 0 & 0 & -340 \\
-2670 & -2670 & -2670 & -2670 \\
196860 & 2670 & 2670 & 2670 \\
2670 & 196860 & 2670 & 2670 \\
2670 & 2670 & 196860 & 2670 \\
2670 & 2670 & 2670 & 196860
\end{bmatrix},
$$

$$
F = \begin{bmatrix}
2735.1 & 0 & 0 & 0 \\
0 & 2735.1 & 0 & 0 \\
0 & 0 & 1823.1 & 0 \\
0 & 0 & 0 & 1823.1
\end{bmatrix}。
$$

根据上面得到的参数在仿真实验中得到如下的结果。

（1）四驱电动汽车在两段路面条件不同的路面以最大加速度加速

仿真实验中汽车从 10km/h 速度开始以最大的加速度行驶 2s，路面条件设置为：前段路面长 4m，摩擦系数为 0.5，后段路面摩擦系数为 0.25，将 SMO 观测得到的车辆的状态变量和参数与 CarSim 中车辆模型中设定的参考值进行比较分析。

当汽车直线行驶时，由于这次试验路面的左右侧的摩擦系数相同，故同轴的左右轮的路面摩擦系数差别很小，所以同轴的左右轮驱动力相差很小，如图 6.5 所示。产生的横摆力矩很小，对车辆直线影响很小，可以忽略不计。图 6.5(a) 为汽车纵向加速度，从图中可以看到汽车在开始的 0.3s 中加速启动，随着观测器估计趋于稳定，逐渐增加到最大值。由于汽车本身有一定的长度，在当汽车行驶 4m 后汽车的前后轮先后分别经过路面摩擦系数突变处，所以后轮估计的路面可提供的最大摩擦系数的变化会比前轮晚一段距离。图 6.5(b) 为汽车的纵向的实际速度 v_x 与估计速度 $\hat{v}_x$，可以看出速度估计非常精确，避免了使用昂贵的传感器。图 6.5(c) 和 （d）分别为汽车左右侧轮胎的滑移量实际值 v_r 与估计量 $\hat{v}_r$。从图中可以看出汽车的滑移量一直没超过最大滑移量，只是在路面条件变化处车轮在调整过程中会接近最大滑移量，或者短暂的超出。图 6.5(e) 为左右轮稳态时最大摩擦系数估计值 $\hat{\mu}_{ssmax}$ 与实际值 μ_{ssmax}，可以看到估计值一直略小于实际值，可以避免车轮打滑，并实时跟随真实值的变化而变化。在路面 4m 处路面摩擦系数从 0.5 突变为 0.25，前后轮分别先后经过路面条件变化处时各个车轮估计得到的最大摩擦系数 $\hat{\mu}_{ssmax}$ 也会迅速调整，避免车轮出现打滑失稳现象。通过估计值 $\hat{\mu}_{ssmax}$ 来控制如图 6.5(f) 所示的电机的电磁转矩，使汽车获得在避免车轮打滑情况下尽可能获得最大的加速度。图 6.5(g) 中的汽车垂直负载的变化是由于汽车加速过程中造成的车辆重心转移导致的。

总体来看实验取得了良好的效果，验证了 SMO 能在各个车轮经过的路面变化时迅速准确估计出路面摩擦系数的变化，防止车轮打滑。

(2) 四驱电动汽车在左右两侧路面条件不同的情况下实验结果

仿真实验中汽车从 10km/h 初始速度开始直线行驶，以最大的加速度行驶 2s，路面条件设置为：在前段路面 4m 的路面摩擦系数为 0.5，4m 之后的后段路面的左侧摩擦系数不变，为 0.5，右侧路面的摩擦系数为 0.25。将 SMO 观测得到的车辆状态变量和参数与 CarSim 仿真车辆中设定的参考值进行比较分析。

图 6.6 为汽车一侧路面条件变化的实验。图中可以看出实验 (2) 中汽车在前段路面行驶过程中汽车状态变量的变化与实验 (1) 相同。但前轮到达后段面时，汽车右侧路面条件发生变化，从图 6.6(c)、(d) 看出前后轮的右侧轮胎的滑移量相比左侧明显减小。同时右侧的最大摩擦系数也明显减小，这使控制系统减小右侧电机输出的电磁力矩，如图 6.6(e)、(f) 所示。同时由图 6.6(e)、(f) 可知车辆的左侧轮胎估计最大路面摩擦系数出现一个较大的波动，这是因为车辆的同轴轮胎的纵向力不同，出现侧向运动产生侧向力 F_y。由于摩擦圆理论 $(F_x^2 + F_y^2 \leqslant (u_{max} F_z)^2)$，那么会造成车辆实际的 F_x 减小，所以会出现虽然左侧路面的实际摩擦系数不变但是估计的值会变小，所以会出现图 6.6(e)、(f) 的摩擦系数波动。

虽然这种控制使汽车的加速度最大化，但是由于左右轮胎的驱动力矩的不同，由图 6.6(g) 可知，会使汽车产生横摆力矩，使车辆出现横摆运动现象，不利于汽车的纵向稳定行驶。故为避免产生横摆力矩，可以使左侧电机输出的电磁与右侧输出的电磁相等。当左右电机输出电磁不等时，取两者较小的值。那么这样的控制方法会使汽车行驶状态与实验 (1) 结果相同。

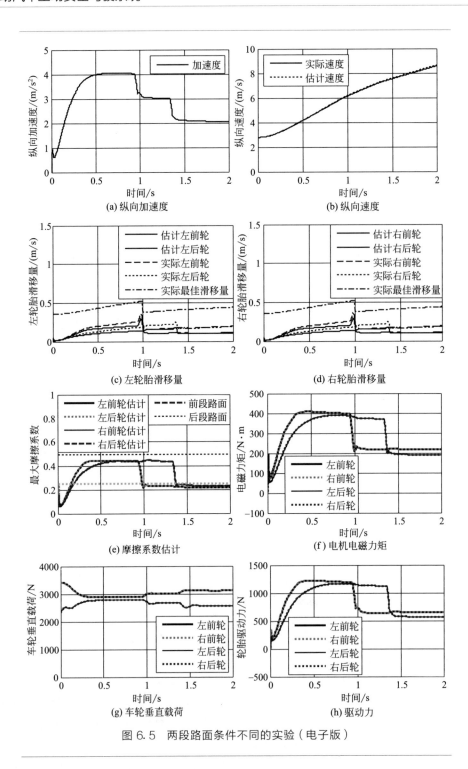

图 6.5 两段路面条件不同的实验（电子版）

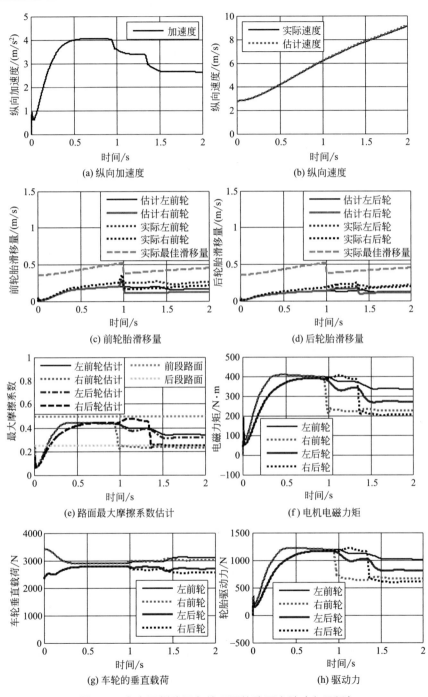

(a) 纵向加速度　　　　　　　　　　(b) 纵向速度

(c) 前轮胎滑移量　　　　　　　　　(d) 后轮胎滑移量

(e) 路面最大摩擦系数估计　　　　　(f) 电机电磁力矩

(g) 车轮的垂直载荷　　　　　　　　(h) 驱动力

图 6.6　左右两侧路面条件不同的路面实验（电子版）

（3）车辆在有无路面摩擦系数估计情况下的牵引力控制对比实验

为了验证有路面摩擦系数估计的控制作用，我们做了一下对比实验，比较一下汽车在有无路面摩擦系数估计情况下牵引力控制的性能。仿真实验中汽车从 10km/h 速度开始以 $3m/s^2$ 加速度行驶 2s。路面条件设置为：前段路面长 4m 摩擦系数为 0.5，后段路面摩擦系数为 0.25。实验效果如图 6.7 所示。

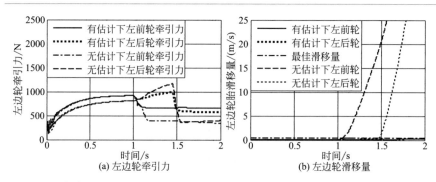

图 6.7   在有无观测器对路面摩擦系数估计下的牵引力控制对比实验（电子版）

由于对称性，同轴的左右轮牵引力和滑移量是一样的，所以只给出了车辆左边轮的图。从图 6.7(a) 可以看出车辆在前段路面都在稳定行驶。在车行驶 4m 后，有观测器估计路面摩擦系数的电机电磁力矩饱和 PID 能够控制车辆继续稳定行驶。而无观测器估计路面摩擦系数的一般 PID 控制车轮牵引力出现了很大的波动，这个现象可以从图 6.7(b) 中看出，其轮胎滑移量在前段路面 4m 处急剧上升到很大值，出现很严重的打滑现象。

6.4   本章小结

本章提出了基于滑模观测器（SMO）和 LuGre 摩擦动力学模型的四轮独立驱动电动汽车的路面摩擦系数估计的方法。此方法只需要测量每个车轮对应电动机的电磁力矩和角速率，就能通过 SMO 对每个轮胎所处的路面条件进行估计，同时也将车辆的纵向速度作为状态变量进行了估计。由于电机的电磁力矩和角速度信息很容易获得，也不需要外加传感器，避免了使用昂贵的 GPS 设备测量车辆的速度来计算滑移率。从 6.3 节的实验结果分析可以看出，估计的精度很接近真实值，精度较高的同时还能实时根据路面条件变化而变化，避免了采用视觉或温度传感器来估计路面类型时估计精度不高和实时差等问题。总体来说，本章设计的观测器能够在低成本的条件下实现路面条件估计的较高精度和很好的实时性。为设计饱和 PI 控制器提供了准确的车辆信息和路面参数。

本章在 SMO 估计得到的路面条件参数 $\hat{\theta}$ 的基础上设计了饱和 PI 控制器。通过估计得到的 $\hat{\theta}$ 和稳态 LuGre 模型，计算出每个车轮对应的路面最大摩擦系数，然后计算出路面能产生的最大驱动力。根据估计得到的每个车轮所能提供的最大驱动力，通过饱和控制来限制对应电机的电磁力矩，电动汽车能够充分利用路面所能提供的驱动力，使汽车在任意条件的路面上获得最大的加速度同时保持稳定行驶。最后，通过 CarSim 与 Simulink 联合仿真实验，并与无路面条件估计和饱和控制的实验做对比，验证了这种方法可行性和有效性。

参考文献

［1］ ZHAO Y, TIAN Y T, LIAN Y F, et al. A sliding mode observer of road condition estimation for four-wheel-independent-drive electric vehicles. Proceeding of the 11th World Congress on Intelligent Control and Automation, June29-July4, 2014[C]. Shenyang, China: IEEE, 2014.

［2］ 刘金琨. 滑模变结构控制 MATLAB 仿真[M]. 北京: 清华大学出版社. 2005.

［3］ HUI S, ZAK S H. Observer design for systems with unknown inputs[J]. International Journal of Applied Mathematics and Computer Science, 2005, 15（4）: 431.

［4］ EDWARDS C, SPURGEON S K. On the development of discontinuous observers [J]. International Journal of control, 1994, 59（5）: 1211-1229.

［5］ XIANG J, SU H, CHU J. On the design of Walcott-Zak sliding mode observer. Proceedings of the 2005, American Control Conference, June 8-10, 2005[C]. Portland, OR, USA: IEEE, 2005.

［6］ RAJAMANI R, PHANOMCHOENG G, PIYABONGKARN D, et al. Algorithms for real-time estimation of individual wheel tire-road friction coefficients [J]. IEEE/ASME Transactions on Mechatronics, 2012, 17（6）: 1183-1195.

［7］ IMINE H, M'SIRDI N K, DELANNE Y. Sliding-mode observers for systems with unknown inputs: application to estimating the road profile[J]. Proceedings of the Institution of Mechanical Engineers, Part D: Journal of Automobile Engineering, 2005, 219（8）: 989-997.

［8］ 熊璐, 陈晨, 冯源. 基于 Carsim/Simulink 联合仿真的分布式驱动电动汽车建模[J]. 系统仿真学报, 2014, 26（5）: 1143-1155.

［9］ 姜男. 轮毂电机电动汽车动力学建模与转矩节能分配算法研究 [D]. 长春: 吉林大学. 2012.

［10］ MAGALLAN G A, DE ANGELO H C, GARCIA G O. Maximization of the traction forces in a 2WD electric vehicle[J]. IEEE Transactions on Vehicular Technology, 2011, 60（2）: 369-380.

第3篇

电动汽车侧向主动
避撞系统关键技术

第7章

车辆状态与车路耦合特征估计

　　本章研究重点为轮胎侧偏刚度估计的简化方法与车身侧偏角估计的非线性观测器设计。车身侧偏角在车辆侧向稳定控制系统中常用来作为被控变量。Lechner 等人利用横摆角速率、侧向加速度和车辆速度信息来估计车身侧偏角。车身侧偏角很容易通过车身侧偏角变化率的积分获得。目前，关于轮胎侧偏刚度估计的方法有很多，估计方法主要分成两类。一类估计方法为基于车身侧偏角信息的轮胎侧偏刚度估计。轮胎侧偏刚度估计过程中需要车身侧偏角信息，因此，此方法需要同时估计车身侧偏角和轮胎侧偏刚度。Fujimoto 等人提出了一个同时估计车身侧偏角与轮胎侧偏刚度的方法。Anderson 等人使用 GPS 天线构成了车身侧偏角与轮胎侧偏刚度同时估计器。Baffet 等人设计了滑模估计器来同时估计车身侧偏角与轮胎侧偏刚度。此类方法由于计算过程复杂导致了估计器的计算负担比较大。另一类估计方法为不基于车身侧偏角信息的轮胎侧偏刚度估计。轮胎侧偏刚度估计过程中不需要车身侧偏角信息。Leeuween 等人开发了一种用来测量轮胎侧向力的新型车用传感器，轮胎侧向力传感器的问世为车辆状态估计与车辆动力学控制在理论研究和实际应用上提供了一个新的且行之有效的解决方案。

　　本章基于轮胎侧向力传感器所获得的信息，提出了不基于车身侧偏角信息的轮胎侧偏刚度估计的简化方法。基于已估计的轮胎侧偏刚度信息，设计了车身侧偏角估计的非线性观测器。结合一阶斯梯林插值滤波器（DD1-filter）和一阶低通滤波器，可获得较好的车身侧偏角估计效果。

7.1　轮胎侧偏刚度估计

7.1.1　轮胎侧向动力学简化

　　车辆模型中的非线性主要来自于轮胎的非线性，轮胎侧偏刚度在轮胎模型中起着重要作用。对于不同路面条件，轮胎侧偏刚度也不同。因此，轮胎侧偏刚度信息的准确获取有利于提高车辆对不同路面的适应能力，便于设计具有自适应功能的车辆转向控制器。

结合式(3.12)和式(3.13)，消去方程中的中间变量车身侧偏角，可得：

$$F_f^y = \frac{C_f}{C_r}F_r^y + 2C_f\left(\delta_f - \frac{l\gamma}{v_x}\right) \tag{7.1}$$

假设左右轮胎侧偏刚度相同，即 $C_{fl} = C_{fr} = C_f$，则左前轮与右前轮的侧向动力学方程可分别表示为：

$$F_{fl}^y = -C_f\left(\frac{v_x\beta + l_f\gamma}{v_x - \dfrac{d}{2}\gamma} - \delta_f\right) \tag{7.2}$$

$$F_{fr}^y = -C_f\left(\frac{v_x\beta + l_f\gamma}{v_x + \dfrac{d}{2}\gamma} - \delta_f\right) \tag{7.3}$$

结合式(7.2)和式(7.3)，左前轮和右前轮的关系如下：

$$\left(v_x + \frac{d}{2}\gamma\right)F_{fr}^y - \left(v_x - \frac{d}{2}\gamma\right)F_{fl}^y = d\gamma\delta_f C_f \tag{7.4}$$

式(7.1)和式(7.4)构成了轮胎侧偏刚度估计的递推模型。在式(7.1)和式(7.4)中，虽然没有车身侧偏角参与估计，但前后轮胎侧偏刚度估计会相互影响，估计过程中需要矩阵运算，无形中增加了估计器的运算负担，影响了估计器的运算速度。因此，以减轻估计器负担为目标简化轮胎侧向动力学模型的研究是必要的。

假设左右轮的行驶条件相同，则设左右轮轮胎侧向力的大小与方向相同，即 $F_{fl}^y = F_{fr}^y = \dfrac{1}{2}F_f^y$。结合式(7.4)，前轮轮胎侧向力可简化为：

$$F_f^y = 2C_f\delta_f \tag{7.5}$$

将式(7.5)代入式(7.1)中，后轮轮胎侧向力可简化为：

$$F_r^y = \frac{2lC_r}{v_x}\gamma \tag{7.6}$$

式(7.5)和式(7.6)构成了轮胎侧偏刚度估计的简化递推模型。在式(7.5)和式(7.6)中，同样没有车身侧偏角参与估计，而且前后轮侧偏刚度估计完全解耦。

7.1.2 递推最小二乘算法设计

上述所讨论的轮胎侧向动力学模型可分别用下面的参数识别形式描述：

$$y(t) = \boldsymbol{\varphi}^{\mathrm{T}}(t)\boldsymbol{\theta}(t) + e(t) \tag{7.7}$$

式中 $\boldsymbol{\theta}(t)$ ——估计参数矢量；

$\boldsymbol{\varphi}(t)$——输入递推矢量；

$e(t)$——输出 $\boldsymbol{y}(t)$ 与估计值 $\boldsymbol{\varphi}^{\mathrm{T}}(t)\boldsymbol{\theta}(t)$ 的识别误差。

则基于式(7.1) 和式(7.4) 的轮胎侧向动力学模型与基于式(7.5) 和式(7.6) 的简化轮胎侧向动力学模型所对应的递推模型分别如下：

$$\begin{cases} \boldsymbol{y}_{(4.9),(4.12)}(t)=\begin{bmatrix} F_{\mathrm{f}}^{y} \\ \left(v_{x}+\dfrac{d}{2}\gamma\right)F_{\mathrm{fr}}^{y}-\left(v_{x}-\dfrac{d}{2}\gamma\right)F_{\mathrm{fl}}^{y} \end{bmatrix} \\ \boldsymbol{\varphi}_{(4.9),(4.12)}^{\mathrm{T}}(t)=\begin{bmatrix} F_{\mathrm{r}}^{y} & 2\left(\delta_{\mathrm{f}}-\dfrac{l\gamma}{v_{x}}\right) \\ 0 & d\gamma\delta_{\mathrm{f}} \end{bmatrix} \\ \boldsymbol{\theta}_{(4.9),(4.12)}(t)=\begin{bmatrix} \dfrac{C_{\mathrm{f}}}{C_{\mathrm{r}}} & C_{\mathrm{f}} \end{bmatrix}^{\mathrm{T}} \end{cases} \tag{7.8}$$

$$\begin{cases} \boldsymbol{y}_{(4.13),(4.14)}(t)=\begin{bmatrix} F_{\mathrm{f}}^{y} & F_{\mathrm{r}}^{y} \end{bmatrix}^{\mathrm{T}} \\ \boldsymbol{\varphi}_{(4.13),(4.14)}^{\mathrm{T}}(t)=\begin{bmatrix} 2\delta_{\mathrm{f}} & 0 \\ 0 & \dfrac{2l\gamma}{v_{x}} \end{bmatrix} \\ \boldsymbol{\theta}_{(4.13),(4.14)}(t)=\begin{bmatrix} C_{\mathrm{f}} & C_{\mathrm{r}} \end{bmatrix}^{\mathrm{T}} \end{cases} \tag{7.9}$$

由式(7.8) 和式(7.9) 可以看出，简化的递推矢量为对角矩阵，将前后轮胎侧偏刚度进行完全解耦估计。简化的估计参数矢量为直接参数估计矢量，即直接估计前后轮胎侧偏刚度，而简化前的估计参数矢量为间接参数估计矢量，即前轮胎侧偏刚度可直接估计，而后轮胎侧偏刚度则是由参数估计后计算得到的，因此，简化前的参数估计方法除了计算过程繁琐外，估计参数若存在误差还会直接影响后轮胎侧偏刚度的计算精度。

RLS 是对未知矢量 $\boldsymbol{\theta}(t)$ 的迭代算法。对于每个采样周期，使用已有采样数据，通过反复迭代来计算未知矢量 $\boldsymbol{\theta}(t)$。RLS 迭代算法以模型误差的最小方差为目标，具体的迭代步骤如下。

第 1 步：测量系统输出变量 $\boldsymbol{y}(t)$，并计算迭代矢量 $\boldsymbol{\varphi}(t)$；

第 2 步：计算识别误差 $e(t)$；

$$e(t)=\boldsymbol{y}(t)-\boldsymbol{\varphi}^{\mathrm{T}}(t)\boldsymbol{\theta}(t-1) \tag{7.10}$$

第 3 步：计算增益矢量 $\boldsymbol{K}(t)$ 和协方差矩阵 $\boldsymbol{P}(t)$；

$$\boldsymbol{K}(t)=\frac{\boldsymbol{P}(t-1)\boldsymbol{\varphi}(t)}{\lambda+\boldsymbol{\varphi}^{\mathrm{T}}(t)\boldsymbol{P}(t-1)\boldsymbol{\varphi}(t)} \tag{7.11}$$

$$\boldsymbol{P}(t)=\frac{1}{\lambda}\left[\boldsymbol{P}(t-1)-\frac{\boldsymbol{P}(t-1)\boldsymbol{\varphi}(t)\boldsymbol{\varphi}^{\mathrm{T}}(t)\boldsymbol{P}(t-1)}{\lambda+\boldsymbol{\varphi}^{\mathrm{T}}(t)\boldsymbol{P}(t-1)\boldsymbol{\varphi}(t)}\right] \tag{7.12}$$

第 4 步：更新估计参数矢量 $\boldsymbol{\theta}(t)$。

$$\boldsymbol{\theta}(t)=\boldsymbol{\theta}(t-1)+\boldsymbol{K}(t)e(t) \tag{7.13}$$

式中，λ 被称为遗忘因子，能够有效地减少与模型相关的历史数据带来的影响。通常，遗忘因子的取值范围在 $[0.9, 1]$。

以上为标准的 RLS 算法，在此基础上，轮胎侧偏刚度估计需要约束条件以保证估计值能够快速稳定地跟踪真实值的变化。

7.1.3　仿真分析

（1）轮胎侧偏刚度估计的约束条件

轮胎侧偏刚度估计仿真实验中使用的侧向运动轨迹、前轮转向角、前后轮侧向力和横摆角速率信息在实际应用中均可以用相应的检测元件获得，例如加速度传感器、光学传感器、侧向力传感器和陀螺仪等。上述提及的数据信息均作为给定信息来估计前后轮侧偏刚度，并假设这些数据信息均为信号处理后的有用信息。此外，当车辆直线行驶时，上述数据是在零值附近的一些数值，这时轮胎侧偏刚度估计器所估计的参数将会存在随机的不确定数据，既不符合实际工况，又会影响主动避撞系统对路面条件的判断。因此，为了确保轮胎侧偏刚度估计器具有良好的估计性能，文献 [1] 给出了估计过程的约束条件，即当前时刻的前轮转向角与横摆角速率的绝对值均小于一确定值时，所估计的轮胎侧偏刚度不进行更新。然而，要想获得较好的轮胎侧偏刚度的估计性能，这些约束条件是远远不够的，本书在这些约束条件的基础上进一步补充了约束条件，即当前时刻的前轮转向角、横摆角速率与前一时刻轮胎侧偏刚度的估计值的绝对值均小于一确定值时，所估计的轮胎侧偏刚度不进行更新。本章研究了轮胎侧偏刚度的简化方法，前后轮胎侧偏刚度彼此完全解耦。因此，估计过程中可分别给出前后轮胎侧偏刚度估计的约束条件。仿真实验中设该值为 0.001，式(7.14) 和式(7.15) 分别给出了前后轮胎侧偏刚度估计过程中的约束条件：

$$\text{s. t.}\ |\delta_{\mathrm{f}}(t)| \leqslant 0.001 \quad 且 \quad |C_{\mathrm{f}}(t-1)| \leqslant 0.001 \tag{7.14}$$

$$\text{s. t.}\ |\gamma(t)| \leqslant 0.001 \quad 且 \quad |C_{\mathrm{r}}(t-1)| \leqslant 0.001 \tag{7.15}$$

（2）前轮胎侧偏刚度估计

为躲避自车前方的障碍物，包括车辆、行人、路障等，自车侧向运动轨迹如图 7.1 所示。车辆前后轮胎侧向力的变化趋势如图 7.2 所示，前轮转向角的变化趋势如图 7.3 所示。假设前轮侧偏刚度的模型值在估计过程中由 5600N/rad 变化到 8000N/rad，遗忘因子取 $\lambda = 0.995$，结合式(7.8)、式(7.9) 和式(7.14)，采用 RLS 估计的前轮侧偏刚度如图 7.4 所示。简化前估计曲线在 1.2s 左右开始估计，而简化后估计曲线在 1.0s 左右开始估计，简化后估计曲线先于简化前曲线估计，说明简化后估计器的计算速度较快，减轻了估计器的运算负担。图 7.5 和图 7.6 分别给出了简化前后的绝对误差曲线和相对误差曲线。由对比曲线可以看出，动态时，简化前估计曲线的误差较大；稳态时，简化后估计曲线误差略大一些。虽然简化后估计曲线的误差略大于简化前估计曲线，但两者的跟踪效果都比较理想。因此，简化后估计曲线能够替代简化前估计曲线来描述路面条件。

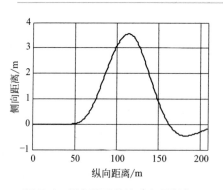

图 7.1　侧向运动轨迹（电子版）

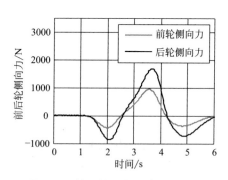

图 7.2　前后轮侧向力（电子版）

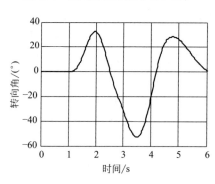

图 7.3　前轮转向角（电子版）

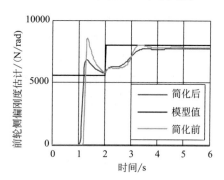

图 7.4　前轮侧偏刚度估计（电子版）

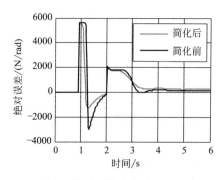

图 7.5　绝对误差曲线（电子版）

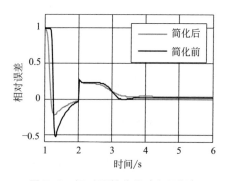

图 7.6　相对误差曲线（电子版）

(3) 后轮胎侧偏刚度估计

车辆转向避撞时横摆角速率变化趋势如图 7.7 所示。假设后轮胎侧偏刚度的模型值在估计过程中由 18000N/rad 变化到 8000N/rad，遗忘因子取 $\lambda=0.995$，结合式(7.8)、式(7.9) 和式(7.15)，采用 RLS 估计的后轮胎侧偏刚度如图 7.8 所示。简化后估计曲线的跟踪效果比较理想，而简化前估计曲线的跟踪效果比较差，主要原因来自于式(7.8) 递推矢量中存在耦合关系，后轮胎侧偏刚度须通过估计参数矢量中两个估计变量计算得到，为间接估计。因此，后轮胎侧偏刚度的估计效果相对比较差。图 7.9 和图 7.10 分别给出了简化前后的绝对误差曲线和相对误差曲线。由对比曲线可以看出，动态时，简化前估计曲线的误差较大，尤其在 1~2s 之间的误差很大；稳态时，简化后估计曲线误差略大一些。虽然简化后估计曲线的误差略大于简化前估计曲线，但简化后估计曲线的跟踪效果比较理想。因此，简化后估计曲线能够替代简化前估计曲线来描述路面条件。

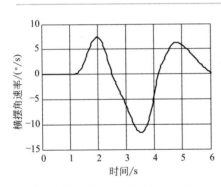

图 7.7　横摆角速率（电子版）

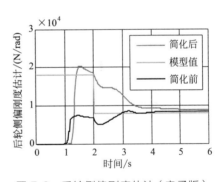

图 7.8　后轮侧偏刚度估计（电子版）

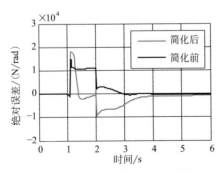

图 7.9　绝对误差曲线（电子版）

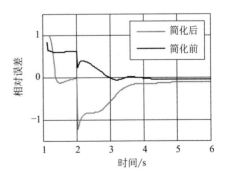

图 7.10　相对误差曲线（电子版）

　　此外，式(7.6) 中包含车辆纵向行驶速度，仿真实验假设路面条件不变，轮胎侧偏刚度估计器分别在 60km/h、90km/h、120km/h 和150km/h 条件下进行估计，估计效果如图 7.11 所示，车辆纵向速度的变化不影响后轮胎侧偏刚度估计的精度。

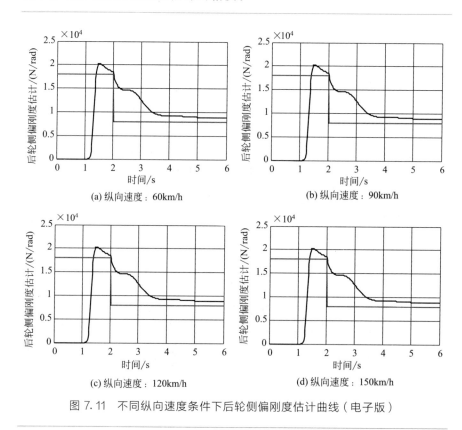

图 7.11　不同纵向速度条件下后轮侧偏刚度估计曲线（电子版）

7.2　车身侧偏角估计

　　针对四轮独立驱动轮毂电机电动汽车，结合两轮车辆侧向动力学模型和轮胎动力学模型，设计了车身侧偏角的非线性观测器。

7.2.1　轮胎动力学模型

　　为了反映轮胎侧向动态变化过程，轮胎侧向力计算使用典型的动态轮胎模型：

$$\tau_{\text{lag}} \dot{F}_{y\_\text{lag}} + F_{y\_\text{lag}} = F_y \tag{7.16}$$

式中　F_y——轮胎侧向力；

　　F_{y_lag}——轮胎动态滞后侧向力；

　　τ_{lag}——时间常数。

将式（3.12）和式（3.13）代入式（7.15）中，得到前后轮侧向力的动力学描述：

$$\begin{cases} \dot{F}_f^y = -\dfrac{1}{\tau_f}F_f^y - \dfrac{2C_f}{\tau_f}\beta - \dfrac{2C_f l_f}{\tau_f v_x}\gamma + \dfrac{2C_f}{\tau_f}\delta_f \\[3mm] \dot{F}_r^y = -\dfrac{1}{\tau_r}F_r^y - \dfrac{2C_r}{\tau_r}\beta + \dfrac{2C_r l_r}{\tau_r v_x}\gamma \end{cases} \tag{7.17}$$

7.2.2　轮胎纵向力计算

由式（3.14）和式（3.9）可知，横摆力矩可以由四个轮胎的纵向力计算得到。因此，需要研究四个轮胎的纵向力信息的获得方法。本章的研究工作是在车辆安装轮胎侧向力传感器的前提下进行的，因此，轮胎侧向力信息可直接测量获得。轮胎纵向力信息是通过式（3.21）获得的。文献［2］和［3］中解释了车辆的各种约束条件，如图7.12所示。垂直载荷、路面附着系数和轮胎特性决定了摩擦圆约束，车轮转角决定了执行器的横向约束，最大驱动/制动力矩决定了执行器的纵向约束，以及轮胎力在车轮坐标系和车辆坐标系间的转换，共同构成了总的约束条件。因此，结合通过轮胎纵向力观测器计算得到的轮胎纵向力与其约束条件，可计算出轮胎纵向力，为车身侧偏角非线性观测的设计与实现提供必要的轮胎纵向力信息。

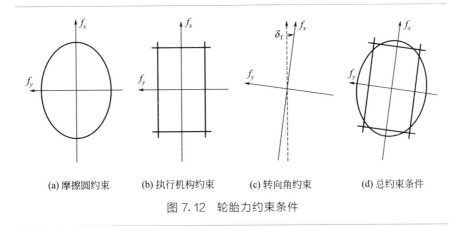

(a) 摩擦圆约束　　(b) 执行机构约束　　(c) 转向角约束　　(d) 总约束条件

图7.12　轮胎力约束条件

基于上述分析，轮胎约束条件可描述如下：

$$
\begin{cases}
(F_{\mathrm{fl}}^{x})^{2}+(F_{\mathrm{fl}}^{y})^{2}\leqslant(\mu_{\mathrm{fl}}F_{\mathrm{fl}}^{z})^{2} \\[4pt]
(F_{\mathrm{fr}}^{x})^{2}+(F_{\mathrm{fr}}^{y})^{2}\leqslant(\mu_{\mathrm{fr}}F_{\mathrm{fr}}^{z})^{2} \\[4pt]
(F_{\mathrm{rl}}^{x})^{2}+(F_{\mathrm{rl}}^{y})^{2}\leqslant(\mu_{\mathrm{rl}}F_{\mathrm{rl}}^{z})^{2} \\[4pt]
(F_{\mathrm{rr}}^{x})^{2}+(F_{\mathrm{rr}}^{y})^{2}\leqslant(\mu_{\mathrm{rr}}F_{\mathrm{rr}}^{z})^{2} \\[4pt]
F_{\mathrm{fl}}^{x}+F_{\mathrm{fr}}^{x}+F_{\mathrm{rl}}^{x}+F_{\mathrm{rr}}^{x}>F_{\mathrm{aero}}+R_{xf}+R_{xr}+mg\sin\theta+ma_{x} \\[4pt]
M_{z}+(F_{\mathrm{fl}}^{y}+F_{\mathrm{fr}}^{y})l_{\mathrm{f}}=(F_{\mathrm{rl}}^{y}+F_{\mathrm{rr}}^{y})l_{\mathrm{r}}
\end{cases}
\tag{7.18}
$$

式中　μ_{fl}——左前轮轮胎摩擦系数；

　　　μ_{fr}——右前轮轮胎摩擦系数；

　　　μ_{rl}——左后轮轮胎摩擦系数；

　　　μ_{rr}——右后轮轮胎摩擦系数。

假设车辆行驶的路面条件不变，即 $\mu_{\mathrm{fl}}=\mu_{\mathrm{fr}}=\mu_{\mathrm{rl}}=\mu_{\mathrm{rr}}$。

7.2.3　车身侧偏角观测器设计

基于车辆 2DOF 模型和轮胎侧向动力学模型，设计了车身侧偏角非线性观测器。为了使车身侧偏角估计器能够适应不同的路面条件，将基于简化轮胎侧向动力学模型估计得到的轮胎侧偏刚度信息作为车身侧偏角非线性观测器的测量状态变量。考虑研究对象为四轮独立驱动轮毂电机电动汽车，结合式（3.9）和轮胎力，车身侧偏角非线性观测器的数学描述为：

$$
\begin{cases}
\dot{\boldsymbol{x}}(t)=\widetilde{\boldsymbol{f}}[\boldsymbol{x}(t),\boldsymbol{u}(t)]+\boldsymbol{v}(t) \\[4pt]
\boldsymbol{y}(t)=\widetilde{\boldsymbol{g}}[\boldsymbol{x}(t)]+\boldsymbol{w}(t)
\end{cases}
\tag{7.19}
$$

式中，状态矢量由车身侧偏角、横摆角速率、前轮侧向力、后轮侧向力、前轮胎侧偏刚度和后轮胎侧偏刚度构成。

$$
\begin{aligned}
\boldsymbol{x} &=[\beta,\gamma,F_{\mathrm{f}}^{y},F_{\mathrm{r}}^{y},C_{\mathrm{f}},C_{\mathrm{r}}]^{\mathrm{T}} \\
&=[x_{1},x_{2},x_{3},x_{4},x_{5},x_{6}]^{\mathrm{T}}
\end{aligned}
\tag{7.20}
$$

测量矢量由横摆角速率、前轮侧向力、后轮侧向力、前轮胎侧偏刚度和后轮胎侧偏刚度构成。

$$
\begin{aligned}
\boldsymbol{y} &=[\gamma,F_{\mathrm{f}}^{y},F_{\mathrm{r}}^{y},C_{\mathrm{f}},C_{\mathrm{r}}]^{\mathrm{T}} \\
&=[y_{1},y_{2},y_{3},y_{4},y_{5}]^{\mathrm{T}}
\end{aligned}
\tag{7.21}
$$

输入矢量由前轮转向角、左前轮纵向力、右前轮纵向力、左后轮纵向力和右后轮纵向力构成。

$$\boldsymbol{u} = [\delta_f, F_{fl}^x, F_{fr}^x, F_{rl}^x, F_{rr}^x]^T \tag{7.22}$$
$$= [u_1, u_2, u_3, u_4, u_5]^T$$

过程噪声 $v(t)$ 和测量噪声 $w(t)$ 假设为均值为零、白色的、不相关、相对独立的噪声。假设前后轮胎侧偏刚度在整个转向过程中保持不变，即：

$$\begin{cases} \dot{C}_f = 0 \\ \dot{C}_r = 0 \end{cases} \tag{7.23}$$

结合式(3.9)~式(3.11)、式(7.17) 和式(7.21)，非线性状态函数 $\widetilde{f}[x(t), u(t)]$ 与观测函数 $\widetilde{g}[x(t)]$ 可分别表示为：

$$\begin{cases} \widetilde{f}_1(\boldsymbol{x}, \boldsymbol{u}) = -x_2 + \dfrac{x_3 \cos u_1}{mv_x} + \dfrac{x_4}{mv_x} \\[2mm] \widetilde{f}_2(\boldsymbol{x}, \boldsymbol{u}) = \dfrac{l_f x_3 \cos u_1}{I_z} - \dfrac{l_r x_4}{I_z} + \dfrac{d(u_5 - u_4 + u_3 \cos u_1 - u_2 \cos u_1)}{2I_z} \\[2mm] \widetilde{f}_3(\boldsymbol{x}, \boldsymbol{u}) = -\dfrac{2x_1 x_5}{\tau_f} - \dfrac{2l_f x_2 x_5}{v_x \tau_f} - \dfrac{x_3}{\tau_f} + \dfrac{2x_5 u_1}{\tau_f} \\[2mm] \widetilde{f}_4(\boldsymbol{x}, \boldsymbol{u}) = -\dfrac{2x_1 x_6}{\tau_r} + \dfrac{2l_r x_2 x_6}{v_x \tau_r} - \dfrac{x_4}{\tau_r} \\[2mm] \widetilde{f}_5(\boldsymbol{x}, \boldsymbol{u}) = 0 \\[2mm] \widetilde{f}_6(\boldsymbol{x}, \boldsymbol{u}) = 0 \end{cases} \tag{7.24}$$

$$\begin{cases} \widetilde{g}_1(\boldsymbol{x}) = x_2 \\ \widetilde{g}_2(\boldsymbol{x}) = x_3 \\ \widetilde{g}_3(\boldsymbol{x}) = x_4 \\ \widetilde{g}_4(\boldsymbol{x}) = x_5 \\ \widetilde{g}_5(\boldsymbol{x}) = x_6 \end{cases} \tag{7.25}$$

7.2.4 非线性系统状态估计

对于非线性系统辨识与估计等问题，广泛采用的是基于扩展卡尔曼滤波器（Extended Kalman Filter，EKF）的辨识方法。使用 EKF 之前首先需要将非线性系统进行线性化，线性化方法采用 Taylor 线性近似，然而 Taylor 线性化在很多情况下线性化较粗糙，致使出现偏差较大，甚至存在收敛等问题。Norgaard 等人提出了基于多项式近似的一阶差分（Divided Difference，DD1）滤波方法。DD1 滤波是根据多元 Stirling 插值方法，将函数进行多项式展开，取其中的线性项作为函数的近似，避免了 Taylor 线性化遇到的问题并减轻了运算负担。

考虑车身侧偏角非线性观测器，式（7.19）离散化形式为：

$$\begin{cases} \boldsymbol{x}_{k+1} = \widetilde{\boldsymbol{f}}(\boldsymbol{x}_k, \boldsymbol{u}_k) + \boldsymbol{v}_k \\ \boldsymbol{y}_k = \widetilde{\boldsymbol{g}}(\boldsymbol{x}_k) + \boldsymbol{w}_k \end{cases} \tag{7.26}$$

则按条件期望表示的系统状态估计公式为：

$$\widehat{\boldsymbol{x}}_k = \bar{\boldsymbol{x}}_k + \boldsymbol{K}_k [\boldsymbol{y}_k - \bar{\boldsymbol{y}}_k] \tag{7.27}$$

式中 $\boldsymbol{K}_k$——增益矩阵；

$\bar{\boldsymbol{x}}_k$——状态向量 $\boldsymbol{x}_k$ 的一步预报。

$$\boldsymbol{K}_k = \boldsymbol{P}_{xy}(k) \boldsymbol{P}_y^{-1}(k) \tag{7.28}$$

$$\bar{\boldsymbol{x}}_k = E[\boldsymbol{x}_k | \boldsymbol{Y}^{k-1}] \tag{7.29}$$

$$\bar{\boldsymbol{y}}_k = E[\boldsymbol{y}_k | \boldsymbol{Y}^{k-1}] \tag{7.30}$$

$$\boldsymbol{P}_{xy}(k) = E[(\boldsymbol{x}_k - \bar{\boldsymbol{x}}_k)(\boldsymbol{y}_k - \bar{\boldsymbol{y}}_k)^T | \boldsymbol{Y}^{k-1}] \tag{7.31}$$

$$\boldsymbol{P}_y(k) = E[(\boldsymbol{y}_k - \bar{\boldsymbol{y}}_k)(\boldsymbol{y}_k - \bar{\boldsymbol{y}}_k)^T | \boldsymbol{Y}^{k-1}] \tag{7.32}$$

估计误差的方差矩阵为：

$$\begin{aligned} \widehat{\boldsymbol{P}}(k) &= E[(\boldsymbol{x}_k - \widehat{\boldsymbol{x}}_k)(\boldsymbol{x}_k - \widehat{\boldsymbol{x}}_k)^T | \boldsymbol{Y}^k] \\ &= \bar{\boldsymbol{P}}(k) - \boldsymbol{K}_k \boldsymbol{P}_y(k) \boldsymbol{K}_k^T \end{aligned} \tag{7.33}$$

式中，$\boldsymbol{Y}^{k-1} = [\boldsymbol{y}_0 \quad \boldsymbol{y}_1 \quad \cdots \quad \boldsymbol{y}_{k-1}]^T$，$\boldsymbol{Y}^k = [\boldsymbol{y}_0 \quad \boldsymbol{y}_1 \quad \cdots \quad \boldsymbol{y}_k]^T$。

7.2.5 一阶斯梯林插值滤波器

DD1 滤波对估计误差的方差阵不是直接估计，而是对其 Cholesky 分解矩阵进行递推，然后再合成得到估计误差的方差阵。将四个方差阵进行 Cholesky 分解：

$$\begin{cases} \boldsymbol{Q} = \boldsymbol{S}_v \boldsymbol{S}_v^T \\ \boldsymbol{R} = \boldsymbol{S}_w \boldsymbol{S}_w^T \\ \bar{\boldsymbol{P}} = \bar{\boldsymbol{S}}_x \bar{\boldsymbol{S}}_x^T \\ \widehat{\boldsymbol{P}} = \widehat{\boldsymbol{S}}_x \widehat{\boldsymbol{S}}_x^T \end{cases} \tag{7.34}$$

状态一步预报与预报误差的方差阵分别为：

$$\bar{x}_{k+1} \approx \widetilde{\boldsymbol{f}}(\widehat{\boldsymbol{x}}_k, \boldsymbol{u}_k) + \bar{v}_k \tag{7.35}$$

$$\begin{aligned} \bar{\boldsymbol{P}}(k+1) &= \bar{\boldsymbol{S}}_x(k+1) \bar{\boldsymbol{S}}_x^T(k+1) \\ &= [\boldsymbol{S}_{x\widehat{x}}(k) \quad \boldsymbol{S}_{xv}(k)][\boldsymbol{S}_{x\widehat{x}}(k) \quad \boldsymbol{S}_{xv}(k)]^T \\ &= [\{\boldsymbol{S}_{x\widehat{x}}(k)_{(i,j)}\} \quad \{\boldsymbol{S}_{xv}(k)_{(i,j)}\}][\{\boldsymbol{S}_{x\widehat{x}}(k)_{(i,j)}\} \quad \{\boldsymbol{S}_{xv}(k)_{(i,j)}\}]^T \end{aligned}$$

$$\tag{7.36}$$

式中，

$$\{\boldsymbol{S}_{x\hat{x}}(k)_{(i,j)}\} = \left\{\frac{1}{2h}\left[\widetilde{f}_i(\hat{x}_k + h\hat{s}_{x,j}, u_k) + \bar{v}_k - \widetilde{f}_i(\hat{x}_k - h\hat{s}_{x,j}, u_k) - \bar{v}_k\right]\right\} \tag{7.37}$$

$$\{\boldsymbol{S}_{xv}(k)_{(i,j)}\} = \left\{\frac{1}{2h}\left[\widetilde{f}_i(\hat{x}_k, u_k) + (\bar{v}_k + hs_{v,j}) - \widetilde{f}_i(\hat{x}_k, u_k) - (\bar{v}_k - hs_{v,j})\right]\right\} \tag{7.38}$$

式中，h 为步长。

输出估计与输出估计的误差方差阵分别为：

$$\bar{y}_k = \widetilde{\boldsymbol{g}}(\bar{x}_k) + \bar{w}_k \tag{7.39}$$

$$\begin{aligned}\boldsymbol{P}_y(k) &= \boldsymbol{S}_y(k)\boldsymbol{S}_y^{\mathrm{T}}(k) \\ &= [\boldsymbol{S}_{y\bar{x}}(k) \quad \boldsymbol{S}_{yw}(k)][\boldsymbol{S}_{y\bar{x}}(k) \quad \boldsymbol{S}_{yw}(k)]^{\mathrm{T}} \\ &= [\{\boldsymbol{S}_{y\bar{x}}(k)_{(i,j)}\} \quad \{\boldsymbol{S}_{yw}(k)_{(i,j)}\}][\{\boldsymbol{S}_{y\bar{x}}(k)_{(i,j)}\} \quad \{\boldsymbol{S}_{yw}(k)_{(i,j)}\}]^{\mathrm{T}}\end{aligned} \tag{7.40}$$

式中，

$$\{\boldsymbol{S}_{y\bar{x}}(k)_{(i,j)}\} = \frac{1}{2h}\{\widetilde{g}_i(\bar{x}_k + h\bar{s}_{x,j}) - \widetilde{g}_i(\hat{x}_k - h\bar{s}_{x,j})\} \tag{7.41}$$

$$\{\boldsymbol{S}_{yw}(k)_{(i,j)}\} = \left\{\frac{1}{2h}\left[\widetilde{g}_i(\bar{x}_k) + (\bar{w}_k + hs_{w,j}) - \widetilde{g}_i(\bar{x}_k) - (\bar{w}_k - hs_{w,j})\right]\right\} \tag{7.42}$$

一步预报误差与输出估计误差的协方差阵为：

$$\boldsymbol{P}_{xy}(k) = \bar{\boldsymbol{S}}_x(k)\boldsymbol{S}_{y\bar{x}}^{\mathrm{T}}(k) \tag{7.43}$$

DD1 算法递推时具体步骤如下：

第 1 步：由式（7.37）和式（7.38）计算 $\boldsymbol{S}_{x\hat{x}}(k)$ 和 $\boldsymbol{S}_{xv}(k)$，再由式（7.36）计算 $\bar{\boldsymbol{P}}(k+1)$ 和 $\bar{\boldsymbol{S}}_x(k+1)$；

第 2 步：由式（7.41）和式（7.42）计算 $\boldsymbol{S}_{y\bar{x}}(k+1)$ 和 $\boldsymbol{S}_{yw}(k+1)$，再由式（7.40）和式（7.43）计算 $\boldsymbol{S}_y(k+1)$、$\boldsymbol{P}_y(k+1)$ 和 $\boldsymbol{P}_{xy}(k+1)$；

第 3 步：由式（7.28）计算 $\boldsymbol{K}_{k+1}$；

第 4 步：由式（7.27）计算 $\hat{x}_{k+1}$；

第 5 步：由式（7.36）和式（7.33）计算 $\hat{\boldsymbol{P}}(k+1)$。

7.2.6 仿真分析

（1）轮胎纵向力计算

为了给车身侧偏角非线性观测器提供四个轮胎的纵向力信息来估计

车身侧偏角，需先计算四个轮胎的纵向力。假设车辆行驶路面的摩擦系数为 0.7，结合轮胎约束条件、四个轮胎的垂直载荷、轮胎侧向力和轮胎纵向力观测器，可计算出轮胎纵向力，其变化趋势分别如图 7.13～图 7.20 所示。

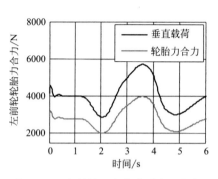

图 7.13　左前轮垂直载荷（电子版）

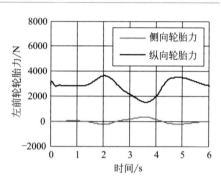

图 7.14　左前轮轮胎力（电子版）

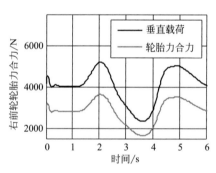

图 7.15　右前轮垂直载荷（电子版）

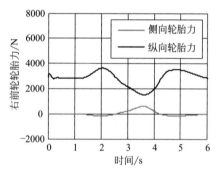

图 7.16　右前轮轮胎力（电子版）

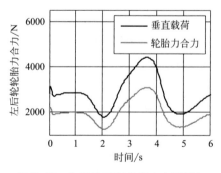

图 7.17　左后轮垂直载荷（电子版）

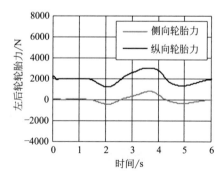

图 7.18　左后轮轮胎力（电子版）

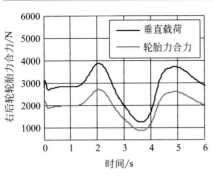

图 7.19 右后轮垂直载荷（电子版）

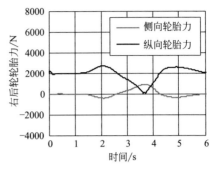

图 7.20 右后轮轮胎力（电子版）

（2）车身侧偏角估计

在车身侧偏角非线性观测器中，其状态矢量所需信息是由图 7.7、图 7.2 所示的信息和轮胎侧偏刚度简化方法所获得的前后轮胎侧偏刚度信息构成；测量矢量所需信息是由图 7.7、图 7.2 所示的信息和轮胎侧偏刚度简化方法所获得的前后轮胎侧偏刚度信息构成；输入矢量所需信息是由图 7.3、图 7.14、图 7.16、图 7.18 和图 7.20 所示的信息构成。针对 DD1 滤波器估计算法，仿真参数设置如表 7.1 所示。

表 7.1 DD1 滤波器参数初始化设置

初始化参数	初始值
初始协方差矩阵	$\boldsymbol{P}_0 = \begin{bmatrix} 1 & 0 & 0 & 0 & 0 & 0 \\ 0 & 1 & 0 & 0 & 0 & 0 \\ 0 & 0 & 1 & 0 & 0 & 0 \\ 0 & 0 & 0 & 1 & 0 & 0 \\ 0 & 0 & 0 & 0 & 1 & 0 \\ 0 & 0 & 0 & 0 & 0 & 1 \end{bmatrix}$
过程噪声协方差矩阵	$\boldsymbol{Q} = \begin{bmatrix} 0.5 & 0 & 0 & 0 & 0 & 0 \\ 0 & 0.5 & 0 & 0 & 0 & 0 \\ 0 & 0 & 0.5 & 0 & 0 & 0 \\ 0 & 0 & 0 & 0.5 & 0 & 0 \\ 0 & 0 & 0 & 0 & 0.5 & 0 \\ 0 & 0 & 0 & 0 & 0 & 0.5 \end{bmatrix}$
测量噪声协方差矩阵	$\boldsymbol{R} = \begin{bmatrix} 4 & 0 & 0 & 0 & 0 \\ 0 & 4 & 0 & 0 & 0 \\ 0 & 0 & 4 & 0 & 0 \\ 0 & 0 & 0 & 4 & 0 \\ 0 & 0 & 0 & 0 & 4 \end{bmatrix}$
初始状态	$x_0 = [0,0,0,0,12000,28000]^{\mathrm{T}}$

结合车身侧偏角的非线性观测器和 DD1 滤波器，可以很好地估计车身侧偏角。为了使估计曲线更加平滑，在 DD1 滤波器的基础上引入一阶低通滤波器：

$$y(k)=\frac{K_c T_c}{T+T_c}u(k)+\frac{T}{T+T_c}y(k-1) \tag{7.44}$$

式中　　K_c——滤波器的比例常数，$K_c=1$；

　　　　T——滤波器的时间常数，$T=50.5\mathrm{s}$；

　　　　T_c——采样时间，$T_c=30.5\mathrm{s}$。

基于 DD1 滤波器和一阶低通滤波器的车身侧偏角估计趋势如图 7.21 所示，估计误差如图 7.22 所示。车辆在侧向运动中，车身侧偏角的估计范围为 $-2.1285°\sim4.1382°$，车身侧偏角估计器运算速度快，估计过程稳定；车身侧偏角估计误差的范围为 $-0.1173°\sim0°$，误差较小，精度较高。一阶低通滤波器的引入使车身侧偏角估计曲线更加平滑，波动减少。通过使用轮胎侧偏刚度简化方法所获得的前后轮胎侧偏刚度信息，精确可靠的车身侧偏角估计得以实现，解决了车身侧偏角传感器在安装环境、经济和技术等方面的限制问题。

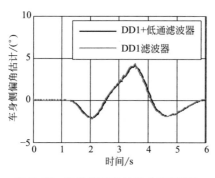

图 7.21　车身侧偏角估计（电子版）

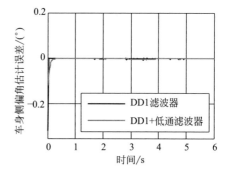

图 7.22　车身侧偏角估计误差（电子版）

7.3　本章小结

本章提出了轮胎侧偏刚度估计的简化方法和车身侧偏角的非线性观测器。结合轮胎侧向力信息，轮胎侧向动力学模型得以简化，使 RLS 中的递推矩阵的次对角线元素均为零，从而前后轮胎侧偏刚度得以完全解耦估计，避免了估计过程中矩阵计算，提高了估计器的运算速度。结合前后轮胎侧偏刚度信息，本章中设计了车身侧偏角的非线性观测器。结合 DD1 滤波器和一阶低通滤波器，车身侧偏角可以准确地获得，估计过程稳定，误差较小。基于车辆边缘轨迹的侧向安全距离模型、轮胎侧偏刚度估计的简化方法和车身侧偏角非线性观测器的安全性和有效性均已通过仿真实验得以验证。

参考文献

[1] NAM K, FUJIMOTO H, HORI Y. Lateral Stability Control of In-wheel-motor-driven Electric Vehicle Based on Sideslip Angle Estimation Using Lateral Tire Force Sensors[J]. IEEE Transactions on Vehicular Technology. 2012, 5（61）: 1972-1985.

[2] FREDRIKSSON J, ANDRESSON J, LAINE L. Wheel force distribution for improved handling in a hybrid electric vehicle using nonlinear control. 2004 43rd IEEE Conference on Decision and Control（CDC）, Dec. 14-17, 2004[C]. Nassau, Bahamas: IEEE, 2004.

[3] 余卓平，姜炜，张立军. 四轮轮毂电机驱动电动汽车扭矩分配控制[J]. 同济大学学报（自然科学版），2008, 8（36）: 1115-1119.

[4] LECHNER D. Embedded Laboratory for Vehicle Dynamic Measurements. 9th International Symposium on Advanced Vehicle Control, Oct. 6-9, 2008[C]. Kobe, Japan: Springer, 2008.

[5] PIYABONGKARN D, RAJAMANI R, GROGG J A. et al. Development and Experimental Evaluation of a Slip Angle Estimator for Vehicle Stability Control[J]. IEEE Transactions on Control System Technology, 2009, 1（17）: 78-88.

[6] STEPHANT J, BAFFET G, CHARARA A. Sideslip angle, lateral tire force and road friction estimation in simulations and experiments. 2006 IEEE Conference on Computer Aided Control System Design, 2006 IEEE International Conference on Control Applications, 2006 IEEE International Symposium on Intelligent Control, Oct. 4-6, 2006[C]. Munich, Germany: IEEE, 2006.

[7] GRIP H F, IMSLAND L, JOHANSEN T A, et al. Vehicle sideslip estimation: Design, implementation and experimental validation[J]. IEEE Control Systems Magazine, 2009, 5（29）: 36-52.

[8] CHELI F, SABBIONI E, PESCE M, et al. A Methodology for Vehicle Slip Angle Identification: Comparison with Experiment Data [J]. Vehicle System Dynamics, 2007, 6（45）: 549-563.

[9] SIENEL W. Estimation for Tire Cornering Stiffness and Its Application to Active Car Steering. Proceedings of the 36th IEEE Conference on Decision and Control, Dec. 12, 1997 [C]. San Diego, USA: IEEE, 1997.

[10] SIERRA C, TSENG E, JAIN A, et al. Cornering Stiffness Estimation Based on

Vehicle Lateral Dynamics[J]. Vehicle System Dynamics, 2006, Supplement 1（44）: 24-38.

[11] FUJIMOTO H, TSUMASAKA A, NOGUCHI T. Direct Yaw-moment Control of Electric Vehicle Based on Cornering Stiffness Estimation. 31st Annual Conference of IEEE Industrial Electronics Society（IECON 2005）, Nov. 6-10, 2005[C]. Raleigh, NC, USA: IEEE, 2005.

[12] ANDERSON R, BEVLY D M. Estimation of Tire Cornering Stiffness Using GPS to Improve Model Based Estimation of Vehicle States. Proceedings of IEEE Intelligent Vehicles Symposium, June 6-8, 2005[C]. Las Vegas, NV, USA: IEEE, 2005.

[13] BAFFET G, CHARARA A, LECHNER D. Experimental Evaluation of a Sliding Mode Observer for Tire-road Forces and an Extended Kalman Filter for Vehicle Sideslip Angle. 46th IEEE Conference on Decision and Control（CDC）, Dec. 12-14, 2007[C]. New Orleans, LA, USA: IEEE, 2007.

[14] TUNONEN A J. Optical Position Detection to Measure Tyre Carcass Deflection[J]. Vehicle System Dynamics, 2008, 6（46）: 471-481.

[15] RAJAMANI R, PHANOMCHOENG G, PIYABONGKARN D, et al. Algorithms for real-time estimation of individual wheel tire-road friction coefficients [J]. IEEE Transactions on Mechatronics, 2012, 6（17）: 1183-1195.

[16] RAJAMANI R. Vehicle Dynamics and Control[M]. New York: Springer, 2005.

[17] NORGAARD M, POULSEN N K, RAVN O. New Developments in State Estimation for Nonlinear Systems [J]. Automatica, 2000, 11（36）: 1627-1638.

[18] NORGAARD M, POULSEN N K, RAVN O. Advances in Derivative-Free State Estimation for Nonlinear Systems [R]. IMM-REP-1998-15, Department of Mathematical Modelling, DTU, Revised edition, 2004.

第8章

基于车辆边缘转向轨迹的
侧向安全距离模型

研究车辆换道模型时需要考虑驾驶员的主观能动性、车辆的制动性能、路面条件、交通环境、道路通行量等因素的影响,用数学模型来描述诸多影响因素是有很大难度的,因此,对车辆换道模型的研究相对滞后。车辆换道行为是指驾驶员依据自身驾驶和车辆动力学特性,从行驶环境中获取周围车辆的速度、车辆距离等信息,不断调整驾驶目标策略并完成换道的行为过程,其包括信息判断和操作执行两个过程。换道操作是在车辆行驶过程中驾驶员的一种常见操作行为。有两个基本因素影响换道操作中驾驶员的操作行为:保持期望的行车速度和为即将进行的操作选择正确的车道。由于换道原因的不同,换道模型大致可分为两种:强制性换道和自由换道。强制换道是指驾驶员必须驾驶车辆离开当前车道。自由换道是指驾驶员意识到目标车道的驾驶条件更适合驾驶,此时可以选择换道行驶,也可以保持原有行驶行为。在多车道路面行驶中,如果驾驶员对在本车道的驾驶行为不满意,则可选择换道或超车操作。至于能否满足换道或超车要求,要取决于相邻车道上车辆的位置。本章考虑自由换道情况,结合第 4 章所提出的纵向安全距离模型,提出了基于车辆边缘轨迹的侧向安全距离模型。该模型一方面可以作为制动与转向避撞方式逻辑切换策略的判断依据;另一方面可以计算车辆转向过程所需要的横摆角速率和车身侧偏角,确保车辆转向运动稳定、安全。

8.1 车辆边缘转向轨迹安全距离模型

8.1.1 车辆边缘转向轨迹安全距离模型

基于避撞目的的车辆在紧急变换车道时一般采用单移线的行驶轨迹。目前用于表征车辆最佳车道变换的数学模型有很多种,本书采用基于正弦函数加速度模型的车道变换轨迹模型。

研究工作对基于避撞目的的车辆紧急变换车道运动时作如下假设。

① 车辆在车道变换操作之前沿直线行驶，初始的侧向加速度、侧向速度及侧向位移都为零。换道过程中，换道车辆以恒定加速度进行换道。

② 自车前方的目标车紧急制动时，对自车来说视为静止障碍物。

③ 自车在整个变换车道过程中纵向车速视为不变。

④ 自车与目标车的尺寸相同。

如图 8.1 所示，车辆在变换车道时的侧向运动模型为：

$$S_y = \frac{y_e v_x}{D} t - \frac{y_e}{2\pi} \sin\left(\frac{2\pi v_x}{D} t\right) \tag{8.1}$$

式中　y_e——车道宽度。

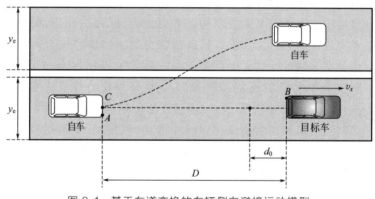

图 8.1　基于车道变换的车辆侧向避撞运动模型

为了使车辆侧向安全距离模型也能够适应于不同路面条件，将纵向安全距离模型中的最小保持距离引入式（8.1）中，可得 C 点运动轨迹：

$$S_{yC} = \frac{y_e v_x}{D - d_0} t - \frac{y_e}{2\pi} \sin\left(\frac{2\pi v_x}{D - d_0} t\right) \tag{8.2}$$

当车辆变换车道时，自车右侧边缘 A 点与目标车左侧边缘 B 点最易发生碰撞，则基于式（8.2），自车变换车道时边缘轨迹可描述为：

$$S_{yA} = \frac{y_e v_x}{D - d_0} t - \frac{y_e}{2\pi} \sin\left(\frac{2\pi v_x}{D - d_0} t\right) - \frac{d}{2} \tag{8.3}$$

根据假设④，结合式（8.3），则 A 点与 B 点的坐标可分别表示为：

$$\begin{cases} A\left(t, \dfrac{y_e v_x}{D - d_0} t - \dfrac{y_e}{2\pi} \sin\left(\dfrac{2\pi v_x}{D - d_0} t\right) - \dfrac{d}{2}\right) \\ B\left(\dfrac{D}{v_x}, \dfrac{d}{2}\right) \end{cases} \tag{8.4}$$

则 AB 间的距离，即基于车辆边缘转向轨迹的安全距离模型可由下式表示：

$$L_{AB} = \sqrt{\left(\frac{D}{v_x} - t\right)^2 + \left[\frac{d}{2} - \frac{y_e v_x}{D - d_0}t + \frac{y_e}{2\pi}\sin\left(\frac{2\pi v_x}{D - d_0}t\right) + \frac{d}{2}\right]^2} \quad (8.5)$$

由式(8.5) 可知，当 $L_{AB} > 0$ 时，则自车与目标车不发生碰撞，为安全工况；当 $L_{AB} = 0$ 时，则自车与目标车发生碰撞，为危险工况。

8.1.2 仿真分析

基于车辆边缘轨迹的侧向安全距离模型结合了最小保持车距，为了验证侧向安全距离模型的有效性，实验环境仍然使用表 4.5 中给出的数据。实验中车道宽度 $y_e = 3.5\text{m}$。图 8.2 分别给出了工况一条件下车辆边缘轨迹和安全距离模型的变化趋势。当路面条件较好时，结合纵向最小保持车距的侧向运动轨迹与不结合最小保持车距的侧向运动轨迹基本重合，车辆在纵向位移约为 98m 处完成转向避撞，转向时最小车间距大约为 1.8m。安全距离模型 L_{CB} 相对于安全距离模型 L_{AB} 过于保守。图 8.3 分别给出了工况二下车辆边缘轨迹和安全距离模型的变化趋势。当路面条件较差时，结合最小保持车距的侧向运动轨迹先于不结合最小保持车距的侧向运动轨迹，车辆在纵向位移约为 60m 处完成转向避撞，转向时最小车间距大于 2.0m。安全距离模型 L_{CB} 相对于安全距离模型 L_{AB} 过于冒进。因此，结合纵向最小保持车距的侧向安全距离模型针对不同路面所计算的安全距离比较合理，更加切合实际。实验证明侧向安全距离模型能够根据不同路面条件调整合理的碰撞距离避免车辆碰撞，具有较好的安全性。

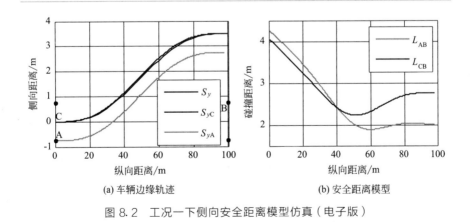

(a) 车辆边缘轨迹   (b) 安全距离模型

图 8.2 工况一下侧向安全距离模型仿真（电子版）

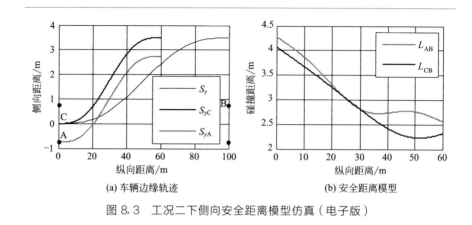

(a) 车辆边缘轨迹　　　　　　(b) 安全距离模型

图 8.3　工况二下侧向安全距离模型仿真（电子版）

8.2　车辆换道安全距离模型

侧向换道行为是车辆在高速交通系统中常采用的策略，但不当的换道行为会引发车辆碰撞事故或交通拥挤等。与纵向制动相比，侧向换道需要考虑车道状态、车流量、司机决策等因素，模型的复杂性大大增加。国外研究的典型换道模型有 NETSIM 模型、FRESIM 模型、MITSIM 模型、MRS 模型、南加州大学最小安全换道距离模型等。

8.2.1　侧向换道安全距离建模

一般情况下，分析换道安全性需要考虑被控车（F 车）及可能会与被控车发生碰撞的车辆运动状况，鉴于所有车辆分析方法基本一致，本书以被控车（F 车）与目标车道前车（B 车）为例分析换道模型建立条件。由于换道情况复杂，为了简化模型，首先作如下假设：

① 忽略车辆在减速/加速过程中加速度变化过程；

② 所有车规格相同，即长度、宽度都相同；

③ 换道过程中，F 车纵向分运动与侧向分运动相对独立。

车辆侧向安全换道示意图如图 8.4 所示，相关参数如表 8.1 所示。整个侧向换道过程可分为以下三阶段。

① 车姿车速调整阶段（0，t_{adj}）：F 车在原来车道上适当减速并调整车体姿态，选择合适换道间隙，纵向行驶位移为 D_1。

② 换道避撞阶段（t_{adj}，t_{cr}）：$|a_{yF}|>0$，F 车以一定车速换道，直至到达最大临撞点（F 车行驶转向角 θ 最大），纵向行驶位移为 D_2。

③ 相邻车道调整阶段 (t_{cr}, t_e)：进入相邻车道后，调整自身车速至与 B 车均处于安全状态。

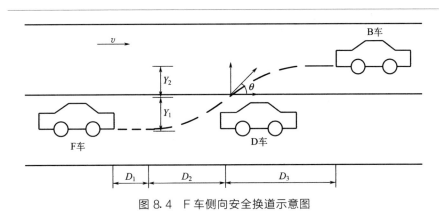

图 8.4　F 车侧向安全换道示意图

表 8.1　侧向安全距离模型中参数说明

符号	符号说明
t_{adj}	车进行侧向换道行为起始时刻
t_{cr}	到达最大临撞点时刻
t_e	安全完成换道的时刻（v_y、a_y 都为 0）
φ	轮胎与路面的附着系数
θ	换道过程中，车辆轨迹与纵向（X 轴）夹角
D_0,d_0	两车初始纵向间距,两车间需保持的最小纵向间距
H,W,L	车道宽度,车体的宽度,长度
v_x,v_y	车速在纵向（x 轴）和侧向（y 轴）上的分量
v_{F0},v_{B0}	F 车、B 车纵向初始车速

基于换道过程中侧向速度的变化趋势（先增后减），F 车的侧向加速度采用正弦函数车道变换模型，相关横向加速度、横向速度、换道轨迹模型为：

$$a_{yF} = \begin{cases} \left(\dfrac{2\pi H}{t_e^2}\right)\sin\left[\dfrac{2\pi(t-t_{adj})}{t_e}\right], & t\in[t_{cr},t_e] \\ 0, & 其他 \end{cases} \tag{8.6}$$

$$v_{yF} = \begin{cases} \dfrac{H}{t_e}\left[1-\cos\left(\dfrac{2\pi(t-t_{adj})}{t_e}\right)\right], & t\in[t_{adj},t_e] \\ 0, & 其他 \end{cases} \tag{8.7}$$

$$y_{yF} = \begin{cases} \dfrac{H}{t_e}(t-t_{adj}) - \dfrac{H}{2\pi}\sin\left(\dfrac{2\pi}{t_e}(t-t_{adj})\right), & t\in[t_{adj}, t_e) \\ H, & t\in[t_e, \infty) \end{cases} \tag{8.8}$$

$(0, t_{adj})$ 阶段：驾驶员以一定加速度 $a_{adj}(a_{adj}<0)$ 减缓车速，并摆正车体姿态到适合换道的位置，为换道做准备工作：$a_{max}=g\varphi$，$a_{adj}=\alpha a_{max}$ $(\alpha<1)$。在 $t=t_{adj}$ 时刻，F 车的速度、位移与两车当前间距表达式为：

$$\begin{cases} v_F(t_{adj}) = v_{F0} - a_{adj}t_{adj} \\ X_{F1} = v_{F0}t_{adj} + \dfrac{1}{2}a_{adj}t_{adj}^2 \\ D_1 = D_0 + X_B - X_{F1} \end{cases} \tag{8.9}$$

(t_{adj}, t_{cr}) 阶段：F 车开始进行侧向换道，纵向速度不变，车辆的运动轨迹为纵向和侧向的合成运动。F 车速度和距离表达式如下：

$$\begin{cases} v_{Fx} = v_F(t_{adj}) \\ v_{Fy} = \dfrac{H}{t_e}\left\{1 - \cos\left[\dfrac{2\pi}{t_e}(t-t_{adj})\right]\right\} \\ D_2 = D_1(t_{adj}) + (v_B - v_{Fx})(t-t_{adj}) \end{cases} \tag{8.10}$$

(t_{cr}, t_e) 阶段：F 车已经进入相邻车道，基本完成换道避撞行为；F 开始以加速度 a'_{adj} 加速或减速，使 F 车与 B 车保持一致的速度，适应相邻车道上车辆的整体行驶状态。

综合上述分析，在整个安全换道过程中，F 车侧向换道的安全距离为：

$$\begin{cases} D_{br} = D_1 + D_2 + D_3 + d_0 \\ D_w = D_{br} + v_1(T_r + T_s) + v'_1 T_s \end{cases} \tag{8.11}$$

8.2.2　换道中安全性条件分析

车辆在行驶过程中，为确保安全性，必须保证一定的安全裕度。在换道时，F 车除了可能会与别的车辆发生碰撞危险外，还可能由于转向不足或转向过度出现车辆撞栏或翻转打滑危险。为了提高系统安全性，需要进一步详细分析换道中车辆的状态变化，明确车辆行驶转角 θ 的变化情况，了解实现安全换道的必要条件。

如图 8.5 所示，为了保证 F 车能顺利从原车道换行到相邻车道且不会因转向不足导致冲出车道，则需保证 F 车侧向实际位移小于理论计算值（$y_{Fy} \leqslant y_B - W$）。假设以 $t=0$ 时刻 F 车所在位置为坐标原点，则 y_B 表示 B 车相对于 F 车所在侧向位置，$y_B = \beta H$（$1 \leqslant \beta < 1.5$），为计算简便，此处取 $\beta=1$。在 $t=t_{cr}$ 时刻，F 车最大程度上接近 B 车最外侧轮廓，

则 $y_{Fy}(t_{cr})=y_B-W$，t_{cr} 和最大转角 θ_{max} 的估计值为：

$$\begin{cases} \dfrac{H}{t_e}(t_{cr}-t_{adj})-\dfrac{H}{2\pi}\sin\left[\dfrac{2\pi}{t_e}(t_{cr}-t_{adj})\right]=H-W \\ \tan\theta_{max}=\dfrac{v_{Fy}(t_{cr})}{v_{Fx}(t_{cr})}=\dfrac{\dfrac{H}{t_e}\left\{1-\cos\left[\dfrac{2\pi}{t_e}(t_{cr}-t_{adj})\right]\right\}}{v_{Fx}(t_{adj})} \end{cases} \tag{8.12}$$

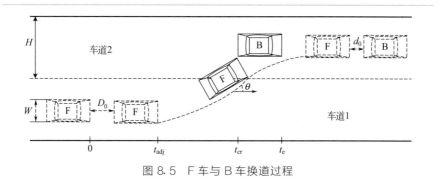

图 8.5 F 车与 B 车换道过程

以 $t=0$ 时刻 F 车车头左上角所在位置为坐标原点，则 F 车与 B 车纵向间距表达式为：

$$\begin{cases} D(0)=D_0 \\ D(t)=X_B(t)-X_F(t)+D(0) \end{cases} \tag{8.13}$$

考虑到一般性，式(8.13) 可改写为：

$$D(t)=D(0)+\iint\limits_{0\ 0}^{t\ \lambda}[a_B(\tau)-a_F(\tau)]\mathrm{d}\tau\mathrm{d}\lambda+[v_B(0)-v_F(0)]t$$

$$\tag{8.14}$$

可见，$D(0)$ 的正确选取是保证 F-B 车无碰撞的前提条件。从图 8.5 可看出，F 车与 B 车的碰撞主要可能发生在 $t\in(t_{adj},\ t_{cr})$ 时段内，碰撞类型包括追尾碰撞、侧向擦边碰撞或侧角碰撞。只要保证 $(t_{adj},\ t_{cr})$ 时间段内，F 车与 B 车纵向间距大于安全距离裕度，即可保证两车无碰撞。同理，F 车与 B 车的碰撞主要可能发生在 $t\in(t_{cr},\ t_e)$ 时段内，碰撞类型包括追尾碰撞和侧角碰撞。从两车相对距离角度出发，只要保证在 $(t_{cr},\ t_e)$ 时段内，F 车与 B 车之间纵向间距 $D(t)>0$ 且侧向换道位移不超过一个车道宽度，则 F 车和 B 车肯定不会发生碰撞行为。故 F-D，F-B 无碰撞条件为：

$$\begin{cases} D_{F\text{-}D}(t_{cr})>d_0，\quad t\in(t_{adj},t_{cr}) \\ D_{F\text{-}B}(t_e)>d_0，\quad t\in(t_{cr},t_e) \end{cases} \tag{8.15}$$

8.2.3　侧向换道控制策略研究

在整个换道过程中，无论 B 车处于何种运动状态，换道策略是：在 $(0, t_e)$ 内，车辆按照期望的转向角 θ 转向，只要两车纵向最小间距不小于安全裕度 $(D_{min}(t) \geqslant d_0)$，则两车可在纵向上实现无碰撞安全行驶。由于 F 车换道过程中的纵向运动状态会对整个侧向换道有很大影响，故以 F 车纵向匀速换道为例，研究换道中 F 车与 B 车需保持的最小安全车距。

从换道安全条件分析可得出：当 $t \in (t_{cr}, t_e)$，若 $X_B(t) - X_F(t) > 0$，则 $D(t) > D_0$ 恒成立，两车始终不会相撞，驾驶员不需采取任何驾驶操作；若 $X_B(t) - X_F(t) \leqslant 0$，只要保证 $X_F(t) - X_B(t) \leqslant D_0$，就可保证两车安全。则定义两车最大相对位移为：

$$MD(F, B) = \max_t \{X_F(t) - X_B(t)\}, t \in (t_{cr}, t_e) \tag{8.16}$$

根据式(8.16)，只要 $MD(F, B) < D(0)$，则 $D(t) > 0$ 恒成立。

当 F 在换道中纵向始终保持匀速运动，则 F 车和 B 车之间最大相对位移表达式：

$$\underset{max}{MD}(F, B) = \begin{cases} (v_F - v_B)t_e & v_B \leqslant v_F \\ (v_F - v_B)t_{cr} & \text{其他} \end{cases} \tag{8.17}$$

当 $v_B \geqslant v_F$ 时，由于 F 车换道时纵向匀速运动与侧向加/减速运动是相互独立的，所以在 (t_{cr}, t_e) 内，B 车的纵向位移大于 F 车的纵向位移，即 $S_B > S_F$，$\max\{MD(F, B)\} < 0 < D_0$ 恒成立，两车不会有碰撞发生。

同理，当 $v_B < v_F$ 时，$S_B < S_F$，$\max\{MD(F, B)\} > 0$，此时两车之间是否发生碰撞，很大程度取决于 $t = t_{cr}$ 时刻 F 车与 B 车纵向间距大小，即：

$$\begin{cases} (v_F - v_B)(t_{cr} - t_{adj}) < D(0) \\ D(0) = v_B t_{cr} - X_{F1} - v_F(t_{adj})(t_{cr} - t_{adj}) \end{cases}, t \in (t_{cr}, t_e) \tag{8.18}$$

根据上述分析，车辆避撞控制系统通过调整车辆转向角 θ、t_{cr} 与 t_{adj}，可保证 F 车无碰撞换道行驶。若 F 车在 $(0, t_{adj})$ 时间段内，已通过减速实现了 $v_B = v_F$，则只需保证 F 车能安全进入相邻车道即可。$t_{adj} = (v_F - v_B)/a_{adj}$，根据 B 车侧向位置可算出 t_e。若 F 车在 t_{adj} 时刻，仍未实现两车速度一致的目标，需在换道过程结束进行纵向车速调整，尽快地实现 $v_B = v_F$。

现实生活中，道路空间有限，F 车必须在保证安全的基础上，尽可能快地完成换道过程，以保证整个交通的畅行。因此考虑 F 车在纵向以 a_F 匀加/减速行驶情况。

如图 8.6 所示，假设 0 时刻 F 车决定换道避撞，t_{adj} 时刻开始换道且此时 F 车纵向加速度为 a_F，t_1 时刻 F 车与 B 车纵向速度在车道 2 达到一致。若两车初始间距 $D(0)$ 较近，危险度较高，F 车需要在换道前进行纵向调整；反之，可直接进行换道，即 $t_{adj}=0$。

图 8.6　F 车加速度变化示意图

（1）$t_{adj}=0$

在 $t=0$ 时刻，车道上所有车辆均以匀速状态行驶，当 F 车前方有潜在的碰撞危险且制动距离不足而相邻车道空间相对充裕的情况下，F 车可直接在当前时刻换道。同时为了保证换道的快速性，在换道过程中 F 车以纵向匀加/减速状态行驶。在 $t=t_1$ 时刻换道过程结束，$v_{yF}=0$，$a_{yF}=0$，且 $v_F=v_B$，两车保持一定间距在车道 2 上匀速行驶。F 车加速度为：

$$a_F = \begin{cases} \dfrac{v_B - v_{F0}}{t_1} & ,t \leqslant t_1 \\ 0 & ,\text{其他} \end{cases} \tag{8.19}$$

结合式（8.16）和式（8.19），整理可得：

$$\underset{t}{MD}(F,B) = (v_B - v_{F0})\left(t - \dfrac{t^2}{2t_1}\right), t \in [t_{cr}, t_1] \tag{8.20}$$

当 $v_B > v_{F0}$ 时，MD 函数在边界 t_{cr} 时刻取到最大值；当 $v_B < v_{F0}$ 时，此时 MD 函数在边界 t_1 时刻取到最大值。则可得到 F 车和 B 车之间避撞的最小安全距离表达式如下：

$$\underset{\max}{MD}(F,B) = \begin{cases} (v_{F0} - v_B)\dfrac{t_1}{2} & ,v_B \leqslant v_{F0} \\ (v_{F0} - v_B)t_{cr} & ,\text{其他} \end{cases} \tag{8.21}$$

（2）$t_{adj}>0$

从以上分析可得，F 车与 B 车的位置状态信息可由两车的纵向相对速度和纵向相对距离获得。若两车初始相对速度和初始纵向间距 $D(0)$ 定义的位置处于安全区域范围内，则无需采用任何策略，两车也能安全换道。如果初始定义的位置处于非安全区域时，则 F 车必须在换道之前进行速度调整才可安全换道。考虑到 F 车在 $(0, t_{adj})$ 段的纵向变速运动和换道过程中的纵向运动形式，可采用状态空间方法进行分析。

定义两个状态变量 $\begin{cases} X_1 = X_B - X_F + D_0 \\ X_2 = v_B - v_F \end{cases}$，对 t 求导，得到：

$$\begin{cases} \dot{X}_1 = \dot{X}_B - \dot{X}_F = v_B - v_F = X_2 \\ \dot{X}_2 = -\dot{v}_F = -a_{adj} \end{cases} \tag{8.22}$$

求解得 $X_1 = -\dfrac{X_2^2}{2a_{adj}} + c$，其中 c 为积分常数，主要取决于 $X_1(0)$ 和 $X_2(0)$。

利用状态变量初始值特性：$X_1(0) = D_0$，$X_2(0) = v_B - v_{F0}$，可求得 c：

$$c = D_0 + \frac{(v_B - v_{F0})^2}{2a_{adj}} \tag{8.23}$$

根据式(8.23)，当 $D_0 = 10$，$v_{F0} - v_B = 8.5$ 时，F 车在 $(0, t_{adj})$ 时间段内不同的加速度对换道过程的影响如图 8.7 所示，X_0 为 F 车和 B 车之间相对初速度和相对初始间距定义的位置信息。虽然 X_0 处于非安全区域，但是并不代表这种初始状态的两车无法成功换道。只要 F 车在 $(0, t_{adj})$ 时间段进行合理的纵向的加/减速运动，就可以调整到侧向换道的安全区域。

在 $(0, t_{adj})$ 时间段内，a_{adj} 的合理选择对于能否快速实现安全换道是十分关键的。图 8.7 反映了在 $(0, t_{adj})$ 的加/减速阶段，加速度 a_{adj} 越大，F 车的纵向速度越能得到快速调整，可快速进入换道安全区域。但在实际生活中，加速度越大，车速变化越大，车子稳定性相对降低，可控性也会降低。所以在避撞换道中，快速性和安全性是需要权衡折中的。

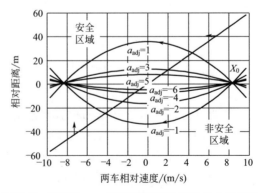

图 8.7　不同的 a_{adj} 对于车辆初始运动状态的影响

在上述分析中，车辆在（0，t_{adj}）时间段内可通过利用 a_{adj} 调整车速实现顺利换道。但是在实际生活中，上述理论算法车速调整策略可能会超出车辆实际车速限制，甚至使车速出现负值。因此，上述的侧向换道策略还需根据实际情况就进行改进。假设存在一个时刻 t_c（$0<t_c<t_{adj}$），在（0，t_c）以加速度 a_{adj} 减速调整，在（t_c，t_{adj}）再次匀速行驶一段距离，为其他车辆预留充足的距离以满足换道需求，如图8.8所示。

同样采用状态变量的方法，按照式(8.22)，将（t_c，t_{adj}）时间段内状态变量方程改为：

$$\begin{cases} \dot{X}_1 = \dot{X}_B - \dot{X}_F = v_B - v_F = X_2 \\ \dot{X}_2 = -\dot{v}_F = 0 \end{cases} \quad (8.24)$$

解得：

$$\begin{cases} X_1 = X_2(t_c)(t-t_c) + X_1(t_c) \\ X_2 = c = X_2(t_c) \end{cases}, t \in (t_c, t_{adj}) \quad (8.25)$$

从式(8.25)可以看出：X_1 为两车相对间距，若要 X_1 尽可能大，则 $X_1(t_c)$ 应当取正值。也就是说，在 $t=t_c$ 时刻，X_1 已处于相对速度为0所在轴的左侧；在（t_c，t_{adj}）时间段，通过匀速运动，可以增加相对距离，即进入安全区域，如图8.9所示。

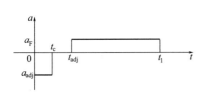

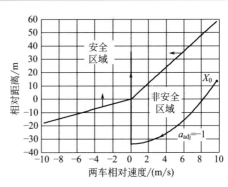

图8.8 改进式F车加速度变化示意图　　图8.9 改进调整加速度对安全距离的影响

8.2.4 侧向安全距离模型验证

（1）F车匀速换道情况，车道上所有车辆都匀速行驶

初始参数为：$D_0=1m$，$v_B=v_D=40km/h$，$v_F=70km/h$，$T=35s$，$y_B=0.9H$，$t_{adj}=2s$，$a_{adj}=-0.588m/s^2$。F车在安全换道策略下的各个参量变化如图8.10所示。

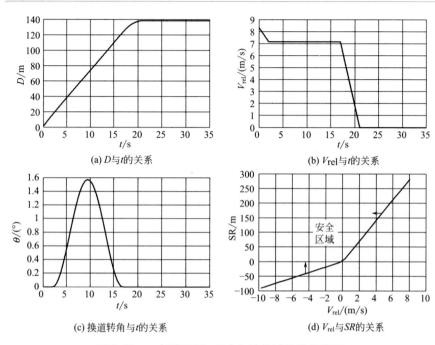

图 8.10　一般情况下，F 车匀速换道换道仿真图

如图 8.10(a)～(c) 所示，$t=0$s 时，F 与 D 车间距 1m，初始相对速度为 30km/h，由于纵向间距不足以实现纵向制动过程，因此选择换道避撞方式。经 2s 的车速车姿调整阶段后，车辆开始转向，此时 F 车车速为 7.24m/s，车辆转角 $\dot{\theta}>0$；在 $t=9.86$s 时，F 车转向角达到最大值 $\theta_{max}=1.58°$，纵向车速保持不变；在 $t=17.61$s 时，F 车转角 $\theta=0°$，表示 F 车已经成功避开 D 车换到相邻车道；为了调整自身速度与相连车道前车 B 保持一致，F 车进入相邻车道后开始进行减速调整。在 $t=21.88$s 时，F 车与 B 车相对速度为 0，两车保持合适间距匀速行驶，整个换道过程结束。从图 8.10(d) 看出，F 车速度比 B 车速度越大，两车碰撞的可能性越大，两车相对速度越小，越容易实现安全避撞。

（2）F 车在换道过程中进行纵向变速运动，其他车进行纵向匀速运动

初始参数为：$D_0=1$m，$v_B=v_D=40$km/h，$v_F=70$km/h，$T=35$s，$y_B=0.9$H，$t_{adj}=0$s，$a_{adj}=-0.588$m/s^2。F 车在上述安全换道策略下的各运动状态量的变化如图 8.11 所示。

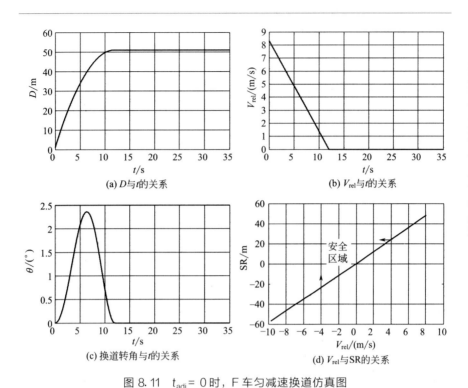

图 8.11　$t_{adj} = 0$ 时，F 车匀减速换道仿真图

图 8.11(a)～(c) 所示：$t = 0s$ 时，F 与 D 车间距 1m，初始相对速度为 30km/h，由于纵向间距不足以实现纵向制动过程，因此选择换道避撞方式。若 F 车不经调整车速车姿阶段，在 t = 0 时刻直接开始边减速边转向，转角开始逐渐增大；在 $t = 6.88s$ 时，F 车转向角达到最大值 $\theta_{max} = 2.35°$，F 车纵向车速为 3.62m/s；在 $t = 12s$ 时，F 车转角又归于 0，表示 F 车已经换道到相邻车道，成功避开 D 车；但 F 车进入相邻车道后，需要调整自身速度与此时所处车道上的 B 保持一致，因此，F 车仍然需要继续减速。在 $t = 12.45s$ 时，F 车与 B 车相对速度为 0，两车保持合适间距匀速行驶，整个换道过程结束。

对比图 8.10 与图 8.11 可看出：比起匀速行驶，换道中减速行驶的安全区域会减小。匀速换道时的安全状态在匀减速换道过程中反而可能会导致碰撞情况发生。但减速换道比匀速换道需要的时间更少，能更快速实现换道过程。

通过仿真对比可知：车辆避撞的安全性和快速性之间存在一定的矛盾，若希望快速实现换道就要承担一定风险，安全性就不能完全保证；

反之，若要保证安全性，则换道效率相对就会下降。在实际中，要针对具体情况，权衡两者，择重而选。

8.3 本章小结

　　本章提出了基于车辆边缘转向轨迹的侧向安全距离模型，使车辆能够适应不同路面条件，并且通过车辆边缘轨迹间的距离来判断转向过程的安全性，简单、直观，容易实现，有效地提高了侧向车辆安全系统的适应性和安全性。同时，从换道角度出发，通过研究以避撞为目的的换道过程中被控车参量的变化情况，建立了侧向换道安全距离模型，并对能实施安全换道的安全性条件给出了参考公式，最后针对安全性分析，研究了车辆匀速换道情况下满足汽车无碰撞行驶的控制策略问题。

参考文献

---

［1］ 杨双宾. 公路车辆行驶安全辅助换道预警系统研究[D]. 长春: 吉林大学, 2009.

［2］ 边明远. 基于紧急变道策略的汽车主动避障安全车距模型[J]. 重庆理工大学学报（自然科学）, 2012, 26（4）: 1-4.

［3］ HOSSEIN J, ELIAS B k, Ioannou PA. Collision avoidance analysis for lane change and merging[J]. IEEE Transactions on Vehicular Technology, 2000, 49（6）: 2295-2308.

［4］ 王江锋, 邵春福, 闫学东. 基于虚拟现实的车辆换道最小安全距离研究[J]. 公路交通科技, 2010, 27（8）: 109-113.

［5］ JULA H, KOSMATOPOULOS E B, IOANNOU P A. Collision Avoidance Analysis for Lane Changing and Merging[J]. IEEE Transactions on Vehicular Technology, 2000, 6（49）: 2295-2308.

［6］ 郭文莲. 城市道路车辆变道安全距离模型研究[D]. 长沙: 长沙理工大学, 2009.

［7］ 徐英俊. 城市微观交通仿真车道变换模型研究[D]. 长春: 吉林大学, 2005.

［8］ 王荣本, 游峰, 崔高健, 等. 车辆安全换道分析[J]. 吉林大学学报（工学版）, 2005, 2（35）: 179-182.

［9］ SHLADOVER S E, DESOER C A, HEDRICK J K, et al. Automated Vehicle Control Developments in the PATH Program[J], IEEE Transactions on Vehicular Technology, 1991, 1（40）: 114-130.

［10］ SLEDGE N H. An Investigation of Vehicle Critical Speed and Its Influence on Lane-change Trajectories[D]. Austin: University of Texas at Austin, 1997.

［11］ 边明远. 基于紧急变道策略的汽车主动避障安全车距模型[J]. 重庆理工大学学报

（自然科学），2012，4（26）：1-4.

[12]　XU H, XU M T. A cellular automata traffic flow model based on safe lane-changing distance constraint rule. 2016 IEEE Advanced Information Management, Communicates, Electronic and Automation Control Conference（IMCEC），Oct. 3-5, 2016[C]. Xi'an, China: IEEE, 2016.

[13]　DANG R, WANG J, LI S E, et al. Coordinated Adaptive Cruise Control System With Lane-Change Assistance[J]. IEEE Transactions on Intelligent Transportation Systems, 2015, 16（5）：2373-2383.

[14]　DO Q H, TEHRANI H, MITA S, et al. Human Drivers Based Active-Passive Model for Automated Lane Change[J]. IEEE Intelligent Transportation Systems Magazine, 2017, 9（1）：42-56.

[15]　CHEN J, ZHAO P, MEI T, et al. Lane change path planning based on piecewise Bezier curve for autonomous vehicle. Proceedings of 2013 IEEE International Conference on Vehicular Electronics and Safety, July 28-30, 2013[C]. Dongguan, China: IEEE, 2013.

[16]　NISHIWAKI Y, MIYAJIMA C, KITAOKA N, et al. Generating lane-change trajectories of individual drivers. 2008 IEEE International Conference on Vehicular Electronics and Safety, Sept. 22-24, 2008[C]. Columbus, OH, USA: IEEE, 2008.

[17]　MAR J, LIN H T. The car-following and lane-changing collision prevention system based on the cascaded fuzzy inference system[J]. IEEE Transactions on Vehicular Technology, 2005, 54（2）：910-924.

基于半不确定动力学的直接横摆力矩鲁棒控制

车辆侧向主动避撞系统的控制器采用分层式控制结构。横摆角速率/车身侧偏角计算器为上位控制器，用来计算期望的横摆角速率或是车身侧偏角；直接横摆力矩控制器为下位控制器，根据上位控制器给出的期望值与实际的反馈值进行比较并计算出相应的控制量输出给执行机构，实现车辆转向过程稳定。

9.1 横摆角速率/车身侧偏角计算器

由式(8.3)可以计算出车辆转向换道时车辆应具有的侧向速度和侧向加速度：

$$v_y = \frac{y_e v_x}{D - d_0} - \frac{y_e v_x}{D - d_0} \cos\left(\frac{2\pi v_x}{D - d_0} t\right) \tag{9.1}$$

$$a_y = \frac{2\pi y_e v_x^2}{(D - d_0)^2} \sin\left(\frac{2\pi v_x}{D - d_0} t\right) \tag{9.2}$$

进而可以得到期望的横摆角速率或是车身侧偏角：

$$\gamma_{des} \approx \frac{a_y}{v_x} = \frac{2\pi y_e v_x}{(D - d_0)^2} \sin\left(\frac{2\pi v_x}{D - d_0} t\right) \tag{9.3}$$

$$\beta_{des} = \arctan\left(\frac{v_y}{v_x}\right) = \arctan\left[\frac{y_e}{D - d_0} - \frac{y_e}{D - d_0} \cos\left(\frac{2\pi v_x}{D - d_0} t\right)\right] \tag{9.4}$$

9.2 直接横摆力矩控制器设计

在侧向运动过程中，主要影响车辆转向的因素有车辆参数摄动和侧向风干扰所产生的不确定性。由于 H_∞ 控制具有使干扰影响达到最小的能力，并且对模型的不确定性具有较强的鲁棒性，因此，本书采用 H_∞

鲁棒控制器来抑制这些干扰因素，使车辆能够很好地跟踪期望轨迹。由车辆线性二自由度模型（3.14）可知，模型为两输入一输出系统，状态变量分别为车身侧偏角 β 和横摆角速率 γ。为了便于 H_∞ 鲁棒控制器设计，将车辆模型简化为一单输入单输出系统。

9.2.1 车辆侧向半不确定动力学系统建模

在 β-γ 相图中，文献［1］给出了简化的车辆运动稳定区域，即满足如下条件：

$$|c_1\beta+c_2\dot{\beta}|<1 \tag{9.5}$$

当 $\beta(s)\equiv0$ 时可保证式（9.5）成立。将 $\beta(s)\equiv0$ 代入式（3.14）得到横摆力矩与前轮转向角之间的传递函数：

$$\frac{M_z(s)}{\delta_f(s)}=\frac{a_{22}b_{11}-a_{12}b_{21}}{a_{12}b_{22}-a_{22}b_{12}} \tag{9.6}$$

将式（9.6）代入式（3.14）中，得到稳定的单输入单输出车辆线性系统模型：

$$\begin{cases}\dot{x}=\bar{A}x+\bar{B}\bar{u}\\ y=\bar{C}x\end{cases} \tag{9.7}$$

式中，$x=[\beta \quad \gamma]^T$；$\bar{u}=\delta_f$；$y=\gamma$；

$$\bar{A}=\begin{bmatrix}\dfrac{-2(C_f+C_r)}{mv_x} & \dfrac{-2(l_fC_f-l_rC_r)}{mv_x^2}-1\\ \dfrac{-2(l_fC_f-l_rC_r)}{I_z} & \dfrac{-2(l_f^2C_f+l_r^2C_r)}{I_zv_x}\end{bmatrix};$$

$$\bar{B}=\begin{bmatrix}\dfrac{2C_f}{mv_x}\\ \dfrac{4C_f(l_f^2C_f+l_r^2C_r)}{I_z(mv_x^2+2l_fC_f-2l_rC_r)}\end{bmatrix};\quad \bar{C}=[0 \quad 1]。$$

在车辆系统模型（9.7）中，m 和 I_z 不确切知道，但它们位于的区间已知，即：

$$\begin{cases}m=\bar{m}(1+p_m\delta_m)\\ I_z=\bar{I}_z(1+p_I\delta_I)\end{cases} \tag{9.8}$$

式中，δ_m 和 δ_I 为车辆质量和转动惯量的摄动，它们未知但位于区间 $[-1，1]$；$\bar{m}$ 和 $\bar{I}_z$ 为车辆质量和转动惯量的标称值；p_m 和 p_I 为车辆质量和转动惯量的摄动范围。则 $\dfrac{1}{m}$、m 和 $\dfrac{1}{I_z}$ 可分别表示成如下的上线性分式变换（Upper Linear Fractional Transformation，ULFT）形式：

$$\begin{cases} \dfrac{1}{m} = \dfrac{1}{\bar{m}} - \dfrac{p_m}{\bar{m}} \delta_m (1 + p_m \delta_m)^{-1} = F_u(M_{m1}, \delta_m) \\[3mm] m = \bar{m}(1 + p_m \delta_m) = F_u(M_{m2}, \delta_m) \\[3mm] \dfrac{1}{I_z} = \dfrac{1}{\bar{I}_z} - \dfrac{p_I}{\bar{I}_z} \delta_I (1 + p_I \delta_I)^{-1} = F_u(M_I, \delta_I) \end{cases} \quad (9.9)$$

式中，M_{m1}、M_{m2} 和 M_I 为上线性分式变换的系数矩阵，其具体表示形式分别设为：

$$M_{m1} = \begin{bmatrix} -p_m & -\dfrac{p_m}{\bar{m}} \\[3mm] 1 & \dfrac{1}{\bar{m}} \end{bmatrix}; \quad M_{m2} = \begin{bmatrix} 0 & p_m \bar{m} \\[2mm] 1 & \bar{m} \end{bmatrix}; \quad M_I = \begin{bmatrix} -p_I & -\dfrac{p_I}{\bar{I}_z} \\[3mm] 1 & \dfrac{1}{\bar{I}_z} \end{bmatrix}.$$

结合式(9.7)和车辆系统模型中摄动参数对应的 ULFT，可得到含有参数摄动的车辆系统模型如图 9.1 所示。当横摆力矩与前轮转向角之间满足式(9.6)时可保证车辆侧向运动的稳定性，因此，研究工作中假设式(9.6)中不含有不确定性以保证车辆操纵稳定性，而其他部分含有不确定性，则车辆系统模型中根据参数摄动部分的输入输出关系建立方程如下：

$$\begin{cases} \begin{bmatrix} y_{m1} \\ \dot{\beta} \end{bmatrix} = \begin{bmatrix} -p_m & -\dfrac{p_m}{\bar{m}} \\[3mm] 1 & \dfrac{1}{\bar{m}} \end{bmatrix} \begin{bmatrix} u_{m1} \\ u_{\beta} \end{bmatrix} \\[6mm] \begin{bmatrix} y_{m2} \\ y_{m3} \end{bmatrix} = \begin{bmatrix} 0 & p_m \bar{m} \\ 1 & \bar{m} \end{bmatrix} \begin{bmatrix} u_{m2} \\ \gamma \end{bmatrix} \\[6mm] \begin{bmatrix} y_I \\ \dot{\gamma} \end{bmatrix} = \begin{bmatrix} -p_I & -\dfrac{p_I}{\bar{I}_z} \\[3mm] 1 & \dfrac{1}{\bar{I}_z} \end{bmatrix} \begin{bmatrix} u_I \\ u_{\gamma} \end{bmatrix} \\[6mm] \begin{bmatrix} u_{m1} \\ u_{m2} \\ u_I \end{bmatrix} = \begin{bmatrix} \delta_{m1} & 0 & 0 \\ 0 & \delta_{m1} & 0 \\ 0 & 0 & \delta_I \end{bmatrix} \begin{bmatrix} y_{m1} \\ y_{m2} \\ y_I \end{bmatrix} \end{cases} \quad (9.10)$$

式中，$u_{\beta} = \dfrac{2C_f}{v_x} \delta_f - \dfrac{2(C_f - C_r)}{v_x} \beta - \dfrac{2(l_f C_f - l_r C_r)}{v_x^2} \gamma - y_{m3}$；

$$u_{\gamma} = \dfrac{4C_f(l_f^2 C_f + l_r^2 C_r)}{\bar{m} v_x^2 + 2l_f C_f - 2l_r C_r} \delta_f - 2(l_f C_f - l_r C_r)\beta - \dfrac{2(l_f^2 C_f + l_r^2 C_r)}{v_x} \gamma.$$

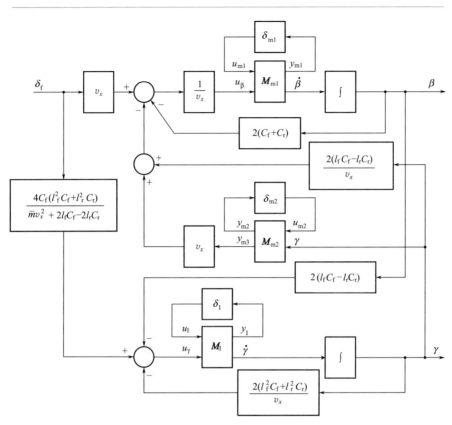

图 9.1　含有参数摄动的车辆系统模型

　　式(9.10) 中不含有未知参数的部分为车辆系统模型的标称部分。设 $G_0(s)$ 表示车辆输入输出动力学的标称模型，其输入为 $[u_{m1}, u_{m2}, u_I, u]$，输出为 $[y_{m1}, y_{m2}, y_I, y]$，状态变量为 $[\beta, \gamma]$，则 $G_0(s)$ 的状态空间表达式为：

$$G_0(s) = \left[\begin{array}{c:cc} \widetilde{A} & \widetilde{B}_1 & \widetilde{B}_2 \\ \hdashline \widetilde{C}_1 & \widetilde{D}_{11} & \widetilde{D}_{12} \\ \widetilde{C}_2 & \widetilde{D}_{21} & \widetilde{D}_{22} \end{array}\right] \quad\quad (9.11)$$

式中，$\widetilde{A} = \begin{bmatrix} \dfrac{-2(C_f + C_r)}{\bar{m}v_x} & \dfrac{-2(l_f C_f - l_r C_r)}{\bar{m}v_x^2} - 1 \\ \dfrac{-2(l_f C_f - l_r C_r)}{\bar{I}_z} & \dfrac{-2(l_f^2 C_f + l_r^2 C_r)}{\bar{I}_z v_x} \end{bmatrix}$；

$$\widetilde{\boldsymbol{B}}_1 = \begin{bmatrix} 1 & -\dfrac{1}{\bar{m}} & 0 \\ 0 & 0 & 1 \end{bmatrix}; \quad \widetilde{\boldsymbol{B}}_2 = \begin{bmatrix} \dfrac{2C_f}{\bar{m}v_x} \\ \dfrac{4C_f(l_f^2 C_f + l_r^2 C_r)}{\bar{I}_z(\bar{m}v_x^2 + 2l_f C_f - 2l_r C_r)} \end{bmatrix};$$

$$\widetilde{\boldsymbol{C}}_1 = \begin{bmatrix} \dfrac{2p_m(C_f + C_r)}{\bar{m}v_x} & \dfrac{2p_m(l_f C_f - l_r C_r)}{\bar{m}v_x^2} + p_m \\ 0 & p_m \bar{m} \\ \dfrac{2p_I(l_f C_f - l_r C_r)}{\bar{I}_z} & \dfrac{2p_I(l_f^2 C_f + l_r^2 C_r)}{v_x \bar{I}_z} \end{bmatrix};$$

$$\widetilde{\boldsymbol{D}}_{11} = \begin{bmatrix} -p_m & \dfrac{p_m}{\bar{m}} & 0 \\ 0 & 0 & 0 \\ 0 & 0 & -p_I \end{bmatrix}; \quad \widetilde{\boldsymbol{D}}_{12} = \begin{bmatrix} -\dfrac{2p_m C_f}{\bar{m}v_x} \\ \dfrac{-4p_I C_f(l_f^2 C_f + l_r^2 C_r)}{\bar{I}_z(\bar{m}v_x^2 + 2l_f C_f - 2l_r C_r)} \end{bmatrix};$$

$\widetilde{\boldsymbol{C}}_2 = \begin{bmatrix} 0 & 1 \end{bmatrix}$; $\widetilde{\boldsymbol{D}}_{21} = \begin{bmatrix} 0 & 0 & 0 \end{bmatrix}$; $\widetilde{\boldsymbol{D}}_{22} = \begin{bmatrix} 0 \end{bmatrix}$。

车辆系统模型摄动参数部分可由一个结构固定参数未知的不确定对角矩阵表示：

$$\boldsymbol{\Delta}(s) = \begin{bmatrix} \delta_{m1} & 0 & 0 \\ 0 & \delta_{m1} & 0 \\ 0 & 0 & \delta_I \end{bmatrix}, \|\boldsymbol{\Delta}(s)\|_\infty \leqslant 1 \tag{9.12}$$

由式（9.11）可知，车辆模型含有两个状态变量，即 β 和 γ。车辆操纵稳定控制中可用 β 或 γ 作为被控变量，亦可用 β 和 γ 作为被控变量。根据稳定约束条件 $\beta(s) \equiv 0$，则本章研究工作中选择 γ 作为车辆转向控制系统的被控变量。

9.2.2　H∞混合灵敏度问题

混合灵敏度问题是解决系统的鲁棒稳定性和性能指标两大问题。针对 S/KS 跟踪问题进行研究，闭环系统结构框图如图 9.2 所示。为简便计算，省略复频率变量"s"。定义灵敏度函数：$\boldsymbol{S} = (\boldsymbol{I} + \boldsymbol{GK})^{-1}$。灵敏度函数反映系统输出对干扰的抑制能力，是一项重要的性能指标。定义补灵敏度函数：$\boldsymbol{T} = (\boldsymbol{I} + \boldsymbol{GK})^{-1}\boldsymbol{GK}$。补灵敏度函数与系统的鲁棒稳定性有关，其定义可以看成是系统在不确定性条件下的鲁棒稳定性条件。引入两个权值函数使系统具有好的跟踪性能和控制输出限制，具体描述如下：

$$\left\|\begin{bmatrix} W_p S \\ W_u KS \end{bmatrix}\right\|_\infty = \left\|\begin{bmatrix} W_p (I+GK)^{-1} \\ W_u K (I+GK)^{-1} \end{bmatrix}\right\|_\infty < 1 \tag{9.13}$$

式中，$G=F_u(G_0,\Delta)$，G 为车辆系统模型，其包含标称模型和摄动参数的不确定性；灵敏度权值函数 W_p 代表了干扰的频率特性，反映了对系统灵敏度函数的形状要求，使其具有低频高增益特性；控制权值函数 W_u 可以限制控制量。

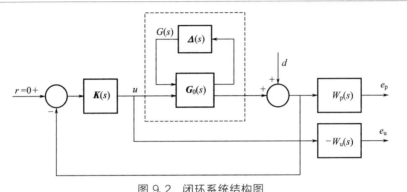

图 9.2　闭环系统结构图

上述混合灵敏度问题可以转化为 H_∞ 标准控制问题。由图 9.2 可以获得闭环系统的输入输出方程（9.14），进而得到 S/KS 问题的广义被控对象模型（9.15）。

$$\begin{bmatrix} e_p \\ e_u \\ \hdashline y \end{bmatrix} = \begin{bmatrix} W_p & -W_p G \\ 0 & W_u \\ \hdashline I & -G \end{bmatrix} \begin{bmatrix} d \\ \hdashline u \end{bmatrix} \tag{9.14}$$

$$P(s) = \begin{bmatrix} P_{11}(s) & P_{12}(s) \\ P_{21}(s) & P_{22}(s) \end{bmatrix} = \begin{bmatrix} W_p & -W_p G \\ 0 & W_u \\ \hdashline I & -G \end{bmatrix} \tag{9.15}$$

式中，$P_{11}(s) = \begin{bmatrix} W_p \\ 0 \end{bmatrix}$；$P_{12}(s) = \begin{bmatrix} -W_p G \\ W_u \end{bmatrix}$；$P_{21}(s) = I$；$P_{22}(s) = -G$。

从 d 到 $e=\begin{bmatrix} e_p & e_u \end{bmatrix}^T$ 的闭环传递函数为：

$$\begin{aligned} F_1(P,K) &= P_{11} + P_{12}K(I-P_{22}K)^{-1}P_{21} \\ &= \begin{bmatrix} W_p(I+GK)^{-1} \\ W_u K(I+GK)^{-1} \end{bmatrix} \end{aligned} \tag{9.16}$$

因此，式（9.13）混合灵敏度问题即可转化为 H_∞ 标准控制问题，即：

$$\|F_1(P,K)\|_\infty < 1 \tag{9.17}$$

9.3　轮胎纵向力分配策略

本书采用全轮纵向力轴载比例分配方式，以前后轮垂直载荷为比例分配各个轮胎的驱动力与横摆力矩。由第 3 章介绍的车辆纵向动力学模型（3.1）得：

$$(rF_{fl}^{x}+rF_{fr}^{x})+(rF_{rl}^{x}+rF_{rr}^{x})=r(ma_x+R_{xf}+R_{xr}+F_{aero}) \tag{9.18}$$

前后轮、左右轮纵向力矩按轮胎垂直载荷比例进行分配，得到如下方程组：

$$\begin{cases} T_{fl}+T_{fr}+T_{rl}+T_{rr}=r(ma_x+R_{xf}+R_{xr}+F_{aero}) \\ T_{fr}+T_{rr}-T_{fl}-T_{rl}=\dfrac{rM_z}{d} \\ \dfrac{T_{fl}+T_{fr}}{F_{zf}}=\dfrac{T_{rl}+T_{rr}}{F_{zr}} \\ \dfrac{T_{fr}-T_{fl}}{F_{zf}}=\dfrac{T_{rr}-T_{rl}}{F_{zr}} \\ F_{zf}+F_{zr}=mg \end{cases} \tag{9.19}$$

求解上述方程组，即可获得四个轮胎纵向力矩：

$$\begin{cases} T_{fl}=\dfrac{F_{zf}}{mg}\left(T_{total}-\dfrac{rM_z}{d}\right) \\ T_{fr}=\dfrac{F_{zf}}{mg}\left(T_{total}+\dfrac{rM_z}{d}\right) \\ T_{rl}=\dfrac{F_{zr}}{mg}\left(T_{total}-\dfrac{rM_z}{d}\right) \\ T_{rr}=\dfrac{F_{zr}}{mg}\left(T_{total}+\dfrac{rM_z}{d}\right) \end{cases} \tag{9.20}$$

9.4　仿真分析

采用二分法计算鲁棒控制器次优解 $\varepsilon \in [\varepsilon_{min}, \varepsilon_{max}]$，设终止计算时误差范围为 T_{tol}，则鲁棒控制器设计参数与权值函数的选择如表9.1所示。设计鲁棒控制器的主要目的是抑制车辆参数摄动和侧向风干扰所产生的不确定性，进而提高车辆操纵稳定性。侧向风阻力可描述为：

$$F_{\text{wind}} = \frac{1}{2}\rho C_y S \left[v_x^2 + (v_{\text{wind}}^y)^2 \right] \tag{9.21}$$

式中　C_y——空气阻力系数；

　　　S——汽车迎风面积；

　　　v_{wind}^y——侧向风速。

侧向空气动力学实验参数如表 9.2 所示。

表 9.1　鲁棒控制器实验参数

参数	数值
$\varepsilon_{\min}$	0.95
$\varepsilon_{\max}$	10
T_{tol}	0.001
$W_p(s)$	$\dfrac{0.095s^2 + 15.01s + 9.5}{s^2 + 0.5s + 0.005}$
$W_u(s)$	10^{-2}
p_m	0.2
p_1	0.3
δ_{m1}	$-1 \leqslant \delta_{m1} \leqslant 1$
δ_{m2}	$-1 \leqslant \delta_{m2} \leqslant 1$
δ_1	$-1 \leqslant \delta_1 \leqslant 1$

表 9.2　侧向空气动力学实验参数

参数	数值
ρ	1.225kg/m^3
C_y	0.3
S	1.6m^2
v_x	90km/h

　　直接横摆力矩鲁棒控制器的给定输入量，即期望横摆角速率采用图 7.7 中给出的横摆角速率变化趋势。侧向风速分别设为 0m/s 和 17m/s 以验证所设计的鲁棒控制器对侧向风干扰的抑制作用。横摆角速率跟踪曲线与误差曲线分别如图 9.3 和图 9.4 所示。车辆在侧向风速为 0m/s 和 17m/s 的条件下实施转向，实际的车辆横摆角速率均可以很好地跟踪期望值，并且跟踪误差较小。由此可说明所设计的 H_∞ 鲁棒控制器对车辆参数摄动和侧向风干扰所产生的不确定性具有较好的抑制作用，使侧向主动避撞系统在安全实施转向避撞的同时具有较好的车辆操纵稳定性。

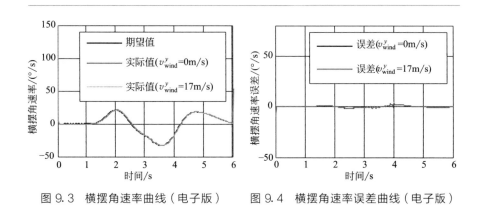

图 9.3　横摆角速率曲线（电子版）　　　图 9.4　横摆角速率误差曲线（电子版）

9.5　车辆侧向换道控制

9.5.1　侧向车辆动力学模型线性化

　　四轮独立驱动电动汽车在行驶过程（尤其是转向过程）中车体状态变化情况较为复杂。因此，为了便于进行电动车避撞控制器设计，车辆非线性动力学模型需要进行线性化处理。假设当车辆以较小角度转向换道时，车辆两前轮与两后轮的转向动作分别保持一致。此时电动汽车模型等效为自行车模型进行研究，如图 9.5 所示。

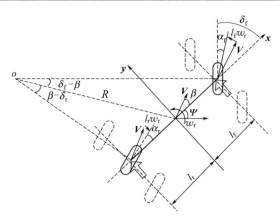

图 9.5　二自由度车辆线性动力学模型（等效自行车模型）

侧向加速度 a_y 主要是由沿 y 轴加速度和向心力 $v_x w_r$ 构成的，根据牛顿第二定律和侧向摆动动力学方程，可以得到二自由度等效自行车模型动力学方程：

$$\begin{cases} M(\ddot{y} + w_r v_x) = 2F_{yf} + 2F_{yr} \\ I_z \ddot{\Psi} = I_z \dot{w}_r = 2F_{yl} l_f - 2F_{yr} l_r \end{cases} \tag{9.22}$$

轮胎侧偏角定义指的是，车辆轮胎行进方向与车轮前行速度方向之间的差值。根据轮胎侧偏角定义和图5.9所示，分别得到前轮侧偏角、后轮侧偏角：

$$\begin{cases} \alpha_f = \delta_f - \beta - l_f w_r / v_x \\ \alpha_r = -\beta + l_r w_r / v_x \end{cases} \tag{9.23}$$

当轮胎侧偏角较小时，轮胎侧向力与轮胎侧偏角近似呈线性关系。K_f，K_r 表示前后轮的侧偏刚度，则前后轮轮胎侧向力分别为：$F_{yf} = K_f \alpha_f$，$F_{yr} = K_r \alpha_r$。

综上分析，得到自行车模型车辆动力学状态方程：

$$\begin{bmatrix} \dot{\beta} \\ \dot{w}_r \end{bmatrix} = \begin{bmatrix} -\dfrac{2K_f + 2K_r}{M v_x} & -\dfrac{2K_f l_f - 2K_r l_r}{M v_x^2} - 1 \\ -\dfrac{2K_f l_f - 2K_r l_r}{I_z} & -\dfrac{2K_f l_f^2 + 2K_r l_r^2}{I_z v_x} \end{bmatrix} \begin{bmatrix} \beta \\ w_r \end{bmatrix} + \begin{bmatrix} \dfrac{2K_f}{M v_x} \\ \dfrac{2K_f l_f}{I_z} \end{bmatrix} \delta \tag{9.24}$$

侧向换道控制器的功能是保证车辆能安全换道至相邻车道，成功避开原车道上与前车碰撞的危险。通过对自行车模型分析可知，车辆的侧向控制主要是由车轮侧偏角 Ψ 来实现，如图9.6所示。车辆在全局坐标系的速度状态与自身坐标系下的速度变化关系为：

$$\begin{cases} v_x = v_X \cos\Psi - \dot{y} \sin\Psi \\ v_y = v_X \sin\Psi + \dot{y} \cos\Psi \\ \Phi = \Psi \end{cases} \tag{9.25}$$

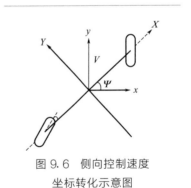

图9.6　侧向控制速度坐标转化示意图

主动避撞系统上层控制器得到的期望轨迹可通过式(9.25)转化后应用于车辆的底层侧向运动控制器。

为了能对车轮实际换道轨迹进行跟踪，车辆模型需要建立关于误差状态量的状态方程，首先定义状态量 e_1，e_2，分别表示车辆质心与道路中心线的距离、行进方向与期望行驶方向的差值。

设车辆期望行驶方向为 Ψ_{des}，则可得到 $\dot{e}_1$，e_2 的表达式如下：

$$\begin{cases} \dot{e}_1 = \dot{y} + v_x(\Psi - \Psi_{des}) \\ e_2 = (\Psi - \Psi_{des}) \end{cases} \tag{9.26}$$

车辆的侧向运动是基于换道过程进行分析的，车辆沿车身方向的纵向速度保持不变。定义侧向系统的状态为 $x = [e_1 \quad \dot{e}_1 \quad e_2 \quad \dot{e}_2]^T$，则侧向动力学模型可描述为：

$$\dot{x} = Ax + B_1\delta + B_2\dot{\Psi}_{des} \tag{9.27}$$

9.5.2　基于前馈补偿的 LQR 侧向控制策略研究

车辆侧向运动控制主要是通过对侧偏角 Ψ（或侧偏角速率 $\dot{\Psi}$）的跟踪来实现期望轨迹。通过分析侧向动力学误差模型，系统（A，B_1）是可控的。利用极点任意配置法对系统进行闭环状态反馈控制。对于控制输入 δ，基于状态反馈采用 $\delta = Kx = k_1e_1 + k_2\dot{e}_1 + k_3e_2 + k_4\dot{e}_2$，则

$$\dot{x} = (A - B_1K)x + B_2\dot{\Psi}_{des} \tag{9.28}$$

侧向动力学模型可通过控制器 K 的选择，消除不稳定极点对系统响应特性的影响。车辆转向过程中，侧向控制器应在尽量减少或增加前轮侧偏角 δ 的情况下，实现对车辆实际行驶的期望横摆角度 Ψ_{des}（或横摆角速率 $\dot{\Psi}_{des}$）的快速精确跟踪，来减轻驾驶员的负担，并提高车辆的操纵性和轨迹保持特性。因此，可用线性二次型调节器 LQR 对车辆侧向控制系统进行优化，减少系统控制误差并提高控制性能。

基于车辆侧向动力学模型［式(9.27)］，LQR 的性能指标为：

$$J = \int_0^\infty (x^TQx + u^TRu)dt \tag{9.29}$$

根据 LQR 理论，性能指标 J 要求在控制输入 u（u 为前轮转角 δ）尽量小的前提下使车辆系统的跟踪误差最小。其中，$Q = I_{4 \times 4}$，R 为常数，可用于调节系统响应的快速性。

通过求解黎卡提方程，基于 LQR 的状态反馈控制器为：

$$K = R^{-1}B_1^TP \tag{9.30}$$

LQR 利用反馈控制 K 构成一个闭环控制系统，在工程上容易实现，对解决车辆实际跟踪控制问题很有效，并具有一定的鲁棒性。

通过对引入 LQR 反馈控制后的模型［式(9.28)］进行分析，系统在达到稳态时将存在稳态误差（由于 $\dot{\Psi}_{des}$ 的存在）。在系统稳态时，$\dot{e}_1 =$

0，$\ddot{e}_1=0$，$\dot{e}_2=0$，$\ddot{e}_2=0$。

由车辆侧向闭环反馈系统［式(9.28)］可得状态误差 e_2 为：

$$\ddot{e}_2=(A_{42}-b_{14}k_2)\dot{e}_1+(A_{43}-b_{14}k_3)e_2+(A_{44}-b_{14}k_4)\dot{e}_2+b_{24}\dot{\Psi}_{\text{des}}$$

$$(9.31)$$

解得 $(A_{43}-b_{14}k_3)e_2+b_{24}\dot{\Psi}_{\text{des}}=0$，即：

$$e_2=\frac{-b_{24}}{(A_{43}-b_{14}k_3)}\dot{\Psi}_{\text{des}} \qquad (9.32)$$

可见，系统稳态时的误差 e_2 只与 $\dot{\Psi}_{\text{des}}$ 有关。为了使系统能够精确跟随给定期望横摆角 Ψ_{des}（即 e_2 最小），采用基于输入补偿的前馈补偿策略对系统进行控制，即对期望偏转角进行处理，令 $\Psi'_{\text{des}}=K_2\Psi_{\text{des}}$，则输入系统的偏转角速率为 $\dot{\Psi}'_{\text{des}}=K_2\dot{\Psi}_{\text{des}}$。当系统达到稳态时的偏转角度误差 e'_2 为：

$$e'_2=\frac{-b_{24}}{(A_{43}-b_{14}k_3)}\dot{\Psi}'_{\text{des}}=\frac{-b_{24}K_2}{(A_{43}-b_{14}k_3)}\dot{\Psi}_{\text{des}} \qquad (9.33)$$

根据偏转角度误差定义，稳态时系统的实际偏转角度输出为：

$$\Psi=e'_2+K_2\Psi_{\text{des}}=K_2\Psi_{\text{des}}-\frac{b_{24}K_2}{(A_{43}-b_{14}k_3)}\dot{\Psi}_{\text{des}}$$

要使系统的实际输出跟随给定 Ψ_{des}，即 $\Psi_{\text{des}}=\Psi$，由此可推出 K_2：

$$K_2=\frac{\Psi_{\text{des}}}{\Psi_{\text{des}}-(b_{24}\dot{\Psi}_{\text{des}})/(A_{43}-b_{14}k_3)} \qquad (9.34)$$

在系统能够快速达到稳态的条件下，基于输入补偿的前馈补偿控制器 K_2 可以使系统精确跟随期望的横摆角度 Ψ_{des}。考虑到控制器 K_2 的分母特殊性，实际的 K_2 为：

$$K_2=\begin{cases} 0, & \Psi_{\text{des}}=0 \text{ 且 } \dot{\Psi}_{\text{des}}=0 \\ k_{\text{const}}, & |\Psi_{\text{des}}-(b_{24}\dot{\Psi}_{\text{des}})/(A_{43}-b_{14}k_3)|<w \\ \dfrac{\Psi_{\text{des}}}{\Psi_{\text{des}}-(b_{24}\dot{\Psi}_{\text{des}})/(A_{43}-b_{14}k_3)}, & \text{其他} \end{cases}$$

$$(9.35)$$

式中，k_{const} 与 w 为常数，并且 $w<1$，已对控制器 K_2 进行死区处理，防止出现无穷大情况。

为了实现上层侧向换道控制器的规划轨迹，则由速度转换公式(9.25)可得系统的期望横摆角度为：

$$\Psi_{\text{des}} = \arcsin\left(\frac{v_X}{\sqrt{v_x^2 + v_y^2}}\right) - \arcsin\left(\frac{v_x}{\sqrt{v_x^2 + v_y^2}}\right) \tag{9.36}$$

基于前馈补偿的 LQR 控制策略和期望横摆角度 Ψ_{des}，车辆侧向控制系统不仅能够通过合理的控制输入 δ 对车辆侧向偏转进行控制，还能精确实现期望的车辆侧向换道轨迹，并对外界干扰和模型不确定性具有一定的抗扰鲁棒性。

9.5.3　仿真分析

车辆侧向换道控制策略采用二自由度侧向自行车模型进行仿真，结构参数如表 9.3 所示。

表 9.3　车辆结构参数

车辆结构参数	数值
汽车质量(m)	1573kg
整车转动惯量(I_Z)	2873kg · m^2
质心距前轴距离(l_f)	1.1m
质心距后轴距离(l_r)	1.58m
汽车行驶速度(V_x)	10m/s
前轮刚度系数(K_f)、后轮刚度系数(K_r)	80000N/rad

当系统给定的期望横摆角度为 $\Psi_{\text{des}} = t$ 时，分别采用 LQR 策略和带有前馈补偿的 LQR 策略进行控制器设计。LQR 性能指标所采用的加权矩阵为 $\boldsymbol{Q} = \boldsymbol{I}_{4\times4}$，$R = 19.5$。由此产生的 LQR 控制器参数 $\boldsymbol{K} = [0.2265\ \ 0.1058\ \ 1.4318\ \ 0.1520]$。车辆侧向动力学系统采用 LQR 控制与基于前馈补偿 LQR 控制的侧向运动效果如图 9.7 所示。

从图 9.7 可以看出，经过调整后，LQR 控制和基于前馈补偿 LQR 控制都能良好跟随期望横摆角度 Ψ_{des}。根据两个控制效果的侧偏角误差曲线，控制器在经过大约 0.5s 调整时间后趋于稳定（该时刻由 LQR 控制器决定）。由于横摆角速率 $\dot{\Psi}_{\text{des}}$ 的存在，系统稳态会存在稳态误差。基于状态反馈的 LQR 控制器只能根据系统的状态通过最优控制输入 δ 获得最小的误差性能指标，并不能消除稳态误差。而基于前馈补偿的 LQR 控制器则根据系统的稳态误差对系统给定输入进行补偿，增加（或减小）系统的前轮控制转角 δ，使稳态误差减小为 -0.0006779（LQR 控制器的稳态误差大约为 -0.083），大大提高了系统的精确程度。

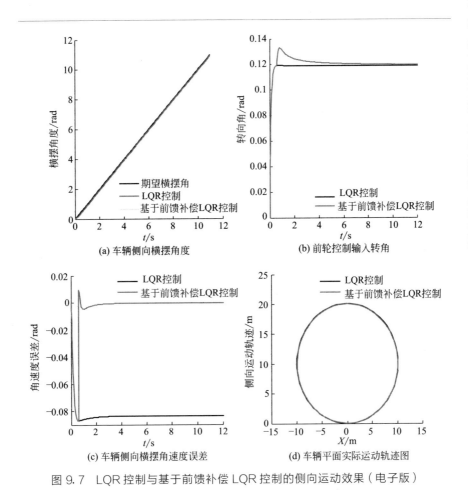

图 9.7 LQR 控制与基于前馈补偿 LQR 控制的侧向运动效果（电子版）

此外，前馈补偿控制器 K_2 采用分段函数进行设计。其中，当式(9.35)的分母 $\Psi_{des} - (b_{24}\dot{\Psi}_{des})/(A_{43} - b_{14}k_3) \to 0$ 时，$K_2 = 1$（采用单独的 LQR 控制策略），可有效防止控制系统出现尖端毛刺现象，更符合实际工程应用。

系统在全局坐标系下的运动速度可通过式(9.36)进行坐标变换求解。由于 $\Psi_{des} = t$，车辆动力学系统会基于前馈补偿 LQR 控制策略进行圆周运动，实际运动效果如图 9.7 所示。可见，基于前馈补偿 LQR 控制精确度高于 LQR 控制。

在实际行驶中，由于外界干扰，车辆并不能保持自身速度 V_X 一直不变。同时车辆质量也将随载荷发生变化。为了验证基于前馈补偿控制算法的抗扰性能，车辆在模型参数改变情况下（V_X 和 m 发生改变）的控制效果如图 9.8 和图 9.9 所示。当车速 V_X 增大时,车辆在基于前馈补偿 LQR 控制作用下减小前轮控制输入转角 δ,使系统快速趋于稳定状态,稳态误差仍然控制在很小的范围内($V_X=25\text{m/s}$ 时,稳态误差约为 0.01),保证了控制系统的跟随精确度和鲁棒抗扰性。当车辆的质量增加时,车辆在基于前馈补偿 LQR 控制作用下增大前轮控制输入转角 δ,使汽车轮胎的侧向力增大,保证对系统期望侧向横摆角度的跟随。当车辆的质量增加 900kg 时,系统的侧向横摆角度误差约为 0.0088,体现了对质量较强的抗扰性。可见,基于前馈补偿 LQR 的侧向偏转控制策略对车辆侧向动力学模型摄动具有一定的鲁棒抗扰性能。

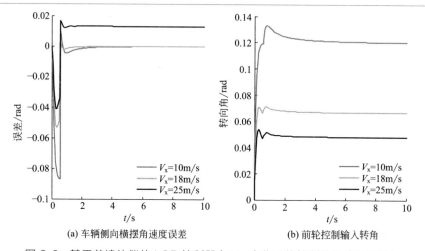

(a) 车辆侧向横摆角速度误差 　　　 (b) 前轮控制输入转角

图 9.8　基于前馈补偿的 LQR 控制器在 V_X 变化下的控制效果(电子版)

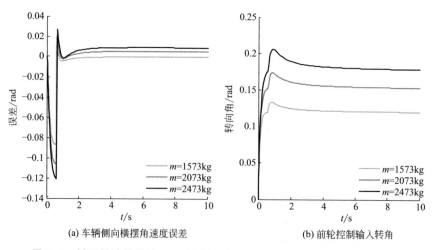

(a) 车辆侧向横摆角速度误差 　　　 (b) 前轮控制输入转角

图 9.9　基于前馈补偿的 LQR 控制器在 m 变化下的控制效果(电子版)

9.6 电动汽车侧向主动避撞系统仿真实验

为验证所提出的状态估计方法与控制策略的有效性和适应性，分别对侧向主动避撞系统进行单工况行驶仿真实验和混合工况行驶仿真实验。

（1）单工况行驶实验

单工况行驶条件如表 4.5 所示。工况一路面条件较好，工况二路面条件较差，该实验分别在两个不同工况下进行。侧向主动避撞系统实时仿真结果分别如图 9.10 和图 9.11 所示。侧向安全距离模型结合了纵向安全距离中的最小保持车距，因此，图 9.10（a）和图 9.11（a）分别给出了路面条件较好和较差两种行驶工况下的车辆边缘轨迹。当路面条件较好时，结合纵向最小保持车距的侧向运动轨迹与不结合最小保持车距的侧向运动轨迹基本重合，即此工况下计算的侧向运动轨迹可以保证车辆行驶安全；当路面条件较差时，与不结合最小保持车距的侧向运动轨迹相比，结合最小保持车距的侧向运动轨迹所计算的车辆横摆角速率与车身侧偏角相对较大，以保证车辆有足够大的距离实施转向。根据车辆边缘轨迹可以计算对应的安全距离模型，两种工况下安全距离模型分别如图 9.10（b）和图 9.11（b）所示。当路面条件较好时，安全距离模型 L_{CB} 较 L_{AB} 保守，即所计算的安全距离过大，道路利用率较低；当路面条件较差时，安全距离模型 L_{CB} 较 L_{AB} 冒进，即车辆安全性较低。相对而言，基于车辆边缘转向轨迹的侧向安全距离模型 L_{AB} 比较合理，道路利用率较好，车辆安全性较高。根据侧向安全距离模型可计算此时车辆应具有的期望横摆角速率和期望车身侧偏角，如图 9.10(c)、(d) 和图 9.11(c)、(d) 所示。由计算出的期望横摆角速率和期望车身侧偏角可以看出，路面条件较好时，车辆转向所需的期望横摆角速率和期望车身侧偏角的幅值较小；当路面条件较差时，车辆转向所需的期望横摆角速率和期望车身侧偏角的幅值较大。进一步验证了所提出的侧向安全距离模型具有一定的适应性和有效性。图 9.10(e)～(h) 和图 9.11(e)～(h) 分别给出了两种工况下侧向风速在 0m/s 和 17m/s 条件下车辆横摆角速率闭环控制效果及轮胎纵向力分配效果。针对稳定的 SISO 车辆系统模型，闭环系统采用横摆角速率作为被控变量。通过对 H_∞ 鲁棒控制器的设计，车辆实际横摆角速率的跟踪效果较好，能够有效地抑制车辆参数摄动和侧向风干扰所产生的不确定性。图 9.10(i)、(j) 和图 9.11(i)、(j) 分别给出了两种工况下侧向风速在 0m/s 和 17m/s 条件下车辆横摆角速率闭环控制曲线及误差曲线。进一步验证了所设计的 H_∞ 鲁棒控制器在车辆转向过程中对横摆角速率控制的有效性，在保证车辆安全的前提下提高了车辆的操纵稳定性。

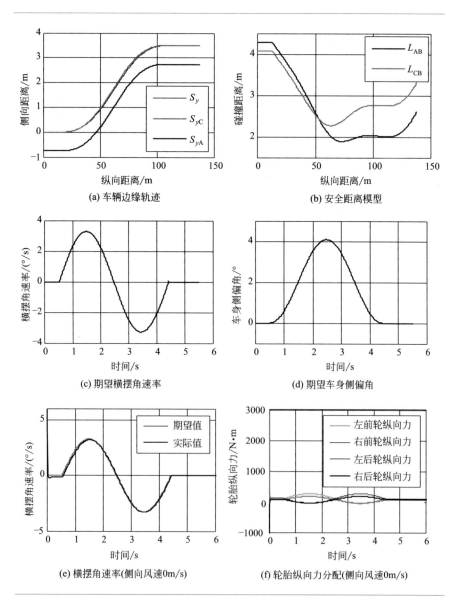

(a) 车辆边缘轨迹

(b) 安全距离模型

(c) 期望横摆角速率

(d) 期望车身侧偏角

(e) 横摆角速率(侧向风速0m/s)

(f) 轮胎纵向力分配(侧向风速0m/s)

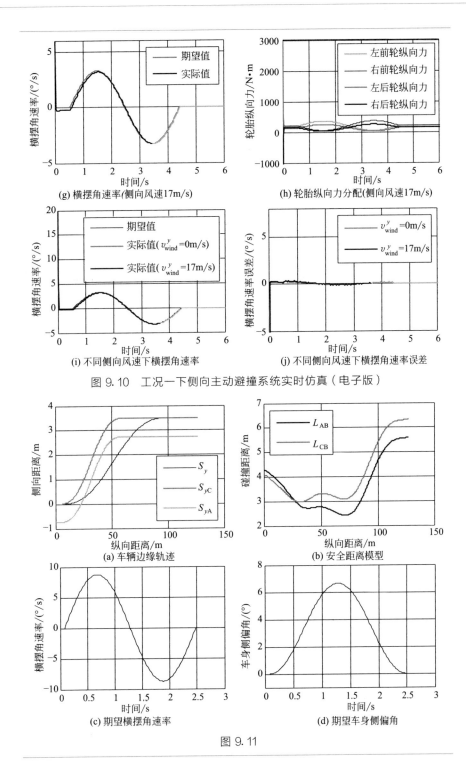

(g) 横摆角速率(侧向风速17m/s)

(h) 轮胎纵向力分配(侧向风速17m/s)

(i) 不同侧向风速下横摆角速率

(j) 不同侧向风速下横摆角速率误差

图 9.10 工况一下侧向主动避撞系统实时仿真（电子版）

(a) 车辆边缘轨迹

(b) 安全距离模型

(c) 期望横摆角速率

(d) 期望车身侧偏角

图 9.11

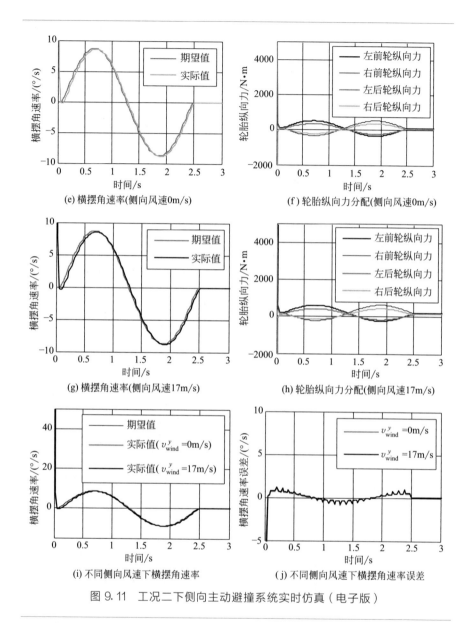

图 9.11 工况二下侧向主动避撞系统实时仿真（电子版）

（2）混合工况行驶实验

实验（1）给出了单工况行驶实验，验证了侧向主动避撞系统适应于不同路面，即附着系数较大和较小的路面。实验（2）则给出了具有不同附着系数的同一路面以验证侧向主动避撞系统对不同路面的适应能力。图 9.12(a) 给出了混合工况的附着系数的变化趋势，附着系数先由 0.7 突变为 0.5，然后突变为 0.2。混合工况行驶实验中，路面条件不同，为确保车辆转向过程安全、稳定，安全距离模型中的驾驶意图参数 $k=10$。由附着系数和驾驶意图参数，即可计算混合工况下车辆边缘的转向轨迹，如图 9.12(b) 所示。根据车辆边缘转向轨迹，即可计算出混合工况下车辆的安全距离模型。路面附着系数的突变进而导致安全距离模型在突变时刻产生波动，安全距离模型如图 9.12(c) 所示。相应的期望横摆角速率也出现波动，如图 9.12(d) 所示。实验仍然以侧向风速为 0m/s 和 17m/s 为例，分别给出了其横摆角速率控制及横摆力矩分配效果图。如图 9.12(e)～(h) 所示，车辆的实际横摆角速率能够较好地跟踪期望横摆角速率，且可有效地将横摆力矩进行分配。图 9.12(i)、(j) 分别给出了不同侧向风速下横摆角速率闭环控制曲线与误差曲线。不同侧向风速下车辆的横摆角速率控制效果比较好，都可以很好地跟踪期望横摆角速率。在 3.2s 左右，期望横摆角速率的变化率突然增大，迫使车辆按照期望的横摆角速率进行行驶。由于车辆惯性的存在，车辆实际横摆角速率不能立刻跟踪期望横摆角速率，因此，在 3.2s 左右车辆的实际横摆角速率与期望横摆角速率之间的误差相对较大。但在所设计的鲁棒控制器的作用下，横摆角速率误差将立刻减小。因此，基于 RCP 和 HIL 的侧向主动避撞系统实时仿真实验说明了所提出的基于车辆边缘转向轨迹的侧向安全距离模型、轮胎侧偏刚度估计的简化方法、车身侧偏角非线性观测器以及基于稳定的车辆系统模型的直接横摆力矩 H_∞ 鲁棒控制是有效、合理的，且具有实用性。

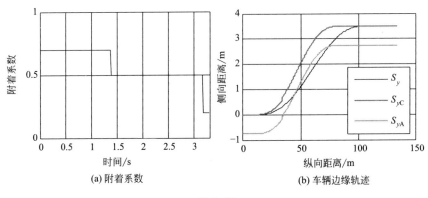

图 9.12

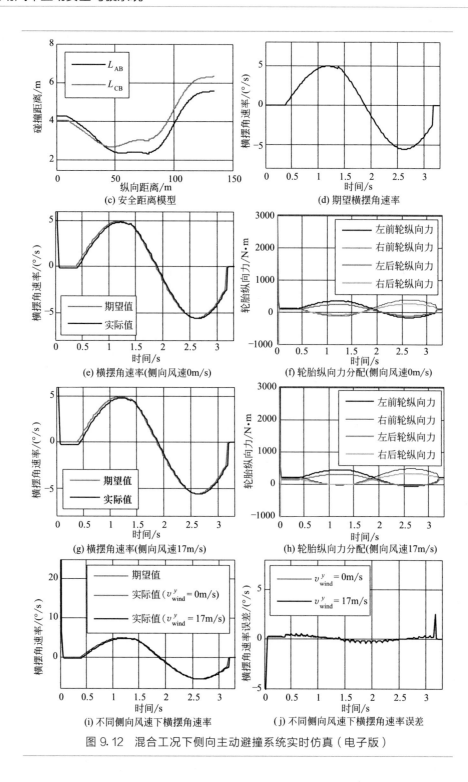

图 9.12　混合工况下侧向主动避撞系统实时仿真（电子版）

9.7 本章小结

　　本章结合转向稳定约束和轮胎侧偏刚度信息，提出了车辆侧向半不确定动力学模型，在确保车辆操纵稳定性的前提下，将车辆动力学多输入多输出系统简化为单输入单输出系统，并给出了基于半不确定动力学模型的 H_∞ 混合灵敏度问题，完成了侧向转向避撞系统对车辆参数摄动和侧向风干扰所产生不确定的抑制，有效地提高了车辆操纵稳定性。此外，本章设计了基于前馈补偿的 LQR 侧向控制器，能够通过适当的控制输入 δ 对车辆侧向偏转进行控制，精确实现期望换道轨迹，并对外界干扰和模型不确定性具有一定的鲁棒性。基于 dSPACE 实时仿真系统进行了电动汽车主动避撞系统整车仿真实验，并在整车仿真实验中进一步验证了在侧向主动避撞系统中所提出的状态估计方法与控制策略的有效性和合理性。更重要的是在实时仿真实验中，所设计的车辆主动避撞系统在制动避撞方式和转向避撞方式上的安全性均得到很好的保证，并使车辆主动避撞系统在纵向和侧向上都对路面条件具有很好的适应性，能够很好地体现驾驶员特性，达到了本书研究的目的和初衷。

参考文献

[1] GU D W, PETKOV P H, KONSTANTINOV M M. Robust Control Design with MATLAB [M]. New York: Springer, 2005.

[2] 苏宏业. 鲁棒控制基础理论[M]. 北京: 科学出版社, 2010.

[3] 邹广才, 罗禹贡, 李克强. 基于全轮纵向力优化分配的 4WD 车辆直接横摆力矩控制[J]. 农业机械学报, 2009, 5（40）: 1-6.

[4] ABE M, MANNING W. Vehicle Handling Dynamics Theory and Application [M]. Amsterdam: Elsevier Ltd, 2009.

[5] 于华. 全驱电动汽车横摆稳定性控制策略研究[D]. 沈阳: 沈阳工业大学, 2013.

[6] ZHANG R H, JIA H G, TAO C. Dynamics Simulation on Control Technology for 4WS Vehicle Steering Performance. 2008 ISECS International Colloquium on Computing, Communication, Control, and Management, Aug. 3-4, 2008[C]. Guangzhou, China: IEEE, 2008.

[7] MOON S, MOON I, YI K. Design, Tuning, and Evaluation of a Full-range Adaptive Cruise Control System with Collision Avoidance [J]. Control Engineering Practice,

2009，4（17）：442-455.

[8] SEUNGWUK M，KYONGSU Y. Human Driving Databased Design of A Vehicle Adaptive Cruise Control Algorithm[J]. Vehicle System Dynamics，2008，8（46）：661-690.

[9] Robert Bosch GmbH. Safety，Comfort and Convenience Systems[M]. 3rd ed. Bentley，2007.

[10] LIAN Y F，TIAN Y T，HU L L，et al. A New Braking Force Distribution Strategy for Electric Vehicle Based on Regenerative Braking Strength Continuity[J]. Journal of Central South University，2013，12（20）：3481-3489.

[11] LIAN Y F，ZHAO Y，HU L L，et al. Longitudinal collision avoidance control of electric vehicles based on a new safety distance model and constrained-regenerative-braking-strength-continuity braking force distribution strategy [J]. Transactions on Vehicular Technology，2016，65（6）：4079-4094.

[12] 童季贤，张显明. 最优控制的数学方法及应用 [M]. 成都：西南交通大学出版社，1994.

[13] 马培蓓，吴进华，纪军，等. dSPACE 实时仿真平台软件环境及应用[J]. 系统仿真学报，2004，4（16）：667-670.

[14] 潘峰，薛定宇，徐心和. 基于 dSPACE 半实物仿真技术的伺服控制研究与应用[J]. 系统仿真学报，2004，5（16）：936-939.

[15] 周克敏，毛剑琴. 鲁棒与最优控制[M]. 北京：国防工业出版社，2006.

第10章

四驱电动汽车稳定性控制力矩分配算法研究

10.1 控制分配算法综述

为了充分利用车辆的性能潜力，需要一种设计良好的控制分配法。在这一节，对现有的控制分配方法进行了概述。主要有以下几种方法：直接控制分配法、广义逆法、链式递增法和数学规划法。

（1）直接控制分配法

直接控制分配法是由 Duram 基于车辆目标可达集（AMS）的概念提出的。可达集定义为所有满足约束条件 $\Omega = \{u \in \mathrm{IR}^m : u^- \leqslant u \leqslant u^+\}$ 的可获得的控制目标 $\bar{u}$ 的集合。直接控制分配问题的解决方案是计算矩阵 G，它表示控制输入集合 u 到生成的控制目标 $\bar{u}$ 的映射。如果期望的控制目标向量不在可达集里，需要在控制向量边界去除它，并且使用原始向量会在控制输入向量的方向上产生最大的影响。也就是说，在控制限制范围内，寻找期望控制目标方向上幅值最大的可达向量及对应的控制量。

（2）广义逆法

广义逆法解决控制分配问题时，首先对任意矩阵 G，当满足 $BG = I_m$ 时，$\mathrm{IR}^m \rightarrow \mathrm{IR}^n$。最广泛应用的广义逆法是求解伪逆矩阵 $G = B^{\mathrm{T}} [BB^{\mathrm{T}}]^{-1}$，因为会产生最小二范数解（最小控制能量）。广义逆法是通过建立有效性矩阵 B 的伪逆矩阵 $B^{\dagger}$ 与期望控制目标之间的乘法求解的。

$$u = B^{\mathrm{T}} [BB^{\mathrm{T}}]^{-1} \bar{u} \qquad (10.1)$$

另一种广义逆解法是加权伪逆法，它在伪逆计算过程中引入一个权重矩阵 Q，加权伪逆解法计算如下：

$$u = Q^{-1} B^{\mathrm{T}} [BQ^{-1} B^{\mathrm{T}}]^{-1} \bar{u} \qquad (10.2)$$

式中，矩阵 Q 通过强调或不再强调特定执行器的使用来选择。

级联广义逆法（CGI）相对于先前提出的方法在执行器饱和控制方面有优势。CGI 的方法解决了加权伪逆问题的反复性。根据期望的效果去除任意执行器饱和的影响，解决加权伪逆问题。重复这个过程，直到达到预期的效果，所有的执行器达到饱和或较少执行器维持预期的效果。

（3）链式递增法

链式递增法解决控制分配问题是把控制变量 u 和有效性矩阵 $\boldsymbol{B}$ 分成两组或更多组。相继使用这些组合产生期望的控制目标 $\bar{u}$，k 组变量的数学表达式如下：

$$\boldsymbol{B}u = \begin{bmatrix} B_1 \cdots B_k \end{bmatrix} \begin{bmatrix} u_1 \\ \vdots \\ u_k \end{bmatrix} = B_1 u_1 + \cdots + B_k u_k \qquad (10.3)$$

式中，$B_i (i=1,\cdots k)$ 是满秩的可逆矩阵。

首先使用广义逆方法，在其他组保持不变的情况下，试图满足第一组执行器的控制效果。如果一个或多个执行器饱和则使用第二组来补偿饱和，与此同时所有其他组是保持不变的。重复这个过程，直到满足预期的效果或所有组均达到饱和状态。链式递增法的缺点在于一组执行器的有效性是受限于该组最受约束的执行器的。因此，当执行器具有相似的物理限制不组合在一起时，就失去了控制器相互之间的权重关系。

（4）数学规划法

针对控制分配问题，需要满足约束条件的同时又要获得期望控制目标。下面介绍基于数学规划的优化分配算法，主要包括线性规划法（LP）和二次规划法（QP）。

线性规划是一种涉及到在满足线性等式和不等式约束的条件下，使一个线性代价函数最小化的最优化技术。线性规划的标准形式如下：

$$\begin{aligned} &\min_{\boldsymbol{u}} \quad \boldsymbol{c}^{\mathrm{T}}\boldsymbol{u} \\ &s.t. \quad \boldsymbol{B}u = \bar{u} \\ &\qquad \quad u^- \leqslant u \leqslant u^+ \end{aligned} \qquad (10.4)$$

二次规划像最小二乘法一样，是基于加权 2 范数的优化方法。二次规划问题的一般形式和线性规划是一样的，不同的是二次规划的目标函数增加了二次项。

$$\begin{aligned} &\min_{\boldsymbol{u}} \quad \frac{1}{2}\boldsymbol{u}^{\mathrm{T}}\boldsymbol{Q}\boldsymbol{u} + \boldsymbol{c}^{\mathrm{T}}\boldsymbol{u} \\ &s.t. \quad \boldsymbol{B}u = \bar{u} \\ &\qquad \quad u^- \leqslant u \leqslant u^+ \end{aligned} \qquad (10.5)$$

式中，等式约束定义了控制输入的解空间，不等式约束代表执行器等约束条件的限制。

从实际求得的最优解来看，当执行器饱和时，最优解不在目标可达集合的范围内，故寻求次优解；二次规划则是根据代价函数和约束条件，对控制量相互之间进行加权或惩罚，进而实现复杂的控制分配问题。

因为二次规划问题像最小二乘问题一样，所以在求解过程中可以转化成序列最小二乘法和加权最小二乘法，使求解的速度更快，这种控制方法得到了广泛的应用。

10.2　优化目标选择

车辆总的轮胎纵向力和总的车辆横摆转矩方程如下：

$$\begin{cases} F_{x1}+F_{x2}+F_{x3}+F_{x4}=F_x \\ (-F_{x1}+F_{x2}-F_{x3}+F_{x4})\dfrac{d}{2}=M_z \end{cases} \tag{10.6}$$

上述方程写成矩阵形式如下：

$$w=Bu \tag{10.7}$$

式中，$w=\begin{bmatrix} F_x & M_x \end{bmatrix}^T$；$u=\begin{bmatrix} F_{x1} & F_{x2} & F_{x3} & F_{x4} \end{bmatrix}^T$；

$$B=\begin{bmatrix} 1 & 1 & 1 & 1 \\ -\dfrac{d}{2} & \dfrac{d}{2} & -\dfrac{d}{2} & \dfrac{d}{2} \end{bmatrix}。$$

式(10.7) 可以使用二次规划方法求解。应用二次规划方法时，首先应该确定优化目标函数和约束条件。选择4个车轮的纵向力 F_{xi} 和侧向力 F_{yi} 的平方和除以垂直载荷 F_{zi} 乘摩擦系数 μ 的平方作为优化目标函数，用来表达车辆的稳定裕度。轮胎的利用率越高，车辆的稳定裕度越低。当目标函数的值接近1时，轮胎正在接近其附着力极限，此时车辆处于即将失去稳定的临界状态。所以这里的优化目标是使目标函数最小化，以保证车辆的稳定裕度最大化。目标函数表示为如下：

$$\min J=\sum_{i=1}^{4}\frac{F_{xi}^2+F_{yi}^2}{(\mu F_{zi})^2}, \quad i=1,2,3,4 \tag{10.8}$$

式中，μ 为路面附着系数；$i=1,2,3,4$ 分别对应 $i=fl,fr,rl,rr$。

式(10.8) 可以改写为如下的矩阵形式：

$$\min J=u^T Wu \tag{10.9}$$

式中，$u=\begin{bmatrix} F_{fl},F_{fr},F_{rl},F_{rr} \end{bmatrix}^T$；

$$W = \begin{bmatrix} \dfrac{1}{(\mu_{fl}F_{zfl})^2} & & & \\ & \dfrac{1}{(\mu_{fr}F_{zrl})^2} & & \\ & & \dfrac{1}{(\mu_{rl}F_{zrl})^2} & \\ & & & \dfrac{1}{(\mu_{rr}F_{zrr})^2} \end{bmatrix}。$$

垂直载荷计算如下：

$$\begin{cases} F_{zfl} = \dfrac{m(gl_r - a_x h_g)}{2l} - \dfrac{h_{gf}l_r ma_y}{ld/2} \\ F_{zfr} = \dfrac{m(gl_r - a_x h_g)}{2l} + \dfrac{h_{gf}l_r ma_y}{ld/2} \\ F_{zrl} = \dfrac{m(gl_f - a_x h_g)}{2l} - \dfrac{h_{gr}l_f ma_y}{ld/2} \\ F_{zrr} = \dfrac{m(gl_f - a_x h_g)}{2l} + \dfrac{h_{gr}l_f ma_y}{ld/2} \end{cases} \tag{10.10}$$

在实际中，对于四轮独立驱动电动汽车，侧向力受条件限制不可控，故选择纵向力作为控制变量，即 $u = [F_{xfl}, F_{xfr}, F_{xrl}, F_{xrr}]^T$。此时优化目标函数转化为：

$$\min J = \sum_{i=1}^{4} \frac{F_{xi}^2}{(\mu F_{zi})^2} \tag{10.11}$$

由上式可以看出，本书所选择的优化目标函数为轮胎利用率平方和最小的变形，忽略了侧向力，考虑在纵向力作用下产生的轮胎利用率最小作为目标函数。虽然简化了控制目标，但在实际中，纵向力和侧向力不可能完全独立，可以换个思路考虑，本书所采用的优化目标函数能够使车辆稳定行驶时，获得最小的执行器控制消耗。本书所提出的优化目标来进行纵向力和转矩的分配，能够使得电机保留更大的裕量，在车辆突发不稳定状况时，能够有更大能力去主动维持和改变车辆行驶状态，增强了车辆行驶的安全性和稳定性，这对于稳定性控制系统来说也是具有一定意义的。

10.3 轮胎纵向力分配约束条件

下位控制器的主要任务为根据上位控制器输出的广义合力合理地分配到各自轮毂电机上，即对轮胎的纵向力进行优化分配，进而得到控制所需的横摆力矩。但在一定路面条件下，纵向力同时还受路面附着和电机最大输出力矩等条件的限制。

首先对摩擦圆进行定义，当在车辆垂直载荷一定的条件下，轮胎会产生一个与路面之间的最大附着力，以最大附着力为半径做圆，即为摩擦圆。轮胎的纵向力和侧向力分别在摩擦圆互相垂直的坐标轴上，并且保证在摩擦圆内变化。实际中，路面附着摩擦圆是一个椭圆形状。设路面附着系数为 μ，则满足如下约束条件：

$$\left(\frac{F_x}{\mu F_z}\right)^2 + \left(\frac{F_y}{\mu F_z}\right)^2 \leqslant 1 \tag{10.12}$$

另外，纵向力还受执行器条件限制，综合执行器与路面附着椭圆约束条件，可以得到轮胎力在总约束条件下的可行区域，如图10.1所示。

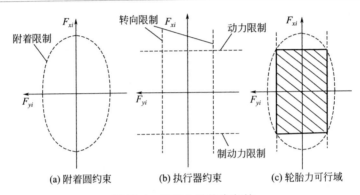

图 10.1 轮胎力总约束条件

根据上述摩擦椭圆约束条件式(10.12)，可以得到纵向力约束条件如下：

$$|F_{xi}| \leqslant \sqrt{\left[1 - \left(\frac{F_{yi}}{\mu F_{zi}}\right)^2\right]} \times \mu F_{zi} \tag{10.13}$$

电机最大输出转矩约束条件如下：

$$F_{xi} \leqslant \frac{T_{i\max}}{r} \tag{10.14}$$

式中，$T_{i\max}$ 为电机最大输出转矩。

路面附着条件限制如下：

$$|F_{xi}| \leqslant \mu_m F_{zi} \tag{10.15}$$

综上所述，根据式(10.13)到式(10.15)，各个车轮的纵向力约束条件表示如下：

$$|F_{xi}| \leqslant \min\left\{\mu_m F_{zi}, \frac{T_{i\max}}{r}, \sqrt{\left[1 - \left(\frac{F_{yi}}{\mu F_{zi}}\right)^2\right]} \times \mu F_{zi}\right\} \tag{10.16}$$

10.4 优化分配算法求解

根据式(10.7)、式(10.11) 和式(10.13) 得到如下二次规划标准型：

$$\min_{u} J = \boldsymbol{u}^{\mathrm{T}} \boldsymbol{W} \boldsymbol{u}$$

$$s.t. \begin{cases} \boldsymbol{B}\boldsymbol{u} = \boldsymbol{w} \\ \boldsymbol{u}_{\min} \leqslant \boldsymbol{u} \leqslant \boldsymbol{u}_{\max} \end{cases} \tag{10.17}$$

将上式的等式约束 $\boldsymbol{w} = \boldsymbol{B}\boldsymbol{u}$ 变型为 $\min \|\boldsymbol{B}\boldsymbol{u} - \boldsymbol{w}\|_2$，上述问题就转化成为序列最小二乘问题：

$$\begin{cases} \boldsymbol{u} = \arg\min_{\boldsymbol{u} \in \boldsymbol{\Omega}} \|\boldsymbol{W}_{\mathrm{u}} \boldsymbol{u}\|_2 \\ \boldsymbol{\Omega} = \arg \min_{\boldsymbol{u}_{\min} \leqslant \boldsymbol{u} \leqslant \boldsymbol{u}_{\max}} \|\boldsymbol{W}_{\mathrm{w}} (\boldsymbol{B}\boldsymbol{u} - \boldsymbol{w})\|_2 \end{cases} \tag{10.18}$$

式中，$\boldsymbol{W}_{\mathrm{u}}$ 为控制变量 $\boldsymbol{u}$ 的权重矩阵；$\boldsymbol{W}_{\mathrm{w}}$ 为分配需求 $\boldsymbol{w}$ 的权重矩阵。

通过引入权重系数 κ，可以将序列最小二乘问题转化为加权最小二乘问题：

$$\boldsymbol{u} = \arg \min_{\boldsymbol{u}^- \leqslant \boldsymbol{u} \leqslant \boldsymbol{u}^+} \{ \|\boldsymbol{W}_{\mathrm{u}} \boldsymbol{u}\|_2^2 + \kappa \|\boldsymbol{W}_{\mathrm{w}} (\boldsymbol{B}\boldsymbol{u} - \boldsymbol{w})\|_2^2 \} \tag{10.19}$$

综上所述，将式(10.19) 转化为如下形式：

$$\|\boldsymbol{W}_{\mathrm{u}} \boldsymbol{u}\|_2^2 + \kappa \|\boldsymbol{W}_{\mathrm{w}} (\boldsymbol{B}\boldsymbol{u} - \boldsymbol{w})\|_2^2 = \left\| \begin{pmatrix} \kappa^{\frac{1}{2}} \boldsymbol{W}_{\mathrm{w}} \boldsymbol{B} \\ \boldsymbol{W}_{\mathrm{u}} \end{pmatrix} \boldsymbol{u} - \begin{pmatrix} \kappa^{\frac{1}{2}} \boldsymbol{W}_{\mathrm{w}} \boldsymbol{w} \\ 0 \end{pmatrix} \right\|_2^2 = \|\boldsymbol{A}\boldsymbol{u} - \boldsymbol{b}\|_2^2 \tag{10.20}$$

上式可以通过有效集方法求解，获得电动汽车四轮毂电机驱动的力矩优化分配结果。

10.5 轴载比例分配算法

对于车辆稳定控制系统，车辆轮胎的纵向力分配方式普遍采用按轴载比例分配的方法。车辆总的驱动力和横摆转矩按前后轴载比例进行分配，前、后轴载荷值如下：

$$\begin{cases} F_{z\mathrm{f}} = \dfrac{m(gl_{\mathrm{r}} - a_x h)}{l} \\ F_{z\mathrm{r}} = \dfrac{m(gl_{\mathrm{f}} + a_x h)}{l} \end{cases} \tag{10.21}$$

式中，$F_{z\mathrm{f}}$、$F_{z\mathrm{r}}$ 为前、后轴的垂直载荷；a_x 为纵向加速度；h 为整车质量的质心高度。

四个车轮在满足总驱动力和总横摆转矩条件下，还应满足下式：

$$\begin{cases} \dfrac{F_{x1}+F_{x2}}{F_{zf}} = \dfrac{F_{x3}+F_{x4}}{F_{zr}} \\ \dfrac{F_{x1}-F_{x2}}{F_{zf}} = \dfrac{F_{x3}-F_{x4}}{F_{zr}} \end{cases} \tag{10.22}$$

故可以得到按轴载比例分配的各个车轮的纵向力如下：

$$\begin{cases} F_{x1} = \dfrac{F_{zf}(ma_x - 2M_z/d)}{2mg} \\ F_{x2} = \dfrac{F_{zf}(ma_x + 2M_z/d)}{2mg} \\ F_{x3} = \dfrac{F_{zr}(ma_x - 2M_z/d)}{2mg} \\ F_{x4} = \dfrac{F_{zr}(ma_x + 2M_z/d)}{2mg} \end{cases} \tag{10.23}$$

10.6 侧向稳定性控制系统仿真实验与结果分析

本节针对所提出的侧向稳定性控制系统进行仿真实验验证，通过建立 CarSim/Simulink 联合仿真模型，分别在不同车速和不同路面附着条件下对所提出的力矩优化分配算法与轴载比例分配算法进行了测试，实验结果表明本书所提出的优化分配算法增强了系统的稳定性。

10.6.1 基于 CarSim 和 Simulink 联合仿真实验程序

本书利用 CarSim 中精确的车辆动力学模型和路面及驾驶条件，结合 Simulink 搭建的控制模块构成侧向稳定性控制系统程序图，如图 10.2 所示。文中 CarSim 车辆模型中的汽车参数如表 10.1 所示。

表 10.1 电动汽车各项参数

参数	单位	数值
质量	kg	1020+120
轴距	mm	2330
前轴到质心距离	mm	1165
后轴到质心距离	mm	1165
质心高度	mm	375
同轴两轮轮距	mm	1481
车轮有效滚动半径	mm	333

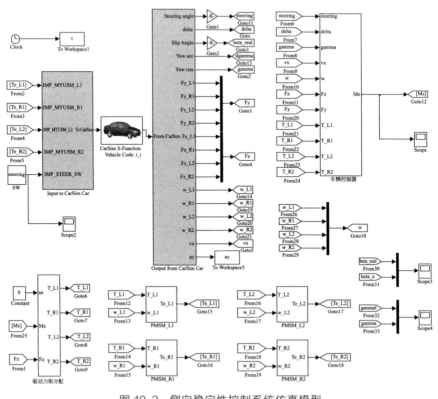

图 10.2　侧向稳定性控制系统仿真模型

10.6.2　仿真实验设计与结果分析

相对于开环实验，闭环驾驶员模型能够更好地体现驾驶员真实的驾驶过程。实验采用双移线工况，对汽车转向行驶过程中的侧向稳定性控制策略进行验证，分别在不同车速和路面条件下做了仿真实验。图 10.3 和图 10.4 分别为初速度 60km/h 高附着和低附着路面条件下的实验结果图。图 10.5 和图 10.6 分别为初速度 120km/h 高附着和低附着路面条件下的实验结果图。

如图 10.3 中（a）和（b）所示，车辆横摆角速率和车辆侧偏角的值能够很好地跟随参考值的变化而变化，说明本书所设计的控制器有良好的控制效果；图 10.3(c) 为车辆的四个车轮的垂向力；图 10.3(d) 为优化分配模式和平均分配模式及 PI 控制器得到的横摆转矩的变化，从图中可以看出，本书所设计的控制算法与 PI 控制结果都很好；图 10.3(e)、（f）分别为优化分配模式和平均分配模式的电磁转矩。对比图 10.3(e)、(f) 可以看出在车速适度和路面附着条件较好的情况下，优化分配模式和平均分配模式都具有良好的转矩输出结果。

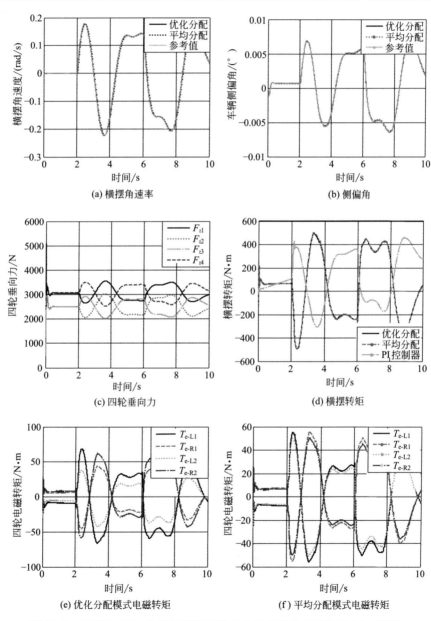

(a) 横摆角速率　　　　　　　　　(b) 侧偏角

(c) 四轮垂向力　　　　　　　　　(d) 横摆转矩

(e) 优化分配模式电磁转矩　　　　(f) 平均分配模式电磁转矩

图 10.3　初速度 60km/h 路面附着系数 0.9 条件下的实验结果（电子版）

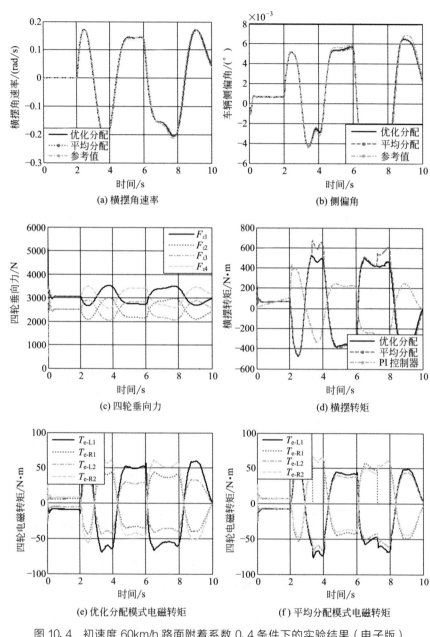

(a) 横摆角速率

(b) 侧偏角

(c) 四轮垂向力

(d) 横摆转矩

(e) 优化分配模式电磁转矩

(f) 平均分配模式电磁转矩

图 10.4　初速度 60km/h 路面附着系数 0.4 条件下的实验结果（电子版）

图 10.4（a）和（b）分别为横摆角速率和车辆侧偏角的控制结果图，从图中可以看出，无论是优化分配模式还是平均分配模式，书中

所设计的控制算法具有良好的效果；图 10.4(c) 为车辆四个车轮的垂向力变化；图 10.4(d) 为优化分配模式和平均分配模式及 PI 控制器得到的横摆转矩的变化，从图中可以看出，此时优化分配模式的横摆转矩要优于平均分配模式的横摆转矩控制结果，优化分配模式需要更小的横摆转矩，即意味着车辆在此时有更大的能力去应对车辆突发的不稳定状况，在一定程度上增强了车辆的稳定性；对比优化分配模式电磁转矩图 10.4(e) 和平均分配模式电磁转矩图 10.4(f) 可以看出在车速适度和路面附着条件差的情况下，优化分配模式的转矩输出结果更好。在路面条件较差时，平均分配模式已经出现了车轮抱死的状态，不利于车辆稳定性控制。

对比图 10.3 和图 10.4 可以看出在相同车速下，采用优化分配模式的车辆稳定性控制不管在路面附着条件良好或较差情况时，都能具有良好的控制效果，优于平均分配模式，在一定程度上提高了车辆在低附着路面的稳定性。

图 10.5 为初速度 120km/h 路面附着系数 0.9 时的实验结果图。图 10.5(a) 和 (b) 分别为横摆角速率和车辆侧偏角，可以看出此时具有良好的车辆控制效果；图 10.5(c) 为车辆四轮垂向力变化；图 10.5(d) 为优化分配模式和平均分配模式及对应 PI 控制的横摆转矩图，如图所示，本书设计的优化分配模式和平均分配模式的控制效果优于 PI 控制效果，同时优化分配模式所需的横摆转矩略小于平均分配模式，这说明此时优化分配模式具有更优的控制效果，有助于增强车辆的稳定性。图 10.5(e)、(f) 分别为优化分配模式和平均分配模式的电磁转矩输出，此时的优化分配模式存在优化与轴载比例分配的切换，存在一些较大的幅度变化，但能够很好地维持车辆的稳定性。

图 10.6 为初速度 120km/h 路面附着系数 0.4 的实验结果图，图 10.6(a) 为车辆横摆角速率变化曲线图，图 10.6(b) 为车辆侧偏角控制结果图，图中可以看出此时车辆控制效果不如路面附着系数高的效果，横摆角速率和车辆侧偏角依然能够跟随参考值的变化而变化；图 10.6(c) 为车辆四轮垂向力变化，车辆输出的电磁转矩变化具有和其相对应的变化趋势；图 10.6(d) 为车辆横摆转矩控制结果图，可以看出此时优化分配模式相对于平均分配模式具有明显的优势，所需车轮提供的横摆转矩更小，车辆具有更强的稳定性与安全性。图 10.6(e)、(f) 分别为优化和平均分配模式的电磁转矩图，可以看出此时优化分配模式通过优化分配模式与轴载比例分配模式的切换能够更好地维持车辆稳定。

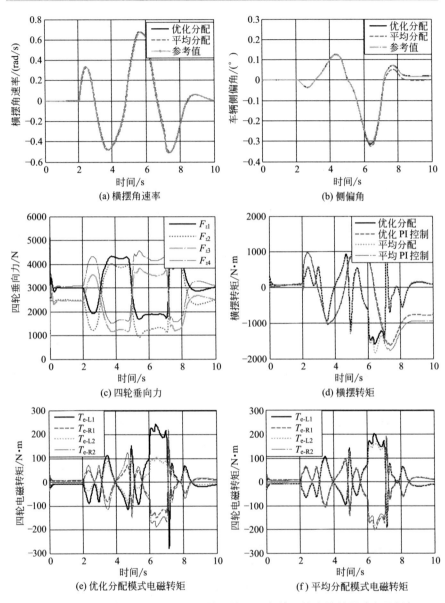

图 10.5　初速度 120km/h 路面附着系数 0.9 条件下的实验结果（电子版）

对比图 10.4 与图 10.6，本书所提出的优化控制算法在大侧偏角和高速行驶时，能够很好地发挥控制效果，在满足路面条件和电机转矩约束的条件下，通过合理地分配轮胎纵向力，来增强车辆稳定性与安全性。上述实验验证了本书所提出控制策略与分配算法的有效性。

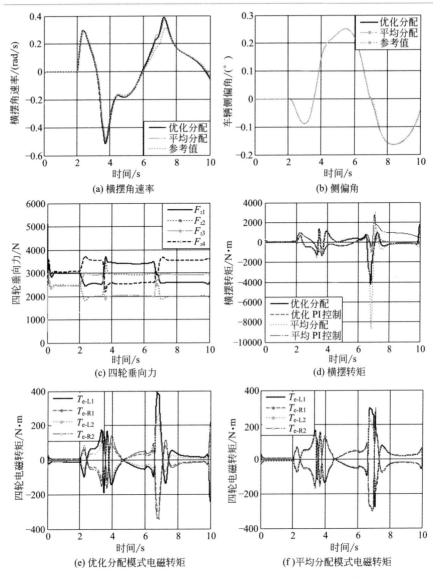

(a) 横摆角速率　　　　　　　(b) 侧偏角

(c) 四轮垂向力　　　　　　　(d) 横摆转矩

(e) 优化分配模式电磁转矩　　　(f) 平均分配模式电磁转矩

图 10.6　初速度 120km/h 路面附着系数 0.4 条件下的实验结果（电子版）

10.7　本章小结

　　本章完成了下位控制器通过控制纵向力的优化分配，满足车辆稳定的横摆转矩条件，保证了车辆行驶的稳定性。建立了以轮胎利用率平方和最小为目标的稳定性控制目标，综合考虑路面附着条件和电机峰值转矩等约束条件，采用加权最小二乘法优化分配轮胎的纵向力，保证车辆转向行驶时的稳定性。最后进行了 CarSim 和 Simulink 仿真实验，结果表明在不同车速和不同路面附着条件下，本书所设计的控制策略及分配算法能够较好地保证车辆行驶的安全性与稳定性，验证了所提出控制策略的有效性。

参考文献

［1］　PLUMLEE J H, BEVLY D M, HODEL A S. Control of a ground vehicle using quadratic programming based control allocation techniques. Proceedings of the 2004 American Control Conference, June30-July2, 2004[C]. Boston, MA, USA: IEEE, 2004.

［2］　ZHAI L, SUN T, WANG J. Electronic Stability Control Based on Motor Driving and Braking Torque Distribution for a Four In-Wheel Motor Drive Electric Vehicle[J]. IEEE Transactions on Vehicular Technology, 2016, 65（6）: 4726-4739.

［3］　段丙旭. 轮毂电机驱动电动汽车的电子稳定控制研究[D]. 长春: 吉林大学, 2013.

［4］　赵伟. 汽车动力学稳定性横摆力矩和主动转向联合控制策略的仿真研究[D]. 西安: 长安大学, 2008.

［5］　邹广才, 罗禹贡, 李克强. 基于全轮纵向力优化分配的 4WD 车辆直接横摆力矩控制[J]. 农业机械学报, 2009, 40（5）: 1-6.

［6］　NAM K, FUJIMOTO H, HORI Y. Lateral Stability Control of In-wheel-motor-driven Electric Vehicle Based on Sideslip Angle Estimation Using Lateral Tire Force Sensors [J]. IEEE Transactions on Vehicular Technology. 2012, 5（61）: 1972-1985.

［7］　ZHANG J Z, ZHANG H T. Vehicle lateral stability control based on single neuron network. 2010 Chinese Control and Decision Conference, May 26-28, 2010 [C]. Xuzhou, China: IEEE, 2010.

［8］　MENG Q, GE P, WANG P. Lateral motion stability control based on disturbance estimation for an electric vehicle. 2017 4th International Conference on Systems and Informatics（ICSAI）, Nov. 11-13, 2017[C]. Hangzhou, China: IEEE, 2017.

［9］　LI S, ZHAO D, ZHANG L, et al. Lateral stability control system based on cooperative torque distribution for a four in-wheel motor drive electric vehicle. 2017 36th Chinese Control Conference（CCC）, July 26-28, 2017[C]. Dalian, China: IEEE, 2017.

［10］　WANG W W, FAN J N, XIONG R, et al. Lateral stability control of four wheels independently drive articulated electric vehicle, 2016 IEEE Transportation Electrification Conference and Expo（ITEC）, June 27-29, 2016 [C]. Dearborn, MI, USA: IEEE, 2016.

［11］　ATTIA R, ORJUELA R, BASSET M. Coupled longitudinal and lateral control strategy improving lateral stability for autonomous vehicle. 2012 American Control Conference（ACC）, June 27-29, 2012[C]. Montreal, QC, Canada: IEEE, 2012.

第11章

四驱电动汽车侧向稳定性研究

本书中电动汽车的侧向稳定性控制采用直接横摆力矩控制（DYC），主要通过控制各轮的纵向力产生的直接横摆力矩，提高车辆在大侧偏角和高侧向加速度时的操纵稳定性和主动安全性。在车辆稳定性控制系统中，需要精确地测量横摆角速率和侧偏角。横摆角速率的信息能够用廉价的陀螺仪传感器获得，但是由于直接测量车辆侧偏角的传感器太昂贵了，因此侧偏角需要通过现有的一般的传感器（陀螺仪、加速度传感器、转向角传感器等）和车辆动力学模型来估算。

11.1 电动汽车侧向动力学状态估计

11.1.1 基于扩展卡尔曼的车辆侧偏角估计

车辆的侧偏角是汽车转向工况下，判断车辆行驶状态的一个重要参数，同时还可以用来估计反应轮胎与路面性能的主要参数——侧偏刚度。车辆侧偏角的估计方法中采用了轮胎侧向力传感器。目前大多采用多传感轮毂单元（MSHub）来测量轮胎侧向力。所以本书仿真试验中将直接利用侧向力作为传感器测量的值。

观测器的设计基于简化的两轮自行车模型和轮胎侧向运动动力学模型。本书不考虑路面的倾角，车身翻滚运动和悬架的偏转因素。非线性状态方程如下所示：

$$\begin{cases} \dot{\boldsymbol{x}}(t) = \boldsymbol{f}(\boldsymbol{x}(t), \boldsymbol{u}(t)) + \boldsymbol{\rho}(t) \\ \boldsymbol{y}(t) = \boldsymbol{h}(\boldsymbol{x}(t)) + \boldsymbol{\sigma}(t) \end{cases} \tag{11.1}$$

状态向量 $\boldsymbol{x}$ 由车辆侧偏角、横摆角速率、前轮胎侧向力、后轮胎侧向力组成。

$$\boldsymbol{x} = [\beta \quad \gamma \quad F_{yf} \quad F_{yr}]^T = [x_1 \quad x_2 \quad x_3 \quad x_4]^T \tag{11.2}$$

观测向量 $\boldsymbol{y}$ 由横摆角速率，前后轮侧向力组成。

$$\boldsymbol{y} = [\gamma \quad F_{yf} \quad F_{yr}]^T = [y_1 \quad y_2 \quad y_3]^T \tag{11.3}$$

输入向量 $\boldsymbol{u}$ 由转向角，四个轮胎的驱动力组成：

$$\boldsymbol{u}=[\delta \quad F_{x\mathrm{fl}} \quad F_{x\mathrm{fr}} \quad F_{x\mathrm{rl}} \quad F_{x\mathrm{rr}}]^{\mathrm{T}}=[u_1 \quad u_2 \quad u_3 \quad u_4 \quad u_5]^{\mathrm{T}}$$

$$(11.4)$$

在状态方程（11.1）中的过程噪声和测量噪声假设为不相关的白色噪声。那么系统的非线性状态方程 $\boldsymbol{f}(\boldsymbol{x}(t),\boldsymbol{u}(t))$ 和观测方程 $\boldsymbol{h}(\boldsymbol{x}(t))$ 如下：

$$\begin{cases} f_1(\boldsymbol{x},\boldsymbol{u})=-x_2+\dfrac{\cos u_1}{mv_x}x_3+\dfrac{x_4}{mv_x} \\[2mm] f_2(\boldsymbol{x},\boldsymbol{u})=\dfrac{ax_3\cos u_1}{I_z}-\dfrac{bx_4}{I_z}-\dfrac{du_2}{2I_z}+\dfrac{du_3}{2I_z} \\[2mm] f_3(\boldsymbol{x},\boldsymbol{u})=0 \\[2mm] f_4(\boldsymbol{x},\boldsymbol{u})=0 \end{cases}$$

$$(11.5)$$

$$\begin{cases} h_1(\boldsymbol{x})=x_2 \\ h_2(\boldsymbol{x})=x_3 \\ h_3(\boldsymbol{x})=x_4 \end{cases}$$

$$(11.6)$$

基于前面的非线性动力学模型，设计了扩展卡尔曼（EKF）估计车辆的侧偏角。为了能在计算机上面实现，这里用欧拉近似理论将其离散化为如下形式：

$$\begin{cases} \boldsymbol{x}_k=\boldsymbol{f}(\boldsymbol{x}_{k-1},\boldsymbol{u}_k)+\boldsymbol{\rho}(t) \\ \boldsymbol{y}_k=\boldsymbol{h}(\boldsymbol{x}_k)+\boldsymbol{\sigma}(t) \end{cases}$$

$$(11.7)$$

一阶扩展卡尔曼（EKF）总结如下。

① 初始化：初始状态的最优估计 $\hat{x}_0$ 和初始协方差 P_0 如下：

$$\begin{cases} \hat{x}_0=E(x_0) \\ P_0=E[(x_0-\hat{x}_0)(x_0-\hat{x}_0)^{\mathrm{T}}] \end{cases}$$

$$(11.8)$$

② 时间更新：基于前一时刻的状态估计和协方差得到后一时刻的状态估计和协方差。

$$\begin{cases} \hat{\boldsymbol{x}}_{k|k-1}=\boldsymbol{f}(\hat{\boldsymbol{x}}_{k-1|k-1},\boldsymbol{u}_k) \\ \boldsymbol{P}_{k|k-1}=\boldsymbol{A}_k\boldsymbol{P}_{k-1|k-1}\boldsymbol{A}_k^{\mathrm{T}}+\boldsymbol{Q}_{\rho} \end{cases}$$

$$(11.9)$$

这里 $\boldsymbol{A}_k$ 是过程雅可比矩阵，它是 $\boldsymbol{f}(\boldsymbol{x}_{k-1},\boldsymbol{u}_k)$ 的偏导矩阵。

$$\boldsymbol{A}_k=\frac{\partial \boldsymbol{f}(\hat{\boldsymbol{x}}_{k-1|k-1},\boldsymbol{u}_k)}{\partial \boldsymbol{x}}$$

$$(11.10)$$

③ 状态更新：在这一步，观测向量 $\boldsymbol{y}_k$ 用来校正状态估计与协方差。状态更新的状态估计、KF 增益和估计协方差如下：

$$\begin{cases} \hat{\boldsymbol{x}}_{k|k}=\hat{\boldsymbol{x}}_{k|k-1}+\boldsymbol{K}_k[\boldsymbol{y}_k-\boldsymbol{h}(\hat{\boldsymbol{x}}_{k|k-1})] \\ \boldsymbol{K}_k=\boldsymbol{P}_{k|k-1}\boldsymbol{H}_k^{\mathrm{T}}[\boldsymbol{H}_k\boldsymbol{P}_{k|k-1}\boldsymbol{H}_k^{\mathrm{T}}+\boldsymbol{R}_{\sigma}]^{-1} \\ \boldsymbol{P}_{k|k}=[\boldsymbol{I}-\boldsymbol{K}_k\boldsymbol{H}_k]\boldsymbol{P}_{k|k-1} \end{cases}$$

$$(11.11)$$

这里 H_k 为非线性方程的 K 阶测量雅可比矩阵，通过观测矩阵求偏导得到：

$$H_k = \frac{\partial \boldsymbol{h}(\hat{x}_{k|k-1})}{\partial x} \tag{11.12}$$

本书选择的协方差噪声矩阵为对角矩阵，协方差的过程与测量噪声矩阵如下：

$$\boldsymbol{Q}_\rho = diag[\boldsymbol{Q}_\beta, \boldsymbol{Q}_\gamma, \boldsymbol{Q}_{F_{yf}}, \boldsymbol{Q}_{F_{yr}}] \tag{11.13}$$

$$\boldsymbol{R}_\sigma = diag[\boldsymbol{R}_\gamma, \boldsymbol{R}_{F_{yf}}, \boldsymbol{R}_{F_{yr}}] \tag{11.14}$$

在协方差矩阵设置中，须指出的是相对于模型的不确定性，测量传感器的噪声越小则状态方程越能适应传感器的测量。由于状态运用的是可靠的车辆动力学模型，那么过程噪声会相对比较小。

11.1.2 基于遗忘因子递推最小二乘法的轮胎侧偏刚度估计

本书的状态估计和稳定性控制采用简化后的两轮自行车模型，这个车辆动力学模型用到了轮胎的侧偏刚度。轮胎的侧偏刚度反映了轮胎与路面条件，并且是一个时变参数。在不同的轮胎与路面条件就会有不同的侧偏刚度，在干沥青路面的值比湿滑的路面上的值大。文献［26］提出了几种基于测量数据的估计侧偏刚度的方法。文献［27］采用线性轮胎模型和测量得到的轮胎侧偏力得到一个线性回归模型来估计轮胎侧偏刚度。本章利用上文估计得到的侧偏角和横摆角速率传感器得到的横摆角速率结合轮胎侧向线性轮胎模型，得到一个线性回归模型，来对轮胎的侧偏刚度进行估计。进而，用前轮和后轮侧向力模型如下所示，得到一个线性回归模型。

$$F_{yf} = -2C_f\left(\beta + \frac{\gamma l_f}{v_x} - \delta\right) \tag{11.15}$$

$$F_{yr} = -2C_r\left(\beta - \frac{\gamma l_r}{v_x}\right) \tag{11.16}$$

这里假设轮胎左右轮的侧偏刚度是相同的，因为影响同轴轮胎的侧偏刚度主要是车辆的重心转移，又因为轮毂电动汽车的重心比较低，而且侧向的重心转移比较小，对左右轮的侧偏刚度影响很小，可以忽略不计。

轮胎的侧偏刚度的识别采用如下的线性回归模型：

$$y(t) = \boldsymbol{\varphi}^{\mathrm{T}}(t)\boldsymbol{\theta}(t) \tag{11.17}$$

式中，$\boldsymbol{\theta}(t)$ 为待估参数向量；$\boldsymbol{\varphi}^{\mathrm{T}}(t)$ 为数据向量；测量输出向量为：

$$y(t) = \begin{bmatrix} F_{yf} \\ F_{yr} \end{bmatrix} = \boldsymbol{\varphi}^{\mathrm{T}}(t)\boldsymbol{\theta}(t); \ \boldsymbol{\varphi}^{\mathrm{T}}(t) = \begin{bmatrix} -2\left(\beta + \dfrac{\gamma l_{\mathrm{f}}}{v_x} - \delta\right) & 0 \\ 0 & -2\left(\beta - \dfrac{\gamma l_{\mathrm{r}}}{v_x}\right) \end{bmatrix};$$

$$\boldsymbol{\theta}(t) = \begin{bmatrix} C_{\mathrm{f}} \\ C_{\mathrm{r}} \end{bmatrix}.$$

本书采用遗忘因子递推最小二乘法（FFRLS）估计上述方程中的侧偏刚度，过程如下：

$$\begin{cases} \hat{\boldsymbol{\theta}}(t) = \hat{\boldsymbol{\theta}}(t-1) + \boldsymbol{\phi}\{\boldsymbol{K}(t)[\boldsymbol{y}(t) - \boldsymbol{\varphi}^{\mathrm{T}}(t)\hat{\boldsymbol{\theta}}(t-1)]\} \\ \boldsymbol{K}(t) = \dfrac{\boldsymbol{P}(t-1)\boldsymbol{\varphi}(t)}{\lambda\boldsymbol{I} + \boldsymbol{\varphi}^{\mathrm{T}}(t)\boldsymbol{P}(t)\boldsymbol{\varphi}(t)} \\ \boldsymbol{P}(t) = \dfrac{1}{\lambda}[\boldsymbol{I} - \boldsymbol{K}(t)\boldsymbol{\varphi}^{\mathrm{T}}(t)]\boldsymbol{P}(t-1) \end{cases}$$

$$\phi = \begin{cases} 0, \text{当 } \hat{\theta}_j \geqslant \theta_{j,\max} \text{ 且} \{\boldsymbol{K}(t)[\boldsymbol{y}(t) - \boldsymbol{\varphi}^{\mathrm{T}}(t)\hat{\boldsymbol{\theta}}(t-1)]\} > 0 \\ 0, \text{当 } \hat{\theta}_j \leqslant \theta_{j,\min} \text{ 且} \{\boldsymbol{K}(t)[\boldsymbol{y}(t) - \boldsymbol{\varphi}^{\mathrm{T}}(t)\hat{\boldsymbol{\theta}}(t-1)]\} > 0 \quad (11.18) \\ \boldsymbol{I}, \text{其他} \end{cases}$$

式中，$\boldsymbol{I}$ 为单位矩阵；$\boldsymbol{K}(t)$ 为卡尔曼增益矩阵；$\boldsymbol{P}(t)$ 为协方差矩阵。

在真实情况下，轮胎的侧偏刚度的大小是有一定范围的，这取决于路面条件。那么可以将估计的值限定在一定的范围内，如 $C_{\mathrm{f}} \in (C_{\mathrm{f},\min}, C_{\mathrm{f},\max})$，$C_{\mathrm{r}} \in (C_{\mathrm{r},\min}, C_{\mathrm{r},\max})$，递推最小二乘估计法的估计的准确度很大程度取决于输入信号的质量。当转向角很小的时候，获得的实验数据会在零点附近，那么估计的值将会是随机不确定的。所以为了获得一个好的估计性能，当转向角和轮胎的侧偏角很小的时候，递推最小二乘的数据将不会更新。

11.2 仿真分析

基于 Simulink 搭建的车辆侧偏角估计仿真程序如图 11.1 所示。CarSim 中车辆模型的数据如表 11.1 所示。由于 CarSim 车辆模型中可以输出车辆在运行过程中各个变量变化情况的数据，可以将 CarSim 车辆模型中的变量数据作为实际的值。本书将可在现实车辆中测量的车辆输出变量作为已知量，作为观测器的输入，并将估计得到车辆侧偏角 $\hat{\beta}$ 与 CarSim 中车辆模型的真实值 β 做比较。

表 11.1 CarSim 车辆模型参数数据

参数	单位	数值
质量	kg	1020+120
轴距	mm	2330
前轴到质心距离	mm	1165
后轴到质心距离	mm	1165
质心高度	mm	375
同轴两轮轮距	mm	1481
车轮有效滚动半径	mm	333

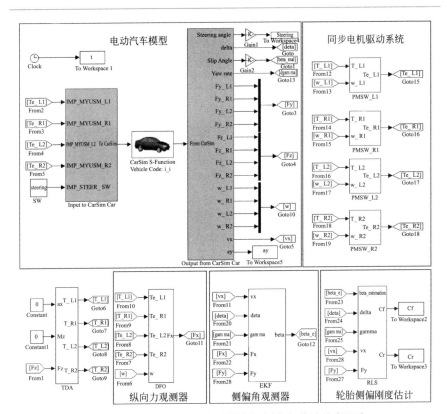

图 11.1 基于 Simulink 搭建的车辆侧偏角估计仿真程序

虽然车辆模型中没有轮胎的侧偏刚度变量，但是我们可以利用车辆模型已知量，如轮胎的侧偏角和侧向力，来直接计算得到，并作为轮胎侧偏刚度的真实值，与估计的侧偏刚度进行对比，检验估计效果。

在 CarSim 仿真模型中设置车辆初始速度为 60km/h，车辆的方向盘转向角 δ 以周期为 4s、振幅为 60°的正弦规律变化。汽车分别在不同的路面条件下行驶，路面摩擦系数分别为 0.75 和 0.4。摩擦系数为 0.75 的路面代表干燥良好的路面条件，而摩擦系数为 0.4 的路面代表湿滑不佳的路面。为系统采用车辆的转向角以正弦规律变化的目的是为了验证在车辆转向过程中扩展卡尔曼状态估计车辆侧偏角和遗忘因子递推最小二乘法估计轮胎侧偏刚度的实时性和准确性。并比较遗忘因子递推最小二乘法估计与递推最小二乘法估计的效果，车辆状态估计结果如图 11.2、图 11.3 和图 11.4 所示。

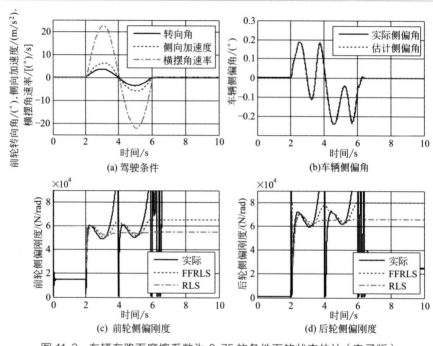

图 11.2　车辆在路面摩擦系数为 0.75 的条件下的状态估计（电子版）

从图 11.2（b）和图 11.3（b）中可以看出本书设计的扩展卡尔曼观测器在转向角以正弦曲线变化的行驶过程中，能够在不同的路面条件下实时地估计出车辆侧偏角，同时可以从图 11.4 的估计误差中可以体现出来。这说明了观测器在不同的路面条件下，都有良好的估计效果。侧偏角的准确估计能够为侧向稳定性分析与控制提供很重要的车辆信息。图 11.2（c）、（d）和图 11.3（c）、（d）为车辆的前轮和后轮侧偏刚度的估计值与真实值比较，可以看出采用遗忘因子递推最小二乘法相比递推最小二乘法估计轮胎的侧偏刚度，能更好地跟随真实值的变化而变化，有更好的实时性。这为下面滑模控制器提供了一个比较准确的参数，有助于提高控制器的控制性能和质量。图中前面的 2s 由于车辆转向角为零或则在零附近，此时的侧偏刚度估计误差会很大，而且也没有太大意义，所以数据不会更新。

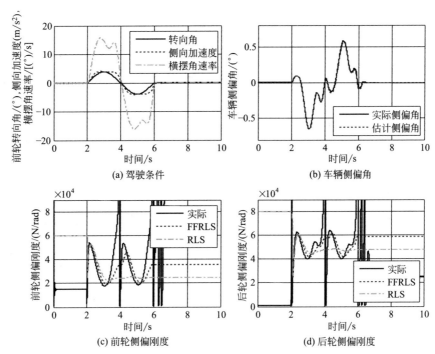

图 11.3 车辆在路面摩擦系数为 0.4 的条件下的状态估计（电子版）

FFRLS—遗忘因子递推最小二乘法估计；RLS—递推最小二乘法估计

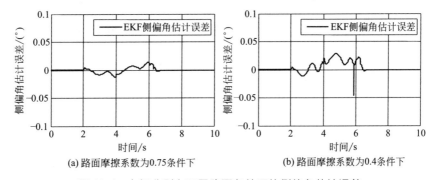

图 11.4 车辆分别在不同路面条件下的侧偏角估计误差

在 2～6s 期间前轮转向角正弦变化，这个时候轮胎侧偏刚度开始估计，可以看出轮胎侧偏刚度的真实值在转向角很小或者在零附近时剧烈变化，这给控制系统带来了很大的麻烦，所以需要适当处理。本书采用的带遗忘因子最小二乘法能够在转向角变化的大部分范围内比较准确地估计出轮胎的侧偏刚度，同时在转向角很小时能消除侧偏刚度剧烈震荡。而对应的递推最小二乘法估计虽能在转向角很小时能消除侧偏刚度剧烈震荡，但是在转向角比较大的时候，不能真实估计侧偏刚度的变化，会给控制系统精确控制带来一定的影响。

11.3　直接横摆力矩侧向稳定性控制器设计

本章前面的小节阐述了车辆质心侧偏角和轮胎的侧偏刚度的估计，本小节根据驾驶员方向盘给定的转角 δ_f 和估计得到的侧偏角 $\hat{\beta}$ 结合车辆动力学稳态模型计算得到期望横摆角速率 γ_d，并将得到的控制目标 γ_d 和测量的 γ 进行比较后计算得到应给汽车施加直接横摆力矩 M_z。下位控制器会根据给定的 δ_f 和 M_z 两个量还有每个轮毂电机输出的最大电磁转矩 T_{max} 来控制车辆的转向和力矩分配。

首先根据驾驶员方向盘给定的转角 δ_f 和估计得到的车辆侧偏角 β 结合车辆动力学模型计算出控制目标：期望横摆角速率 γ_d。通过对期望横摆角速率 γ_d 和测量实际的 γ 进行比较后计算得到应给汽车施加直接横摆力矩 M_z。下位控制器会根据得到的 M_z 还有每个轮毂电机输出的最大电磁转矩 T_{max} 来控制车辆侧向稳定性。图 11.5 为提出的电动汽车稳定性控制的结构图。

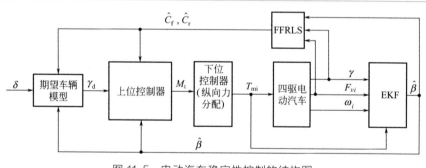

图 11.5　电动汽车稳定性控制的结构图

11.3.1　期望控制目标

车辆侧向稳定性控制用来改善汽车稳态和瞬态响应特性，在车辆转向运动过程中加强车辆的操纵性能并维持车辆的稳定性。例如，让车辆的横摆角速率 γ 跟踪期望的车辆横摆角速率 γ_d。对于车辆的期望响应可以根据驾驶员的转向意图（如汽车方向盘的转向角）来得到。通常情况可以将车辆在稳定状态（即 $\dot{\beta} = \dot{\gamma} = 0$）时，车辆的响应作为期望的车辆的响应。那么可以根据驾驶员给定的转向角 δ_f，通过式（3.14）可以计算出车辆稳态时期望的横摆角速率 γ_d。

$$\gamma_d = \left(\frac{\omega_\lambda}{s + \omega_\lambda}\right) \frac{v_x}{\left[L + \dfrac{m(l_r C_r - l_f C_f)}{2L C_f C_r} v_x^2\right]} \delta_f \qquad (11.19)$$

$$K_s = \frac{m(l_r C_r - l_f C_f)}{2L^2 C_f C_r} \qquad (11.20)$$

式中　ω_λ——车辆期望模型中的横摆角速率和侧偏角的滤波器截止频率；

K_s——车辆的稳定性因素，可以用来描述车辆转向的特性。

$l_r C_r - l_f C_f$ 体现了车辆在转向过程中的运动行为。车辆的转向特性可以分类为：不足转向（$l_r C_r - l_f C_f > 0$），适中转向（$l_r C_r - l_f C_f = 0$）和过度转向（$l_r C_r - l_f C_f < 0$）。

同时对于车辆的安全行驶，车辆的侧偏角必须满足下面的条件：

$$|\beta| \leqslant 10° - 7° \frac{v_x^2}{40^2} \qquad (11.21)$$

为了使车辆的侧偏角保持在稳定的范围内，那么当 $|\beta| > 10° - 7° \dfrac{v_x^2}{(40[\text{m/s}])^2}$ 时，可以通过式（3.14）调整期望的横摆角速率。由式（3.14）可知

$$\dot{\beta} = a_{11}\beta + a_{12}\gamma + \delta \qquad (11.22)$$

式中　a_{11}——状态矩阵 $\boldsymbol{A}$ 的第一行；

a_{12}——状态矩阵 $\boldsymbol{A}$ 的第二列。

由于 $a_{11} < 0$，当 $|\beta| > \beta_m$ 时令

$$\begin{cases} a_{11}\beta_m + a_{12}\gamma + \delta = 0, \beta > \beta_m \\ -a_{11}\beta_m + a_{12}\gamma + \delta = 0, \beta < -\beta_m \end{cases} \qquad (11.23)$$

这样 β 与 $\dot{\beta}$ 形成一个负反馈，阻止 β 进一步增大，从而使车辆的侧偏角保持在稳定的范围内。

综合式（11.19）～式（11.23）可以得到车辆期望模型如下：

$$\begin{cases} \gamma_d = \left(\dfrac{\omega_\lambda}{s + \omega_\lambda}\right) \dfrac{v_x}{(1 + K_s v_x^2)L}\delta_{cmd}, |\beta| \leqslant \beta_m \quad \text{或} \quad \dfrac{a_{11}\beta_m - \delta_{cmd}}{a_{12}} \leqslant \gamma_d \leqslant \dfrac{-a_{11}\beta_m - \delta_{cmd}}{a_{12}} \\ \gamma_d = \dfrac{a_{11}\beta_m - \delta_{cmd}}{a_{12}}, \qquad\qquad\qquad\qquad \gamma_d < \dfrac{a_{11}\beta_m - \delta_{cmd}}{a_{12}} \\ \gamma_d = \dfrac{-a_{11}\beta_m - \delta_{cmd}}{a_{12}}, \qquad\qquad\qquad\quad \gamma_d > \dfrac{-a_{11}\beta_m - \delta_{cmd}}{a_{12}} \end{cases}$$

$$\qquad\qquad\qquad\qquad\qquad\qquad\qquad\qquad\qquad\qquad\qquad\qquad (11.24)$$

11.3.2　基于前馈和反馈的侧向稳定性控制器设计

本书的稳定控制系统采用前馈和反馈控制结构，如图 11.6 所示，主要为了其中将车辆前轮的转向角 δ 和由车辆四个轮胎的纵向力产生的直接横摆力矩 M_z 作为能控性输入量。直接横摆力矩 M_z 可以通过后面小结的驱动力分配系统实现。最后的控制效果，通过控制四个车轮的驱动力来跟踪驾驶员期望的横摆角速率 γ_d。

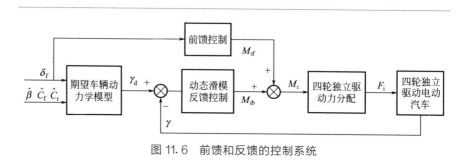

图 11.6　前馈和反馈的控制系统

（1）前馈补偿器

采用前馈补偿器，主要是为了使控制量 γ 名义稳态值跟随期望值 γ_d，并且加快系统的响应，有利于车辆的稳定行驶。考虑车辆在行驶过程中，由于路面条件和轮胎的实际载荷是变化的，这造成了车辆的侧向动力学模型里面的参数是时变的（如车轮的侧偏刚度和车速）。由于传统的一阶控制器（例如 PID 控制器）的参数是固定的，当车辆的参数变化很大的时候，传统的一阶控制器的性能会变得很差。为了应对控制模型中参数的变化，本书设计了自适应前馈控制器。通过前面章节论述的对轮胎的侧偏刚度（C_f 和 C_r）的估计，实时更新前馈补偿控制器中的参数，提高控制的鲁棒性。

根据车辆侧向动力学模型（3.14），可以得到 M_z 对 γ、δ_f 和 β 的一阶传递函数：

$$M_z(s) = \frac{-a_{21}\beta(s) - b_{21}\delta_f(s) + (s - a_{22})\gamma(s)}{b_{22}} \tag{11.25}$$

由于稳态时 $\dot{\beta} = \dot{\gamma} = 0$，那么根据式（11.25）得到前馈控制量 M_{zf} 为

$$M_{zf} = \frac{-a_{21}\beta - b_{21}\delta_f - a_{22}\gamma_d}{b_{22}} \tag{11.26}$$

（2）反馈控制器

在反馈控制器设计中，车辆的横摆角速率 γ 通过调节 M_z 来跟踪期望的横摆角速率 γ_d。由于在控制横摆角速率 γ 时车辆前轮转向角 δ 是变化的，可以将 δ 的变化看成如车轮侧偏刚度（C_f、C_r）和车速（v_x）等车辆模型参数的变化。为了提高控制系统的鲁棒性采用滑模控制。本书采用动态滑模控制，避免了一般滑模控制量的震颤，提高控制瞬态响应性能。

取 $\Delta\gamma = \gamma_d - \gamma$，$z = [z_1 \quad z_2]^T = [\Delta\gamma \quad \Delta\dot{\gamma}]^T$ 那么就有如下等式：

$$\dot{z}_1 = \dot{\gamma}_d - \dot{\gamma} = z_2 \tag{11.27}$$

$$\dot{z}_2 = \ddot{\gamma}_d - (a_{21}\dot{\beta} + a_{22}\dot{\gamma} + b_{21}\dot{\delta} + b_{22}\dot{M}_z) \tag{11.28}$$

将 $\dot{\beta} = a_{11}\beta + a_{12}\gamma + b_{11}\delta$ 代入式(11.28) 整理得：

$$\dot{z}_2 = a_{12}a_{21}z_1 + a_{22}z_2 - b_{22}\dot{M}_z - a_{11}a_{21}$$

$$\beta - a_{21}b_{11}\delta - b_{21}\dot{\delta} - a_{12}a_{21}\gamma_d - a_{22}\dot{\gamma}_d + \ddot{\gamma}_d$$

根据上面的推导等式可以将车辆动力学模型（3.14）转化为：

$$\dot{z} = \mathbf{A}_\gamma z + \mathbf{B}_\gamma u_\gamma + \mathbf{D} \tag{11.29}$$

式中，$\mathbf{A}_\gamma = \begin{bmatrix} 0 & 1 \\ a_{12}a_{21} & a_{22} \end{bmatrix}$；$\mathbf{B}_\gamma = [0 \quad b_{22}]^T$；

$\mathbf{D} = [0 \quad -a_{11}a_{21}\beta - a_{21}b_{11}\delta - b_{21}\dot{\delta} - a_{12}a_{21}\gamma_d - a_{22}\dot{\gamma}_d + \ddot{\gamma}_d]^T$；$u_\gamma = \dot{M}_z$。

定义动态滑模面的切换函数：

$$s = c_1 z_1 + c_2 z_2 + d u_\gamma \tag{11.30}$$

式中，c_1，c_2 和 d 为待定系数。当 $s = 0$ 时，$d u_\gamma = -c_1 z_1 - c_2 z_2$。为了形成负反馈可以令 $c_1 < 0$，$c_2 < 0$，则切换函数的一阶导数为：

$$\dot{s} = c_1 \dot{z}_1 + c_2 \dot{z}_2 + d\dot{u}_\gamma \tag{11.31}$$

采用指数趋近率：

$$\dot{s} = -\varepsilon \mathrm{sgn}(s) - ks \tag{11.32}$$

式中，k 和 ε 为正数，为了克服干扰 $D(2)$，ε 的取值可以为 $\varepsilon = |c_2 D(2)|$，则由式(11.31) 和式(11.32) 得到控制律为：

$$\dot{u}_\gamma = \frac{1}{d}[-\eta \mathrm{sgn}(s) - ks - c_1 \dot{z}_1 - c_2 \dot{z}_2] \tag{11.33}$$

11.3.3 四轮驱动力分配策略

在直接横摆力矩控制时，为了实现控制器输出的横摆力矩 M_z，需对车轮加纵向驱动力。由于每个车轮所加的驱动力会受到路面条件、整车纵向加速度 a_x、电动机的可输出转矩和纵向力与侧向力之间的关系等的限制，所以需要设计四轮驱动分配策略。

$$\begin{cases} F_{x\mathrm{fl}} + F_{x\mathrm{fr}} + F_{x\mathrm{rl}} + F_{x\mathrm{rr}} = ma_x \\ (F_{x\mathrm{fr}} - F_{x\mathrm{fl}})\dfrac{d}{2} + (F_{x\mathrm{rr}} - F_{x\mathrm{rl}})\dfrac{d}{2} = M_z \end{cases} \tag{11.34}$$

由于车轮轮胎满足轮胎力摩擦圆的关系，车轮纵向力和侧向力的合力不能超过路面所能提供的最大摩擦力（即 $\mu_{\max} F_{zi}$，F_{zi} 为对应轮胎所受到垂直载荷），当纵向力 F_{xi} 等于 $\sqrt{(\mu_{\max} F_{zi})^2 - F_{yi}^2}$ 时，F_{xi} 继续增大将会使侧向力 F_{yi} 变小，使轮胎容易产生侧滑。再考虑到电机的功率问题，各个车轮驱动力 F_{xi} 的限制为：

$$|F_{xi}| \leqslant \max\left\{ \sqrt{(\mu_{\max} F_{zi})^2 - F_{yi}^2}, \frac{T_{mi}}{r} \right\} \tag{11.35}$$

式中　T_{mi} ——电机所能提供的最大力矩。

由于路面可提供的最大轮胎纵向力与轮胎的垂直载荷成正比关系，为了避免轮胎打滑，轮胎的纵向力按轴载比例分配模式。前后轴总的驱动力与横摆力矩以前后轴载荷估计值比例来分配。根据动力学模型，前后轴载荷估计值为：

$$\begin{cases} F_{z\mathrm{f}} = \dfrac{m(gl_r - a_x h_{\mathrm{center}})}{L} \\ F_{z\mathrm{r}} = \dfrac{m(gl_f - a_x h_{\mathrm{center}})}{L} \end{cases} \tag{11.36}$$

各个车轮在满足式（11.34）的同时还应满足如下两个方程：

$$\begin{cases} \dfrac{F_{x\mathrm{fl}} + F_{x\mathrm{fr}}}{F_{z\mathrm{f}}} = \dfrac{F_{x\mathrm{rl}} + F_{x\mathrm{rr}}}{F_{z\mathrm{r}}} \\ \dfrac{F_{x\mathrm{fr}} - F_{x\mathrm{fl}}}{F_{z\mathrm{f}}} = \dfrac{F_{x\mathrm{rr}} - F_{x\mathrm{rl}}}{F_{z\mathrm{r}}} \end{cases} \tag{11.37}$$

根据式（11.34）和式（11.37）得各轮分配力矩为：

$$\begin{cases} F_{x\mathrm{fl}} = \dfrac{F_{z\mathrm{f}}(ma_x - 2M_z/d)}{2mg} \\ F_{x\mathrm{fr}} = \dfrac{F_{z\mathrm{f}}(ma_x + 2M_z/d)}{2mg} \\ F_{x\mathrm{rl}} = \dfrac{F_{z\mathrm{r}}(ma_x - 2M_z/d)}{2mg} \\ F_{x\mathrm{rr}} = \dfrac{F_{z\mathrm{r}}(ma_x + 2M_z/d)}{2mg} \end{cases} \tag{11.38}$$

11.4 仿真分析

本书利用 CarSim 仿真系统中成熟的车辆动力学模型、轮胎动力学模型和各种路面条件模型，来验证本书提出的 DSM 直接横摆力矩控制算法的有效性和可靠性，并与传统的 PI 控制方法作对比。由于 CarSim 仿真系统中有很经典的驾驶员模型来模拟有人驾驶情形，通过双移线闭环控制来验证本书提出的车辆逆动力学模型得到的期望的横摆角速率能否更好地体现驾驶员的意图，并与一般模型做对比。DSM 的控制系统仿真实验图如图 11.7 所示。CarSim 模型中采用的 CarSim 车辆模型的数据如表 11.1 所示。

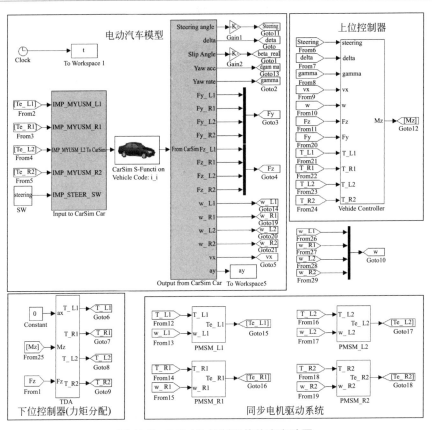

图 11.7　DSM 的控制系统仿真实验图

在实际驾驶过程中，驾驶员在驾驶汽车转向时，会根据车辆当前的运行状态和驾驶员期望车辆行驶轨迹对车辆的转向实时调整。这与驾驶员开环输入控制车辆有很大的不同。在仿真试验中，用单移线开环实验为了检验控制量 γ 跟随控制目标 γ_d 的性能；而为了体现真实的驾驶员驾驶过程，双移线闭环控制实验采用了 CarSim 中的双移线闭环驾驶员模型，检验控制目标是否能很好地体现驾驶员的意图。为了体现控制系统中对不同路面条件（特别是低附着系数路面）下的驾驶性能，本节将做两组分别在不同路面附着系数下的试验。

（1）单移线开环实验

在 CarSim 和 Simulink 联合仿真过程中，给方向盘一个正弦变换的转向角 steer_SW，周期为 4s，幅值为 90°，如图 11.8 所示。

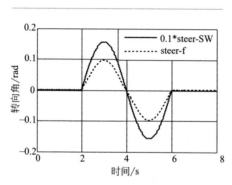

图 11.8　方向盘转向角变化过程

为了验证实验的控制效果，车辆以 80km/h 分别在最大摩擦系数 μ_{max} 为 1 和 0.4 的路面匀速行驶，方向盘转向角 steer-SW 和对应的前轮转向角 steer-f 如图 11.8 所示。将实验的结果与普通的控制算法所得结果做比较，仿真实验结果如图 11.9 和图 11.10 所示。图 11.9 和图 11.10 中 DSM（Dynamic Sliding Mode）表示动态滑模控制的结果，PI 表示比例积分控制的结果，N 表示无控制的结果。由于车辆转向系统中方向盘的转向角和前轮转向角不是严格的比例关系（比例在 18∶1 到 20∶1 之间），有一定的非线性，并且受前轮轮胎力产生的力矩干扰（从图 11.8 中可以看出），在车辆逆动力学模型中的转向角采用方向盘的转向角（steer_SW）体现驾驶员的意图，而在控制系统中采用前轮的转向角（steer_f）提高控制系统的精度。从图 11.9 和图 11.10 可以看出，在路面条件良好（$\mu_{max}=1$）、很大转向角（方向盘幅值为 90°）的条件下和路面条件差（$\mu_{max}=0.4$）、很大转向角（方向盘幅值为 90°）的条件下，汽车在动态滑模直接横摆力矩控制、传统 PI 直接横摆力矩控制和无直接横摆力矩控制的效果。从系统控制的控制目标车身横摆角速率 γ 跟随期望的横摆角速率（γ_d）的效果看［图 11.9(a)、(b) 和图 11.10(a)、(b)］，动态滑模直接横摆转矩控制效果最好，跟踪目标最接近，同时抗干扰能力鲁棒性更强。在图 11.9(b) 中，4.2s 处 PI 控制曲线 γ 出现被干扰而产生超调的现象。产生这种现象的原因是，用 PI 控制 γ 跟

随 γ_d 过程中，由于控制量 M_z 是由轮胎的纵向力 F_x 产生，而纵向力 F_x 与轮胎侧向力 F_y 之间存在摩擦圆的关系（$\sqrt{F_x^2+F_y^2}\leqslant\mu_{max}mg$）。所以当轮胎纵向力 F_x 过大时［图 11.9(f) 4.2s 处］必然会使侧向力 F_y 减小，从而使由 F_y 产生的横摆力矩减小的同时，轮胎的侧偏刚度（C_f 和 C_r）会大幅变化，如图 11.9(c) 所示。同时侧偏刚度（C_f 和 C_r）会导致控制目标 γ_d 的变化，其过程为 $F_x\uparrow\Rightarrow F_y\downarrow\Rightarrow C_f, C_r\downarrow\Rightarrow\gamma_d\downarrow$。传统的 PI 控制对系统的参数变化比较敏感，其积分作用在 γ 与 γ_d 大小关系突然变化时，由于惯性作用使控制量来不及迅速调整而产生超调现象，这种现象在低附着路面（$\mu_{max}=0.4$）时会更明显，如图 11.10(b) 所示，这对车辆的稳定性产生严重的影响。由于动态滑模控制系统，控制量计算中包含变化的参数，参数的变化能迅速反应在控制量中，同时其滑模面的控制使其对误差能迅速调整，鲁棒性强。本书采用的动态滑模控制，直接输出控制量为 $\dot{M_z}$，经过积分后得到 M_z，这样控制量 M_z 连续，有效地克服了滑模控制的抖振问题。同时从图 11.9(a) 和图 11.10(a) 中在没有直接横摆力矩控制（DYC）的曲线 gamma_N 可以看出在路面条件良好（$\mu_{max}=1$）时，大角度转向会使车辆旋转产生过度转向的现象失去稳定；而在路面条件差（$\mu_{max}=0.4$）时，较大的转向角会使车辆产生侧滑摆尾现象，失去稳定。

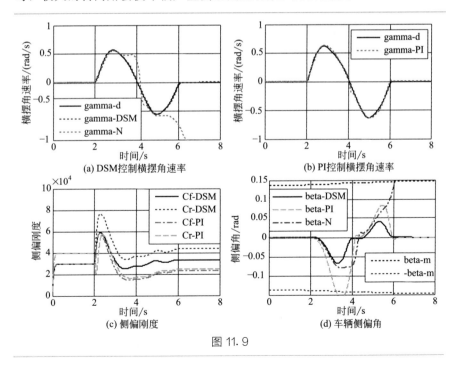

(a) DSM控制横摆角速率

(b) PI控制横摆角速率

(c) 侧偏刚度

(d) 车辆侧偏角

图 11.9

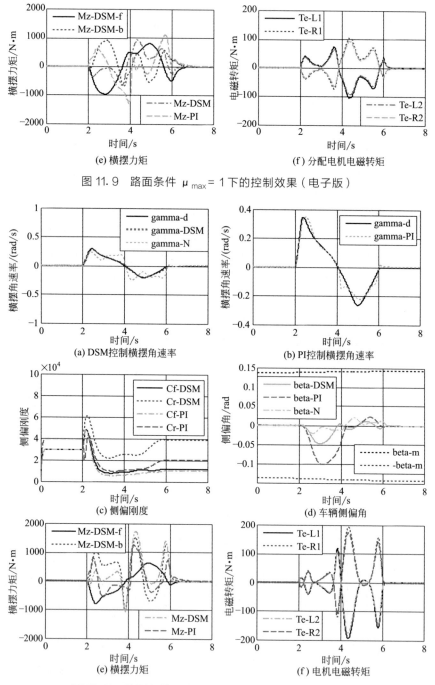

(e) 横摆力矩

(f) 分配电机电磁转矩

图 11.9 路面条件 μ_{max} = 1 下的控制效果（电子版）

(a) DSM控制横摆角速率

(b) PI控制横摆角速率

(c) 侧偏刚度

(d) 车辆侧偏角

(e) 横摆力矩

(f) 电机电磁转矩

图 11.10 路面条件 μ_{max} = 0.4 下的控制效果（电子版）

（2）双移线闭环控制

为了体现真实的驾驶员驾驶过程，本节采用了 CarSim 中的闭环驾驶员模型如图 11.11 所示。仿真实验在转向控制模型选用 Driver Path Follower（路径跟随驾驶）中 Double Lane Change（双移线），图 11.12 为目标路径坐标图。实验的条件为：车辆的初始速度 120km/h，转弯处路面摩擦系数 0.5。

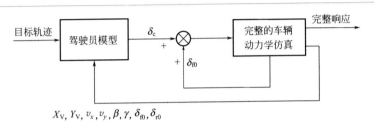

图 11.11　Carsim 中的闭环驾驶员模型

图 11.11 中 X_V 和 Y_V 表示车辆的坐标；v_x 和 v_y 分别为车辆的纵向和侧向速度；δ_c 为驾驶员给的转向角；δ_{f0} 和 δ_{r0} 分别为驾驶员期望控制量之外的前后轮的转向角，这种外部转向控制 δ_{f0} 和 δ_{r0} 是由于车辆的悬架系统或者外部模型输入造成的。那么此时的驾驶员模型相当于一个驾驶员根据车况和目标轨迹通过转向系统来控制车辆。

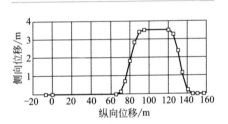

图 11.12　双移线控制目标路径坐标图

驾驶员闭环控制的双移线仿真实验主要是为了检验本书提出的根据驾驶员输入的转向角，通过车辆逆动力学模型得到的期望的控制目标 γ_d 是否能很好地体现驾驶员的控制意图，使车辆的实际行驶轨迹尽可能接近目标路径，实验结果如图 11.13 所示，并与一般的方法得到的期望的控制目标 γ_d 的控制效果进行比较，如图 11.14 所示，侧向位移与目标路径侧向坐标的误差进行对比，如图 11.15 所示。从图 11.13 和图 11.14 可以看出在双移线驾驶员闭环控制的仿真中采用动态滑模控制效果会更好点，其中具体的原因在上面单移线开环仿真实验中已经很详细地分析了。这里我们将本书提出的车辆逆动力学模型得到的期望的控制目标 γ_d 与一般的模型进行比较，如图 11.15 所示。从图 11.15(b) 可以看出我们提出的逆动力学模型得到的期望的控制目标 γ_d 使车辆跟踪目标轨迹的侧向位移比一般的模型要小，更能体现和跟踪驾驶员的意图。

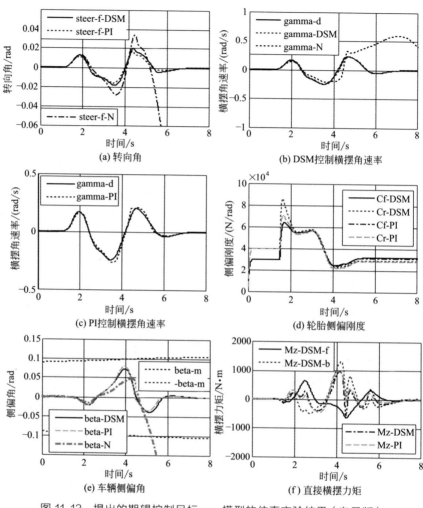

图 11.13　提出的期望控制目标 γ_d 模型的仿真实验结果（电子版）

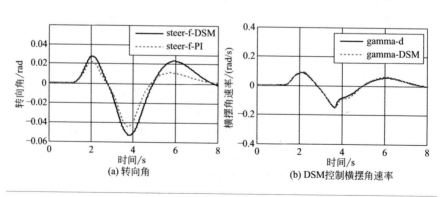

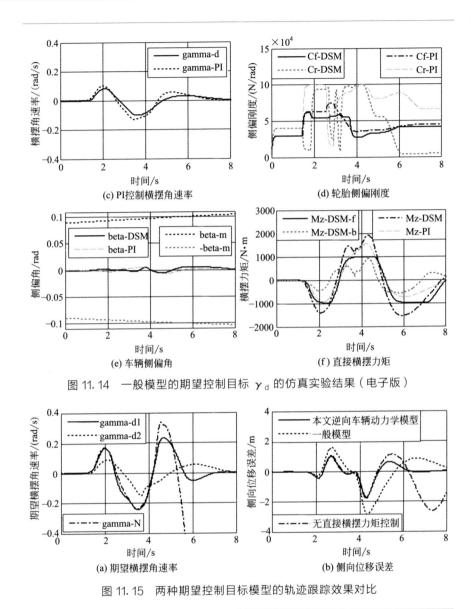

(c) PI控制横摆角速率

(d) 轮胎侧偏刚度

(e) 车辆侧偏角

(f) 直接横摆力矩

图11.14 一般模型的期望控制目标 γ_d 的仿真实验结果（电子版）

(a) 期望横摆角速率

(b) 侧向位移误差

图11.15 两种期望控制目标模型的轨迹跟踪效果对比

11.5 本章小结

本章提出了一个基于轮胎侧向力传感器和 EKF 的车辆质心侧偏角的新估计方法。该方法避免采用昂贵的 GPS 设备，降低了控制成本也提高了可靠性。同时相比于采用基于轮胎动力学的方法需辨识许多轮胎参数，本书方法受轮胎与路面的不确定因素影响小。将观测器估计得到的侧偏角作为输入量，通过带遗忘因子最小二乘法估计轮胎的侧偏刚度。由于是通过准确侧偏角计算得到，因此提高了估计的精度。车辆的状态观测器进行了 CarSim 与 Simulink 仿真实验，实验中将估计得到的侧偏角和轮胎侧偏刚度与 CarSim 中车辆正确值对比，证明了所提出的观测器估计的准确性，满足设计控制系统的要求。基于之前估计得到的车辆侧偏角和轮胎侧偏刚度，本章提出了一个新的侧向稳定控制系统。对于车辆的侧向稳定性控制，本章采用了直接横摆力矩控制方法，为了提高系统的响应速度，采用前馈加反馈的控制策略。在控制车辆的横摆角速率的同时限制车辆质心侧偏角在稳定的范围内，减少了控制量和控制成本。由于车辆的侧偏角、轮胎侧偏刚度等参数在车辆行驶过程中不断地变化，为了提高控制系统的鲁棒性，本章提出了动态滑模控制作为反馈控制器设计。同时由于动态滑模控制的控制量为被控量的导数，这样能够使控制量连续变化，所以能克服一般滑模控制输出的控制量抖振问题。最后，通过 CarSim 与 Simulink 联合仿真实验来检验本章设计的控制系统，并与传统的 PI 控制器做对比。实验结果证明了动态滑膜控制算法能明显改善车辆的稳定性，同时对车辆参数的变化有很好的鲁棒性。

参考文献

[1]　NAM K, FUJIMOTO H, HORI Y. Lateral Stability Control of In-wheel-motor-driven Electric Vehicle Based on Sideslip Angle Estimation Using Lateral Tire Force Sensors[J]. IEEE Transactions on Vehicular Technology. 2012, 5（61）: 1972-1985.

[2]　NGUYEN B M, WANG Y, FUJIMOTO H, et al. Lateral Stability Control of Electric Vehicle Based On Disturbance Accommodating Kalman Filter using the Integration of Single Antenna GPS Receiver and Yaw Rate Sensor[J]. Journal of Elec-trical Engineering & Technology（JEET）, 2013, 8（4）: 899-910.

[3]　KIM D, HWANG S, KIM H. Vehicle stability enhancement of four-wheel-drive hybrid electric vehicle using rear motor control[J]. IEEE Transactions on Vehicular Technology, 2008, 57（2）: 727-735.

[4]　KIM J, PARK C, HWANG S, et al. Control algorithm for an independent motor-drive vehicle[J]. IEEE Transactions on Vehicular Technology, 2010, 59（7）: 3213-3222.

[5]　PIYABONGKARN D, RAJAMANI R, GROGG J A, et al. Development and experimental evaluation of a slip angle estimator for vehicle stability control[J]. IEEE Transactions on Control Systems Technology, 2009, 17（1）: 78-88.

[6]　GRIP H F, IMSLAND L, JOHANSEN T A, et al. Vehicle sideslip estimation[J]. IEEE, Control Systems, 2009, 29（5）: 36-52.

[7]　DOUMIATI M, VICTORINO A C, CHARARA A, et al. Onboard real-time estimation of vehicle lateral tire-road forces and sideslip angle[J]. IEEE/ASME Transactions on Mechatronics, 2011, 16（4）: 601-614.

[8]　BEVLY D M, RYU J, GERDES J C. Integrating INS sensors with GPS measurements for continuous estimation of vehicle sideslip, roll, and tire cornering stiffness[J]. IEEE Transactions on Intelligent Transportation Systems, 2006, 7（4）: 483-493.

[9]　DAILY R, BEVLY D M. The use of GPS for vehicle stability control systems[J]. IEEE Transactions on Industrial Electronics, 2004, 51（2）: 270-277.

[10]　NAM K, OH S, FUJIMOTO H, et al. Estimation of sideslip and roll angles of electric vehicles using lateral tire force sensors through RLS and Kalman filter approaches[J]. IEEE Transactions on Industrial Electronics, 2013, 60（3）: 988-1000.

[11]　YAMAGUCHI Y, MURAKAMI T. Adaptive control for virtual steering characteristics on electric vehicle using steer-by-wire system[J]. IEEE Transactions on Industrial Electronics, 2009, 56（5）: 1585-1594.

[12]　OHARA H, MURAKAMI T. A stability control by active angle control of front-wheel in a vehicle system[J]. IEEE Transactions on Industrial Electronics, 2008, 55（3）: 1277-1285.

[13]　GUVENC B A, KARAMAN S. Robust yaw stability controller design and hardware-in-the-loop testing for a road vehicle[J]. IEEE Transactions on Vehicular Technology, 2009, 58（2）: 555-571.

[14]　AHMADI J, SEDIGH A K, KABGANIAN M. Adaptive vehicle lateral-plane motion control using optimal tire friction forces with saturation limits consideration[J]. IEEE Transactions on Vehicular Technology, 2009, 58（8）: 4098-4107.

[15]　YAMAUCHI Y, FUJIMOTO H. Vehicle motion control method using yaw-moment observer and lateral force observer for electric vehicle[J]. IEEJ Transactions on Industry Applications, 2010, 130: 939-944.

[16]　NAM K, FUJIMOTO H, HORI Y. Advanced motion control of electric vehicles based on robust lateral tire force control via active front steering[J]. IEEE/ASME Transactions on Mechatronics, 2014, 19（1）: 289-299.

[17]　SHUAI Z, ZHANG H, WANG J, et al. Combined AFS and DYC control of four-wheel-independent-drive electric vehicles over CAN network with time-varying delays[J]. Vehicular Technology, IEEE Transactions on, 2014, 63（2）: 591-602.

[18]　SADO H, SAKAI S, HORI Y. Road condition estimation for traction control in electric vehicle. ISIE'99. Proceedings of the IEEE International Symposium on Industrial Electronics, July 12-16, 1999[C]. Bled, Slovenia, Slovenia: IEEE, 1999.

[19]　RAJAMANI R, PHANOMCHOENG G, PIYABONGKARN D, et al. Algorithms for real-time estimation of individual wheel tire-road friction coefficients [J]. IEEE/ASME Transactions on Mechatronics, 2012, 17（6）: 1183-1195.

[20]　IMINE H, M'SIRDI N K, DELANNE Y. Sliding-mode observers for systems with unknown inputs: application to estimating the road profile[J]. Proceedings of the Institution of Mechanical Engineers, Part D: Journal of Automobile Engineering, 2005, 219 (8): 989-997.

[21]　ZHAO Y, TIAN Y T, LIAN Y F, et al. A sliding mode observer of road condition estimation for four-wheel-independent-drive electric vehicles [C] . Intelligent Control and Automation (WCICA), 2014 11th World Congress on. IEEE, 2014: 4390-4395.

[22]　刘金琨. 滑模变结构控制 MATLAB 仿真[M]. 北京: 清华大学出版社. 2005.

[23]　HUI S, ZAK S H. Observer design for systems with unknown inputs[J]. International Journal of Applied Mathematics and Computer Science, 2005, 15 (4): 431.

[24]　EDWARDS C, SPURGEON S K. On the development of discontinuous observers[J]. International Journal of control, 1994, 59 (5): 1211-1229.

[25]　SIERRA C, TSENG E, JAIN A, et al. Cornering stiffness estimation based on vehicle lateral dynamics[J]. Vehicle System Dynamics, 2006, 44 (sup1): 24-38.

[26]　NGUYEN B M, NAM K, FUJIMOTO H, et al. Proposal of cornering stiffness estimation without vehicle side slip angle using lateral force sensor[J]. IIC, 2011, 11: 140.

[27]　KIENCKE U. L Nielsen. Automotive Control Systems[M]. Berlin: Springer-Verlag, 2000.

[28]　熊璐, 陈晨, 冯源. 基于 Carsim/Simulink 联合仿真的分布式驱动电动汽车建模[J]. 系统仿真学报, 2014, 26 (5): 1143-1155.

[29]　邹广才, 罗禹贡, 李克强. 基于全轮纵向力优化分配的 4WD 车辆直接横摆力矩控制[J]. 农业机械学报, 2009, 40 (5): 1-6.

[30]　姜男. 轮毂电机电动汽车动力学建模与转矩节能分配算法研究[D]. 长春: 吉林大学. 2012.

[31]　LIAN Y F, ZHAO Y, HU L L, et al. Cornering stiffness and sideslip angle estimation based on simplified lateral dynamic models for four-in-wheel-motor-driven electric vehicles with lateral tire force information [J] . International Journal of Automotive Technology, 2015, 16 (4): 669-683.

索　引